基础教育语文教材语言研究丛书

主编：苏新春

『十二五』国家重点图书出版规划项目

基础教育识字教学研究

Language

董兆杰 ◎ 著

SPM 南方出版传媒

全国优秀出版社
全国百佳图书出版单位　广东教育出版社

·广州·

图书在版编目（CIP）数据

基础教育识字教学研究／董兆杰著. —广州：广东教育
出版社，2015.12（2018.11重印）
（基础教育语文教材语言研究丛书／苏新春主编）
ISBN 978-7-5548-0947-1

Ⅰ.①基… Ⅱ.①董… Ⅲ.①汉字—教学研究—小学
Ⅳ.①G623.202

中国版本图书馆CIP数据核字（2015）第309621号

责任编辑：黄　倩
责任技编：姚健燕
装帧设计：王　勇

JICHU JIAOYU SHIZI JIAOXUE YANJIU
基础教育识字教学研究

广 东 教 育 出 版 社 出 版 发 行
（广州市环市东路472号12-15楼）
邮政编码：510075
网址：http://www.gjs.cn
广东新华发行集团股份有限公司经销
佛山市浩文彩色印刷有限公司印刷
（广东省佛山市南海区狮山科技工业园A区）
787毫米×1092毫米　16开本　15.25印张　275 000字
2015年12月第1版　2018年11月第3次印刷
ISBN 978-7-5548-0947-1
定价：38.00元

质量监督电话：020-87613102　邮箱：gjs-quality@gdpg.com.cn
购书咨询电话：020-87615809

目录
CONTENTS

总　序

苏新春

在"国家语言资源监测与研究教育教材中心"成立十周年，《中国语言生活状况报告》连续发行十年之际，我们这套"基础教育语文教材语言研究丛书"也出版了。这是一个值得纪念的日子。

2005年"国家语言资源监测与研究教育教材中心"成立伊始，就以教育教材语言为自己的专攻方向。厦门大学与教育部语言文字信息管理司的共建书中这么写道："教育教材中的语言状况是整个社会语言生活中的一个重要内容，它对整个民族的母语教学、第二语言教学乃至所有的知识教育体系，都会产生极为重要的作用。""国家语言资源监测与研究教育教材中心的成立，标志着可以对教育教材的语言现象进行实时的动态监测、分析和研究，可以最迅速、最广泛地了解语言现象的动态变化，为国家的语言政策、语言规划和语言教育等提供参考依据，从而更积极有效地促进和引导社会语言生活健康发展。"

在基础教育阶段，语文课从来都是所有课程的重中之重。它伴随着每一位孩童的成长，从小学一年级的启蒙学习开始，到初中，再到高中，即使进了大学，大一仍放不下语文课。语文课如此重要，到底是哪些因素在里面起着作用，对这些因素该作怎样的离析提取，是很值得探讨的。语言文字的学习掌握，核心在语言能力的获得。人们经常会说，语文课还承担着社会知识学习、人文情怀熏陶、道德价值观养成的任务。"文以载道""器以盈气"，后者似乎显得更为重要。在语文课中，"文"与"道"、"器"与"气"是怎样的关系？谁起主要作用？如何梳理它们之间的关系？这种关系在基础教育阶段的语文学习与成人社会的作品学习是一样的吗？如不同，它们该如何呈现？再细究下去，不同年级的语文课又有着怎样的不同？凡此种种，都使得中小学语文学习变得复杂无比，褒言之则是丰富无比。人们太看重语言文字能力的获得，太期待语文学习的良好效果，长期以来人们对语文课的教学内容混而不清、教学效果彰而不显的失望也不可避免。

当我们希望从语文教材中把教材语言离析出来，加以科学化、层次化、序列化，让它变得可分解、可量化、可统计、可细析的时候，就会发现在"文"与"道"、"器"与"气"中，前者才应是语文课最重要的内容，是语文课文最重要的载体。没有这个载体，也就无所谓载荷之物。而且，这个载体本身也有着"体""用"之分。"体"就是语言文字知识，"用"就是语言文字功能。学习的关键就是如何将语言文字知识有效、迅速地转化为人的语言文字能力。当然，在学习、转化过程中，必定会受到社会政治、道德观念、文化习俗的影响，可这并不意味着后者会更重要。只要看一个事实就清楚了，就是语文学习古来有之，文字的"蒙求"，辞藻的"华达"，音韵的"抑扬顿挫"，文章的"起承转合"，其中总有恒定不变的东西。文道文气同样也是不可缺少的，可具体内容却代代有变，从"君君臣臣"到"唯民为大"，再到中国梦的实现。前之恒，恒的是其文其器，其本其体；后之异，异的是其道其气，其功其用。语文课追求的是人之所以为人的基本素质、基本能力，政治课、品德课、思想课追求的是时异世异、适时适世的知世治世之观。如此看来，从庞杂无比的语文课中分离出那些语言文字的知识、本体、功能，直到人的语言能力的培养与获得，至关重要。

教育教材语言研究的最大目的就是要揭示语言的性质、构成、分布及功能。所有的研究工作都建立在教材语言数据库的量化分析上。这些研究论述了教育教材语言具有的基础性与功能性、有限性与有序性、通用性与专业性，将对教育教材语言的探求概括为五个问题："教什么不教什么""先教什么后教什么""怎么教""效果怎样""如何评测"。在具体研究中，我们把重点放在第一、二、四个问题上。研究成果主要刊于当年的《中国语言生活状况报告》，如《国内出版十二套对外汉语教材语言调查报告》（2006）、《基础教育新课标语文教材用字用词调查报告》（2007）、《基础教育新课标历史、地理教材用字用词调查报告》（2008）、《基础教育语文教材用字调查》（2009）、《海外汉语教材用字用词及语用调查》（2011）、《数理化新课标教材用字用词调查》（2012）、《大陆台湾中小学语文教材课文选文对比》（2013）、《民国时期小学语文教材与人教版教材的用字用词比较》（2014）等。这些专题涉及教育教材语言的方方面面，从使用到分布、字种到字序、频次到频率、词频到义频、文本到年级，对课文从文章体裁到内容题材、从时代传承到语言风格、从课文的自编到选编，在不同层面用不同方法进行过探讨，得到了一批批准确的字表词表、频率表分布表；既可以依大纲俯察教材与教学，也可以从课文仰观大纲与教材。在研究材料上，以大陆（内地）教材为主体，参之台港地区，观其状，辨其变，对不同地区间的教材语言分布与处理有了更多认知。

现在我们终于有机会通过本丛书对当前语文教材的研究往前作一延伸。对我国现代基础教育形成与发展百年间的语文教材语言作一通盘、纵向、流源式的考察，通流观变，其意义和结果都是令人兴奋而充满期待的。在本课题进行中，我们又得知人民教育出版社及兄弟单位分别承担了"20世纪语文课程研究"与"20世纪语文教材研究"的课题，得到国家社科等重要基金的支持，这让我们有了"分兵合击""互为掎角"的感觉。相信"合围"之下，基础教育语文课能在大纲的设计与要求、教材的编纂与实施和教材语言的分布与教学中，看到更多的联系。本丛书是对20世纪语文教材的语言状况进行研究，其本质属于历史的研究。20世纪是社会大变革时期，时过境迁，斗换星移，社会制度、社会文化、政治主张等都发生了极大变化。故本书首先希冀的是真实、全面、如实地反映那个时期的教材语言面貌。看看在那个时代，教材语言是如何体现教材的性质，完成教材任务，并影响着教学效果的，然后从中探讨教材语言的基本规律与特点。因历史研究而涉及历史语料，并不反映作者的现实价值观。

本丛书的作者主要为国家语言资源监测与研究教育教材中心的研究人员，他们的知识背景主要为语言学，本有专攻。郑泽芝教授专攻计算语言学，李焱副教授专于汉语史与台湾语文教材研究，赵怿怡副教授长于语义计算，罗树林博士倾力于应用语言学，他们都对教育教材语言领域观其宏、迷其奥，而决意投入这个崭新领域，分别承担了20世纪中某一时期的研究工作。作者中还有辽宁师范大学李娜博士，她从博士到博士后，一直浸润在民国时期语言演变研究中，现在又转入民国教材语言研究，对定性与定量研究充满热情。还有唐山的董兆杰先生，他对汉字教学有着长期思考，将思与辨、破与立作了有力结合。

本丛书的写作遵循着"一个中心、两个参照点"的原则。这个中心是教材语言。不管在哪个时期的教材研究中，都是以教材语言为中心。教材研究要全面地反映出教材语言中两个基本要素——汉字与词汇的构成情况，对教材分布、年级分布、课文分布，对字（词）量、字（词）种、字（词）序的构成，对共现与独用、高频与低频、常用与偶用的种种使用状况都要有详尽的统计分析。可能的话还要对部分语法、语用、篇章的使用情况有所涉及。这个中心是本丛书的最大立足点。所有分析都将立足于语料统计的基础上，要对所分析的语言问题有量的准确呈现。由于人力、时间的限制，定量分析时只选取了一两种典型教材，只有民国时期选取的教材超过了十种。所有的教材语言分析都要从"教学"的角度加以思考，因为教材语言之所以不同于其他语料，就在于它有明显的教学功利性。在基础性、功能性上，有限性、有序性是教材语言最为显著的特征。这当然跟教学目标、教学内容、学制安排、年级差异是密切相关的，包括教材中的精读课文、阅读课文、练习、测验、复习，都是为了实现这样的目的而存在的。其核心就是要呈现教育教材语言的构成与面貌，要体现教育教材语言的有限性与有序性，要实现教育教材语言在语言文字能力的培养与获得中所起的作用。

"两个参照点"中的第一个是将教材语言分析与教材课文内容紧密相连。所有教材语言问题的分析都要尽量跟课文内容相参照。如果做不到这一点，则教材语言分析就成了纯形式的分析，跟一般的统计语言学别无二致了。另一个则是将教材语言分析与课程设计大纲紧密相连。因为具体教材总是为了体现教学大纲才存在的，教学大纲又是来源于课程的定位与设计。

作为具体问题出现的"教材语言"久已有之，作为独立研究领域出现的"教材语言"则为时尚新。这是一个尝试，它期望成功，而存在不足是必然的。因而另一个期待就是希望有更多同道一起在这个领域耕耘。

2015年12月7日 于厦门大学

序一

苏新春

跟董兆杰先生第一次联系是2007年。那时正在筹备"第二届全国教育教材语言研讨会"，董先生很早就向会议提交了论文，论文题目是《字频统计与识字教育科学化》，后因身体不好而未能到会。之后的第三届、第四届他也都送了论文，可都未成行。最有可能见面的是渤海大学那次，锦州离他家乡很近，可春上气候多变，家人不放心他出门远行。书信八年，至今未能晤面。

每次来信，他谈的都是汉字教学方面的问题。每每读到来信，我都会受到两种矛盾信息的冲击。一方面是他的身体羸弱，多病，心脏不好，视力很差。另一方面是他对汉字教学科学化的执着与使命感。谈起课题，谈起研究计划，还有那一直萦绕在心的学习性字表，他就立即会变得中气十足，思路敏锐。下面摘引几则他的来信：

苏先生：两年前，心肌梗塞病差点把我从这个世界带走。身体刚见康复，我又开始了识字教育方面的研究。本想尽早完成《分级识字量表》的研制，无奈受制于国家的《通用规范汉字表》久久不能出笼。8月盼来了字表，读后却大失所望。……现我把文章发给您，希望在您方便的时候读一读，给我一些帮助和支持。我哪儿说错了，请不客气指出。有何补充、修正，请不吝赐教。如果我的意见是正确的，希望运用您的影响和关系，或推荐报刊采发，或在博客上转载，或向有关方面转送、推介。

（2009.11.8）

苏先生：实在不好意思在您十分忙碌的时候打搅您，请原谅！

谢谢您的盛情邀请，如果到时我的身体可以，我争取参加会议，见见您。我有许多话要和您说。……我希望你们把工作中心转向不同学习对象的识字等级量表的研制。这是汉字教育科学发展的一项重要基础工程；是一项不断被提起，却不是一个人和少数人可以单独进行的研究；是一项没有被权威部门重视，甚至是不屑一顾的科研课题；是一项有着巨大社会效益和经济效益的研究课题。语文教育的科学发展需要这样的研究成果。

我个人为此进行了长达十年的准备，但是，不论我的能力、经验、学识、财力，以及语言文字信息处理技术方面，都没有能力进行完这项研究。如果你们进行这项研究，我会把我的资料、经验全部贡献出来。我的身体不好，又年事已高，我非常希望在我有生之年看到一组识字量表，结束多年来识字教育只有字量规定，没有字种、字序限制所造成的混乱和低效益局面。

（2010.1.26）

苏先生：您发来的信和邀请函均收到。谢谢！

关于小学识字等级量表的研制我已经想了好几年。……我的基本观点是：

1. 字表研制是刻不容缓的事。因为多年来识字教育有字量规定而无字种限制的情况，已经造成了教材编写和教学的严重混乱，影响了识字教育质量的提高。你们的统计实用数据证明了我的判断是正确的。

2. 过去的《现代汉语常用字表》和其他字表已经过时，并且存在统计和研制方法方面的不足，再也不能充当课程标准。新的通用规范字表即便不流产，也不能作为小学教学的依据。研制新的字表刻不容缓。

3. 儿童识字量表的研制，必须从儿童的用字的实际需要出发；儿童识字量表的规定和字种的选择既要考虑起始学段的需要，也要考虑未来学习需要，坚持"以人为本"。也就是您来信所说的：体现"基础教育用的学习性字表的性质与功能"。

4. 如果不进行儿童用字的统计，字表的研制就无法进行。儿童字表的研制若是建立在儿童用字统计的基础之上，也就不会出现您在信中提出的三点质疑。

5. 进行儿童用字统计，不能只统计儿童课外读物用字，更不能以过去和现在的语文教材为语料（因为它们的用字脱离儿童的用字实际）。儿童用字，既包括阅读（各科课文、作品，各种媒介的文本等）用字，又包括写作（作文、作业、日记等）用字。

6. 不进行大容量的、原始语料的儿童读、写用字统计，就不能确定儿童识字从哪些字开始，就不知道识字量的最低要求，字表的定量、分级、排序都无法进行。

7. 进行儿童用字统计，是一个巨大的、社会的、系统的工程。我个人没有人力、财力、学力和权力完成，但是做了一些初步的思考和设计。你们有我所没有的全部条件……

您在来信中提到字表的研制要从选字范围、角度和对象三层面全面考虑，应当满足"小学生认知需要、心智成长需要和优先需要"的观点，我完全同意。关于这个问题，我们会提交一篇论文，补充我去年论文的不足之处，提出具体设想。我会在成文后先发给您，作为我们讨论、交流的基础。

（2010.3.1）

苏教授：今天我收到了渤海大学来的《教育教材语言论集》，打开书本匆忙找到序言和我的文章之后，让我非常感动。您在2100多字的序言中，竟然用200多字的篇幅对我进行褒奖；在200页的文本中，也慷慨地给了我32页——6/10的页面，这是您和同行对我最大的支持与肯定。……

请转达我对夏教授的深深谢意。

我还要感谢您的博士生唐诗瑶，是她花费了许多宝贵时间把四篇文章合成一体，让她受累了！

（2011.4.14）

苏教授：关于对书稿修改的事，让我很纠结。我是个在教学和学术上精益求精的人，实在是不希望我的书带着"伤病"与读者见面。但是，我现在万分无奈。

从去年12月中旬，医院的眼科专家就告诉我必须注意保护视力，否则会产生严重后果。他告诫我，不能长时间看电脑，否则，视力会更糟糕，光过敏的反应会更强烈，眼痛、流泪的毛病也会更严重。

对书稿的修改必定是一项长时间在电脑前工作的事，我目前是没有条件进行的。您很忙，怎好麻烦您承担如此繁杂的工作。让别人修改，他们又不一定同意我的书中阐述的与众不同的学术观点，改不好，或者改乱了。如果是不太大的毛病，就交给编辑去处理吧；如果属于需要大修大改的毛病，能够决定书的出版与否，我也只能遗憾地放弃您给我的这一次难得的机遇！我真的不知道怎么办？

（2015.6.16）

八年未遇的通信中，我总感觉到有一种学者的压力，在教育教材语言研究背后竟有着那么多的期待与展望。对他的研究成果，也有了一种推广的责任，希望能有更多的人来关注与跟进。对他的要求、困难或吩咐，也似乎有了一种自然听从的习惯，当成了义不容辞的份内事。上信提到四篇合一文的事，当时就是请我的学生诗瑶来帮助完成的。这次定稿，我做了一些代劳的工作，唯因义之难辞。

得到董先生的信任，嘱写一文。序不敢当，聊忆数事，以记其事，以观其志。

2015年12月15日于厦门大学

国家语言资源监测与研究教育教材中心

序二 识字教育科学化的突破口

中国教育科学研究院 戴汝潜

董兆杰先生的大作终于付梓出版了，我在此不得不一反"作序"之常态，首先不谈学术成就，而要向他表示由衷的祝贺，也要向出版社的有识之士表示深深的敬意！为什么？因为董先生是汇聚在"识字教育科学化"旗帜下的一员老将，几经磨难终成正果；因为鲜有如这般慧眼识珠，明察"识字教育科学化"的书家，是为弥足珍贵。

董兆杰先生一生从事语文教育，对基础教育的语文课程教学所面临的困惑深谙其苦，深知其害，深以为痛。即便从政、退休，他也没有放弃"苦其心志、上下求索"——试图摆脱语文教育传统教学思路的桎梏，独辟科学之蹊径，网天下之同仁知音——仅凭一个"文人"用如此现代的科学态度、思路和数理统计方法探究解决语文问题这一点，就是值得天下所有语文教育工作者思考、效法与尊崇的！

众矢求一的，群英辟四方！

1994年，中央教育科学研究所在对古今中外识字教育方法全面调查研究的基础上，主持召开了首届识字教育国际研讨会，会上强调：中国基础教育课程改革的"拦路虎"是语文教育的滞后，语文课程改革的"瓶颈"在"识字教育"，识字教育的关键在于实现"识字教育科学化"，而识字教育科学化的突破口在于"序化"理念和方法的确立。此后，一批又一批仁人志士为此呕心沥血，为着识字教育科学化奔走、疾呼、探索、实验至今。大家从不同的角度、基于不同的理念、通过一切可能的途径，摆脱了坐视"忧思"的慵懒集束，陆续取得了一系列前所未有的惊人成效，积累了一系列立足现代科学思想、吸纳现代科学方法论特质的宝贵理念和经验，诸如——

只要中华民族在，识字教育就是一个永恒的课题，一家独尊没有前途；

只要中华文化不舍传承，落实中文阅读就是书面语发展关键期的锁钥；

汉字可以实现快速高效识字，能够实现尽早阅读；

汉字的自身规律决定了序化汉字学习是实现上述目标的关键；

序化识字具有字音字形字义以及字量字种字用诸方面的科学序化依据；

序化识字的途径、方法、策略同样具有科学序化的综合优化规律可循。

"序化"是一切科学最基本、最突出的标志，是人类社会走向现代文明的最基础、最迫切的需求，中国语文教育要不要、能不能序化，是中国语文教育是否能够以科学的姿态适应科学时代的需求、实现中国语文现代化的分水岭，是中国语文教育是否能够简捷高效地普及和传承的关节点。基于此，识字教育突破了由来已久的"语文教学自在研究"的局限性，逐步走向自觉吸纳现代信息学、脑科学、心理学、系统论、统计学、社会学、教育学等一系列科学新理念、新方法的康庄大道，发现、归纳、完善、系统、总结了对汉语、汉字、中文自身规律性的新认识，终于使序化识字的方法论体系成型，显露出中国语文教育科学序化的曙光。董兆杰先生的"字频识字"就是这个方法论体系中不可或缺的组成部分，其意义深远，潜能无限。

近年来，众多实验以无可辩驳的事实反复实证其成功。从中我们深刻认识到，所谓"汉语难学"是因为我们缺乏对汉字自身规律的科学认知与科学层次的研究，所谓"汉字难认"是因为没有探求到"序化识字"的科学途径和科学方法。归根到底，中国语文教育严重滞后的根本原因是缺失现代科学"序化"理念的结果。董兆杰先生的大作不仅仅是对识字教育科学化的贡献，也是实现中国语文教育现代化、掷向中国语文教育科学序化的"敲门砖"。简言之，中国语文教育现代化只能以汉字识字教育科学序化为基础前提。为此，我们可以胸有成竹地、再次郑重地骄傲地宣示：识字教育乃至语文教育已经取得了期待已久的、科学序化层面的突破，所谓"汉语难学、汉字难认"的历史将就此终结。

谨以此是为序。

2015年冬于京城治未斋

前　言

基础教育识字教学需要科学发展

语文是基础教育最重要的一门课程，是学好其他各门课程的基础。因为学生的成长与社会语言文字生活的关系极为密切，语文教学存在的问题非常容易凸显出来，所以，每当人们议论基础教育的质量和语文这个重要的学科时，总会列举各种表现和多种理由，持续地表达对语文教学的强烈不满。

识字教学是语文教学最重要的组成部分，是语文教学的起点和基础，也是决定语文教学质量和提高学生语言文字素养的关键。所以，识字教学改革始终是语文教学改革中最重要和最活跃的一个领域。

没有高质量、高效率的识字教学，就不可能有语文教学的科学发展。通过识字教学的科学发展来推动新一轮语文教学改革的历史重任，已经摆在了广大语文教育工作者的面前。我们只有进行广泛动员、深入研究、科学实验、综合治理，才有希望开辟一片新天地。

我们必须同心协力，进行系统的、多层次的理论探索和实践研究，排除各种非科学的习惯和观念的干扰，尽快构建起科学的识字教学理论、内容和方法体系，破解识字教学的困境。同时最大限度地激发儿童的识字兴趣，用最符合儿童需要的字种、字量与最方便、有效的方法和策略，保证小学生用尽可能短的时间，获取尽可能大的识字量和尽可能高的巩固率，全面提高他们的识字能力和语文素养。

一、识字教学的科学发展是一个系统工程

实现识字教学的科学发展是一个系统工程。破解识字教学始终不能走出低效率的困境，需要进行历史的和现实的系统思考。

从古至今，识字教材不知道编写了多少种，风行一时的识字教学法也说不清

发明了多少个，更数不清有多少人被称为识字教学专家。可是，识字教学效率不高的问题，却一直没有得到很好的解决。"识字难学"这一问题，像一座无形的大山横亘在人们的面前，让人望而生畏！

过去，人们普遍认为：识字教育存在的问题是识字时间过长，识字数量不足，从而造成识字效率的低下。这里所说的识字时间长、效率低，主要是指通过小学一、二年级的学习，学生的识字数量和质量不能满足阅读和写作的基本需要，语文教学不能及时、顺利地转入以阅读和写作为重点的教学阶段，是识字教学拖累了语文和其他学科的学习。

这种看法有一定的道理，但是，这只是表面现象，造成识字教学始终不能走出低效率困境的原因是多方面、多层次的。

从宏观上看，是指导语文教学和识字教学实践的基础理论、基本观念和改革的方式方法存在严重的错误和疏漏，制约着识字教学的深入改革。不能正确处理语文教学与识字教学的关系与区别，在识字教学中过分强调人文教育，忽视基础知识的传授与基本技能的训练。

从中观上看，传统的识字教学的内容和方法体系、课程体系，因为宏观上存在弊端的制约而不能得到根本的改造，新的识字教学内容体系的构建面临着重重困难。不科学的传统和习惯，仍然作为"主流"顽固地霸占着统治地位，束缚着改革者创新的手脚。例如，不能根据小学生的用字需要和用字顺序确定识字教学的内容，不能根据儿童的生理、心理发展实际采用科学的识字教学方法，等等。

从微观上看，是人们在识字教学的内容、程序和具体方法上存在着一些模糊、错误的认识和做法，比如先学拼音后识字、先读书后识字、识字要做到"四会"，以及过分地传授字源、字理方面的知识等。这样的安排和要求，也人为制造了一个个"识字难"的误区，不断作茧自缚般地耗费着师生的精力和时间，大大降低了识字效果。

另外，识字教学是语文教学的一个组成部分，识字教学的改革必须与整个语文教学的改革统筹考虑，协调运作。

所以，解决识字教育存在的问题是个系统工程，要全面反思，系统研究，科学实验，综合治理。

要实现识字教学的科学发展，大力提高语文教学的质量和效率，我们要做的事情很多。比如，要消除百余年"识字难学"的影响；要校正五十多年"识字拼音化"的误导；要匡正用外来的语言文字学理论代替汉语识字学理论的荒谬；要戳穿以改革的名义全盘否定传统识字教学经验的诡辩；要改革用行政手段和权威拍板取代学术争鸣和科学实验的管理、科研体制的现状；要对行政主导的教材编审、发行体制进行深刻检讨；要肃清唯利是图的商业炒作对识字教学改革和实验的污染；要唾弃不断用玩弄概念和"翻新"识字方法盲目增加识字数量、简单加快识字速度、冒充改革的急功近利表演……

我们只有在全面反思、深刻研究和扎实实验的基础上，吸纳现代语言学、文字学、文章学、口语学、教育心理学等相关学科的知识和理论，对语文和汉字教学的基础理论体系进行系统构建；继承优秀的传统经验，吸收过去改革的经验和教训，对识字教学的课程内容体系进行科学重构；坚持"以人为本，以用为本、以字为本"和"为用学，用中学，学中用，学会用"的原则，对识字教学的方法、策略体系进行改革创新。

此外，还要采取积极有效的措施，全面提升小学语文教师的理论素质和优化教学方法。只有这样，识字教学才能够走上科学发展之路。

所有这一切，都不是少数人在短时间内可以完成的，需要许多专家、学者、教学研究人员和广大语文教学第一线的教师群策群力、持久奋斗。

二、识字教学科学发展的重点和要求

提高识字教学质量的根本出路在于科学化。实现科学化必须积极解决识字教学理念的创新问题，以及识字教学内容和识字教学方法的规范化问题。

1. 创新识字教学理念

语文教学，历来就是我国教育改革中最活跃的一个领域。经过多年的探索、研究，我们已经在语文教学的基础理论建设方面取得了长足的进步。但是，由于前面所列举的种种原因的存在，某些落后的教育教学理论，没有根据社会的发展和科学研究的进步得到矫正和创新；新的教育教学理念还没有得到普及和尊重。比如，我们一直用从西方外移植过来的"词本位"的文字学理论充当"字本位"的识字的文字学理论，并且用这样的文字学理论取代识字教育学理论。所以，至今还没有建立起独特的识字教育学的学科理论，以及相应的内容与方法体系。

把语文课程的概念简单地混同或机械地等同于"语言和文字""语言和文学""语言和文化""语言和人文"等，并因此曲解语文课程的性质；通过强调"人文""文化""文学"属性，取代"交际工具性"的根本属性；通过强化"工具性与人文性的统一"，把语文教学搞成了人文教育，甚至把小学生的识字课都上成了识字的字源、字理文化课。

忽视语文学科的层次性特点，没有区别不同学校、不同学段语文教学的特点和要求，进而模糊了识字教育在小学低年级和语文教学中的基础性地位，混淆了识字与阅读、写作的关系，转移了小学低段的语文教学重点，破坏了识字教学的规律，严重影响了识字教学的效率。

在语文课程性质的表述中，长期把语言文字的"交际工具性"简略为"工具性"，忽略了语言文字应用中"公用性"与"交互性"相互制约的特点，造成了识字教学内容的混乱和教学要求的偏颇。

语言研究应该以语言事实为根据，只有详尽、大量地占有语言文字材料，才有可能把握语言文字的发展变化规律。尊重语言事实，就必须承认识字是在不断发展变化的。尊重语言事实，还必须承认不同的人群使用的语言是不同的。无视识字在当代、现代语言文字生活中已经发生了重大变化的事实，否认不同人群、语境用字的差别，搞不清共用字与独有字的字种、字量关系，必然无法破解识字教学内容科学化的难题，使识字教学不能做到与时俱进。

识字的目的是为了用字。用字是检验识字教学效果的唯一标准。但是，由于受传统识字教育理念和思维定势的影响，人们仍然习惯于对识字的字音、字形和字义进行文字本体认知的静态研究，忽视了对各个要素的变化、联系以及字际关系的动态研究；强调对识字应用中的本体功能、职能及其变化的评价研究，忽略了对不同字的使用效能、效度的字际比较的"字用规律"研究。字用规律研究的空缺，使识字教学的字种、字量和字序规定缺少了科学依据。

2. 规范识字教学内容

因为传统的观念、方法仍习惯地占据着"统治"地位，新的识字教学内容体系的构建面临重重困难。

比如，多年来识字教学只有识字数量的具体规定，没有字种的明确规定，更没有识字顺序（字序）方面的科学安排。因为对"常用字"的概念理解不同，又没有统一的字表规范，造成了教材的用字量总是大大超越大纲和课程标准规定的识字数量；造成了大量的非常用字挤占了本来属于常用字的"地盘"；造成了各种违反识字用字和识字科学规律的字序安排泛滥成灾。有些教材，完全颠覆了人们对"生字"这一概念的传统理解，第一次出现的、不认识的字，可以不叫"生字"，只有专家定性为生字的字，才算"生字"。

字种不清，字量超标，字序不清，生字的概念错误，这些不规范、不科学的做法，都毫无疑问地耗费了师生的时间和精力，大大减损了识字效率，使识字教学始终不能走出"识字难"的怪圈。

识字，归根到底是要记住生字，会使用生字。记住生字，不仅要记住字音和字形，还要记住字义，实现音、形、义的统一。但在实践中，把"识字"与"认字"混为一谈；把"会认字"和"会写字"数量的规定作为检验、判定音、形、义统一的识字的教学质量标准，而没有提出对字义学习的要求；把"会用"这个检验识字教学质量的唯一标准排斥在教学要求之外。这种片面性的理解，影响了人们对识字教学目的的理解，也是严重影响识字教学质量的原因之一。

为了提高识字教育的质量，识字教学的内容改革从来没有中断过。但是，由于没有找到问题的症结所在，识字教学只能不断在识字量的调整和识字方法的翻新上做文章。所以，始终没有走出误区，仍在困境中挣扎。我们应当在反省和总结的基础上，根据当代识字的特点和字用规律，根据当前国家有关文字规范的法令，规范识字教学的内容与要求，解决识字教学科学发展的内容标准问题。

3. 改革识字教学方法

识字教学方法改革，是识字教学领域最出彩的领域，从古至今不知道有多少识字法问世。但是，如果你仔细分析一下，就会发现许多被称为某某教学法的教材，只是某些文字的堆砌，只是生字编排方式的变革，并没有科学的理论依据和符合教育学、心理学的方法说明。

识字教学的方式、方法不当，识字教学的策略不当，都必然造成识字效率低下。不能清醒地认识和恰当地解决这方面的问题，要想提高识字教学的质量和效率，也是不可能的。

不论采用什么方式和方法识字，都是为了记住生字。记住生字，必须遵循记忆规律，按照"识记—保持—再现"的程序和方法进行。记住生字，不是死记硬背，而是要在具体的语言文字应用的环境中完成。没有重复，没有再现，就没有记忆，也就不可能做到会认、会写、会用。

识字是为了用字，为了阅读和写作。先识字后阅读、写作，是语文学习固有的规律，不可倒置。但是，目前教材都受"先学拼音后识字""阅读中识字""阅读就是一切""四会——认写同步"等根深蒂固的识字观念影响，采用"拼音识字""以读代识""机械重复"等间接识字的方式和策略。这些识字教材，不是"以人为本、以用为本、以字为本"，而是盲目地重复"先读书后识字""先学拼音后识字"的教材体系；不是坚持"为用学、用中学、学中用、学会用"的教学原则，而是坚持"阅读中心"；不去辨析传统识字教学经验的优劣，而是曲解或片面扩大传统的识字教学的某些经验，生编硬造地灌输字源、字理知识；不是建立在对认字与写字不同认知心理分析的基础上，科学处置分与合的关系，设计认写分流的教学体系，而是简单、机械地在数量和顺序上把认和写生硬地割裂开来，实行的不是"认写分流"，而是"认写分开"。

无视识字在信息社会的语言文字生活中人们用字内容与方法的巨大变化，以及小学生的心理诉求，一味地强调"写好毛笔字"，顽固地主张"软硬兼修"；混淆了教学书法、实用书法与艺术书法的本质区别，不适当地把识字教学演绎成识字文化和书法艺术教学。无视计算机广泛应用对用字方式的影响，忽视写字教学基本技能的训练。这一系列错误的识字教学方式、方法和策略，是造成识字教学效率低下的又一个原因。我们必须接受教训，总结经验，根据儿童的心理特点和记忆规律，改革识字教学的方法和策略，完善识字教学科学体系。

第一章　语文与识字教学

第一节　语文是什么

在公共语境中，人们常常使用"语言""文字"和"语文"等词语，也会使用"语言文字"这个联合词组。在讨论语文教学时，这些词语也会常常出现。但是，它们在语文教学专业语境中，却有着与公共语境中并不完全相同的内涵。在讨论什么是语文这个问题之前，弄清楚这几个概念的内涵与关系，对于搞好语文教学和提高识字教学质量至关重要。

一、语言和文字

1. 语言和文字的区别

语言有广义和狭义之分。广义的语言，既包括口头语言，也包括书面语言。狭义的语言，专指口头语言，不包括书面语言。

在社会公共语境中，语言是个比广义语言的内涵更为丰富的词语。比如，肢体动作、面部表情、视觉的图形符号、听觉的声音信号和哑语、旗语等，都可以负载信息，承担交际的任务，都可以称为语言。这些不能包含在口头语言和书面语言范畴的信息载体，都具有交际的基本功能，属于更加广义的语言。

语文教学中，特别是在语文教学论之类的著作中，语言这个概念是狭义的。它专指以听和说为基本交际方式的口头语言。口头语言和书面语言，是用描述法来区分语言和文字的概念。实际上，口头语言，就是语言；书面语言，就是文字。

语言和文字，都是交际工具。但是，却是两种不同的交际方式使用的交际工具。语言是听觉的，以声波震动形态，在说者和听者之间，用口说耳听的方式进行话语信息交际。文字是视觉的，以字形符号形态，在书写者和阅读者之间，用手写眼看的方式进行文本信息传递。这就是语言和文字的根本区别。语言和文字是有着特定内涵的不同的两个概念。

语言有"语音"，文字有"字音"，两者都有"音"这个要素。但是，它们在口语和书面语中的作用是不同的。语言中的语音，在口语中用来区别语义，是显性参与交际，是不可或缺的。文字中的"字音"，在书面语中是隐性参与交际；它依附在字形之后，如果不是为了从书面语向口头语转换，"字音"存在的意义便不能显现。朗读是把无声的书面语转换成有声的口语，不能不读出"字音"。默读，则不需要"字音"的直接参与，可以从字形直达字、词、句的意义。一个以音表意，一个以形表意。这就是语言和文字具有明显差异的地方。

2. 语言和文字的联系

语言与文字两个概念的内涵不同，联系却是非常紧密的。

语言和文字是人类特有的两种不同方式的交际工具。但是，这两种不同的信息载体却可以完成相同的交际任务。一个信息，既可以用现场对话或者打电话的方式进行语言交流，也可以用写信或发送电子邮件的方式进行文字沟通。可见，语言和文字的交际功能是可以相互支持、自如转换的，它们的联系是非常紧密的。

听说交际，使用语言，说的是语音，表达的是语义；读写交际，使用文字，写的是字形，表达的是字义。语言中的语素意义和文字的字义，是语言和文字的共有灵魂，是一个语种的立命之本，也是语言和文字联系紧密并且能够相互转换的共有基因。

二、语文和语言文字

1. 语文不等于语言文字

语文，是一个在教育范畴内使用的专用名词。它是指现代学校实施的一门以语言和文字为主要内容，以培养学生语言和文字的理解和运用能力为目的的教育课程（或叫学科）的名称。

在语文教学范围内，凡是涉及与语文课程和语文学习有关的内容，人们总是习惯性地使用"语文"一词。"语文"，可以合指教学内容——"语言和文字"，可以代指"语文课本"，也可以与有关词语结合，用来表述一切与语文教学相关的内容，如语文课、语文教师、语文作业、语文能力、语文素养等。

但是，离开教育和语文教学语境，就不能用"语文"来单指语言或者文字，也不可以作"语言和文字"的合称或简称使用。即便同时涉及语言和文字两个方面的内容，规范的用法也不是使用"语文"这个合成词，而是在口语表达时，使用"语言文字"或"语言和文字"两种表达方式来进行表述；在书面表达时，通过用顿号把"语言""文字"分开的方式加以表达。

这说明，"语文"和"语言文字"各有自己的适用语境，表述不同的内涵。它们之间不能混用和代用。

2. 语文是学习语言文字的课程

语文是一门课程。语文到底是一门什么样的课程？从"语文"这个概念诞生那一天起，就争执不断，出现过多种多样的解释。有人认为，语文是语言和文学；有人认为，语文是语言和文字；有人认为，语文是语言和文化；有人认为，语文是语言和文本；还有人认为，语文是语言和人文……

经过多年的讨论和语文教学实践，人们有了基本的共识："语文"是一门学习语言和文字的课程的简称。也就是同意叶圣陶先生说的："这个'语文'就是语言的意思，包括口头语言和书面语言，在口头谓之语，在书面谓之文，合起来称为语文。"

语文教育课程的内容，包括了口头的语和书面的文，但是，并不等同于"语言学"内容和"文字学"内容的简单相加。"语文"的教育内容，不是由"语言"和"文字"组成的联合体，而是由听、说、读、写的知识、能力和文化内涵有机构成的统一体。

语文是一门课程的名称，语言和文字是这门课程的内容。这就是语文与语言文字的关系。

三、语文不是交际工具

不论是《语文教学大纲》还是《语文课程标准》，几乎所有的语文教学文件，在开头部分都重复同样一句话："语文是最重要的交际工具。"可是，《语文课程标准（2011）》却一改惯例，用"语言文字"这四个字取代了"语文"二字。这种变化，反映了新课标修订者对"语文"这个概念理解上的变化，是语文教学理念上的一次创新。虽然，语言和文字都是人类最重要的交际工具，但是，不能由此推论出，以语言和文字为内容的语文课程也是交际工具。

我们承认，语文学科在基础教育的众多学科之中的确具有工具学科的性质，但是，也不能因为它起着工具学科的作用，就得出语文是交际工具的结论。

虽然，在语文教学的过程中，交织着多种多样的语言和文字的交际活动，但是，这绝不是得出语文课程是交际工具的理由。

为什么语言文字是交际工具，而以语言文字为内容的课程——语文，却不是交际工具？这道理，就像钢刀是切菜的工具，铝锅是煮饭的工具，瓷盘是盛菜的工具，竹筷是吃饭的工具，但是钢、铝、瓷、竹等都不是工具，只是加工成做饭和吃饭工具的材料一样简单而明确。

作为学科概念的语文，它是构成教育内容体系的一部分。语文课学什么，不学什么，都要服务、服从于语文教育的任务、目的、要求，满足学校的培养目标的需要。不论什么内容、体裁的文本，只要根据教育目的、要求被选入语文课程，就属于语文学科的内容，就成了语文教育内容科学体系的一部分。它们首先要承担的是语文教育的功能，而不是仅仅充当交际的工具。

一篇选入语文课本的文章，不是某一信息的载体，不是作者和读者进行交际的内容，而是培养学生语文能力的"例子"，是进行听、读、说、写能力训练活动的凭借。它首先应当承担起具体的、独特的教育责任，而不是完成交际任务。

所以，语言文字是交际工具，也是语文课程的内容；语文不是交际工具，而是一门以语言文字为内容的课程。在语文教学中，我们要正确地理解和使用"语文"这个概念。

第二节　语文课程的性质

多年来，对于语文的概念和性质的争议就从来没有停止过。在对"语文"概念的内涵和外延没有统一认识的情况下，大家不是在一个学术平台上进行讨论，对语文课程性质的认识就不可能是统一的。

对语文概念的不同解读，派生了对语文性质的不同看法；语文性质的不同解读，又导致人们对语文教学目标、目的、重点、方法和教学要求理解的差异化；诸多不同的理解，制约了语文教学质量的全面提高，成为滋养语文教学乱象丛生的"营养"。弄明白语文课程的基本性质，对语文教育的科学发展具有重要作用。

一、什么是课程性质

课程性质，是指该课程在实现教育目的和课程目标过程中的地位、作用和特点。课程性质理论，是一门课程教学理论的核心。

语文是一门以语言和文字为内容的学科，是一个在基础教育所有学科中具有重要、基础地位的学科，工具性、基础性是它与其他学科的区别。

但是，决定语文学科性质的，不能只看该课程在众多学科中的地位和作用，还必须包括实现这门课程的教育目标，应当采用的原则、方法、策略和要求。只有认识到语文教学性质中必须有的这些内容，才能全面、准确地把握语文教学的特点和规律，科学、规范地实施语文教育，保证语文教学的高质量和高效率。

关于语文课程的性质，翻开不同版本的教学文件和教学法著作，可以看到不同的说法。除了工具性和人文性之外，人们还从基础性、思想性、科学性、实践性、综合性、民族性等不同的角度提到过多种说法。这种多样性的表达，可以看到不同时代的烙印，也能够辨析出语文教学改革艰难的脚印。

值得高兴的是，经过多年的讨论，绝大多数人对语文概念内涵的认识日渐清晰，对语文课的性质也取得了比较接近的看法。新修订的课程标准，在表述语文课程的性质时，首先强调了语文课程的实践性和综合性特点。这是对语文教学要求、方法、策略的高度概括，是比过去的教学文件进步最明显的地方。

但是，新修订的《语文课程标准》，对语文性质的表述仍然存在着令人遗憾的地方。一是继续把"工具性与人文性的统一"说成是"语文课程的基本特点"；二是延续过去的说法，把"交际工具性"等同于"工具性"。

因为在中小学所有学科中，语文是学习好其他各门功课的基础和重要工具；又因为语言文字是语文科学的主要内容，而语言文字是交际工具，所以，交际工具性自然应当成为语文课性质表述中首要的、不可或缺的内容。而这，也是下面笔者要具体阐述的语文课程性质的内容之一。

在前一节我们论述语文的概念——"语文是什么"时，提出了"语言文字是交际工具，也是语文课程的内容；语文不是交际工具，而是一门以语言文字为内容的课程"的看法。现在又提出了语文课程具有交际工具的性质。表面看来，前后是矛盾的。其实，并不矛盾。因为概念的解读与性质的说明是不同的：一个回答是什么；一个回答怎么样。就像一个人叫什么名字和做什么工作，与这个人具有什么样的长相、品质和能力一样，是两码事。

二、语文课程的交际工具性

多年来，不管语文课程性质的表述怎么变化，都离不开"工具性"这个特点。传统的思维逻辑是：语言是工具，文字是工具，合在一起的"语文"当然也是工具。因此便有了"工具性是语文课的基本性质"的说法。其实，这种延续多年的说法并不准确。准确的说法应当是：语文最重要的性质是"交际工具性"。

1. 工具性与交际工具性的区别

（1）工具不等于交际工具。

工具有许多种，交际工具只是众多工具中的一个种类。工具和交际工具，是两个有联系又有区别的、不同层级的概念。

工具的本质是可用。粉笔是书写工具，汽车是交通工具，手机是通信工具，语言文字是交际工具。因为它们都具有可用性，也就都属于工具的范畴。但是，交际工具不同于一般的工具，它是人们进行思想、信息交流时使用的一种特殊工具。

工具和交际工具是一般和特殊的关系，它们之间不能画等号。

交际和非交际两种工具，使用方式和交际效果完成的方式也是不同的。

交际工具的特殊在于，它是由构成交际关系的人共同使用的工具。交际工具的使用和效果，是由构成交际关系的各方的共有能力和交际水平、技巧组合而成的。交际工具的使用是有条件的。不同语种之间无法直接交际；操不同方言的人，口语交际很困难；不同专业的人，讨论专业问题更困难。交际工具的本质特征是共有、公用。交际工具与使用者之间是间接的、综合的合作关系。比如，用口语进行交际的效果如何，不仅决定于说者口语表达能力的高低，同时决定于听者对话语理解能力的高低。用文字通信，交际效果不决定于写信者的字写得多么漂亮、词汇如何丰富，而决定于看信者能够认识多少字、理解多少内容。

非交际工具的使用和效果，是由工具的性能和使用者使用工具的能力、技巧决定的。工具与使用者之间有直接的、必然的因果关系。比如，汽车跑得快不快，是由汽车的质量和驾驶者的驾驶技术决定的。粉笔字写得好不好，是由粉笔的质量和写字者的书写能力决定的。

具有可用性，是交际工具与非交际工具的共同点。它们的不同表现在两个方面：一是交际工具必须由两个或两个以上的人共同来使用；非交际工具的使用一般没有人数多少的要求和限制。二是具有"共用性"的交际工具，对交际效益的产生只起中介作用；具有"可用性"的非交际工具，不能产生交际效益，却可以直接产生功用效益。

可见，交际工具和一般的工具是有明显差别的。语言文字，是一种除了具有工具的一般属性之外，还具有特殊属性的交际工具。

（2）语文的交际工具性不能用工具性代替。

人类的交际工具有许多种，其中，语言和文字是很重要的交际工具。

交际，就是彼此之间进行信息和情感的交流、沟通。在交流、沟通时，语言和文字成为交际信息的载体，充当"运送"交际内容的工具，成为交际者之间信息、情感往来的桥梁。所以，在语言学著作里面，都把语言（广义的语言包括文字）说成"交际工具"，而不是泛泛的写作"工具"。

现在大家常说的"语文工具性"，是根据语言和文字具有交际工具性的特点推论出来的。遗憾的是，在教学文件的行文中，竟然丢掉了"交际"二字，用一个宽泛的种概念，取代了一个特指的属概念，并且一丢就是许多年。

不知道是因为受到汉语并列、排比句的词语使用，追求字数、句式和结构相同的修辞方式需要的驱使，还是出于对种、属概念之间差异的误读或忽略，或者是对"交际工具"这一概念完整内涵理解的缺失，几乎所有的教学文件都说"语文的工具性"，而不说"语言文字的交际工具性"。

承认"语言文字是最主要的交际工具"，表述时却忽略了"工具"前面那个起修饰、限制作用的定语"交际"的存在，而用"工具"一词取代了"交际工具"。这样做，实质上是把语言文字的"交际工具性"改成"工具性"，把语文课程的"交际工具性"也改成了"工具性"。这样做，不仅是对语言文字定义的错误解读，也是对语文课程性质的错误解读。这样的解读，已经严重地影响了语文教学理论的正确传播，干扰了语文教学改革的科学发展。

通过前面对工具性与交际工具性区别的分析比较，对交际的定义和特点论述，我们有充分理由得出语文的"交际工具性"不能用"工具性"代替的结论。用交际工具性取代工具性，是更新语文教学理念、实现语文科学发展的必然选择。

2. 交际工具性与语文教学的关系

（1）交际工具性是语文教学的本质属性。

语言文字的交际性特点，是理解语文教学概念的层次性、内容的综合性、方法的实践性的重要理论基础。认识语文的交际性特点，对于改进和提高听、说教学和阅读、写作教学的质量关系重大，对于如何体现"以人为本"的教育理念，落实人文性的要求，也十分重要。

语言文字的公共性与交互性，虽然各自都有鲜明的特点，却不是矛盾的，而是互容互寄、相依相附的统一体。语文教学中，既要根据它们的不同点，分别加以突显，又必须彼此照应，追求综合效益。

社会是语文最大、最主要的课堂。社会的语言文字资源是学生永远也学不完的课程。语文课，只不过是把社会语言生活中最有示范意义的一部分引入了课堂，成为语言学习与实践的一个特殊平台，使人们逐步熟练掌握语言文字的交际功能。

基础教育的语文教学，面对的是一个语言文字水平基本相近的特殊群体。语文教学的任务，就是要从他们的语言文字运用的实际水平出发，从培养和提高最基本的语言文字能力起步。语文教学就是要在不同的学段，通过不同的教育内容和方式，使学生逐步掌握语言和文字这个交际工具，提高他们的语言文字运用水平，为他们扩展社会生存和发展的空间、提升生活质量、升华道德情操打下坚实的基础。

在语文课堂教育这个平台上进行的语文教学活动，就是以学生为主体，以教材内容为媒介，在教师参与、引导、帮助下集体进行的语言和文字的交际活动。这是一个在特定的课堂语言环境中，以课程内容为话题、以语言和文字为信息载体，师生共同参与的听读说写交际活动。它通过文本的示范，教师的讲解、评论，学生的质疑提问、感悟体验，通过集体的对话沟通、交互影响，共同完成提升学生的语言文字的使用能力和人文精神涵养的学习任务。这个活动中既有口语交际，也有文字交际；既是语言教育，也是文字教育；既是语言文字知识的系统学习，也是语言文字运用能力提高的实践活动。

> 师生通过语言文字的教学活动，对这个公共交际平台不断地进行规范的建设与维护，在传承和发展语言文字的同时，让受教育的群体和个体都能从社会大语境中最大份额地"复制""下载"规范的语言文字的信息资源，不断更新改造、完善、升级自己的语言系统，尽快积累语言文字知识，掌握与人交际的最多"资本"，全面提升语文素养和语言文字的应用能力。这才是语文教学的本质。

（2）交际工具的公共性与语文教学。

交际工具的公共性特点启示我们，维系良好的语文教育环境，优化构成语文教育要素的课程标准、教材、教法和教师的教学修养，构建统一、规范、标准的语文教学内容科学体系，是提高语文教学质量的基础和保证。

如果课程标准不符合语文教育社会化的要求，或者教材的编写不严格执行课程标准的规定，或者教学的组织者没有坚实的语文基础知识和较高的语文素养，都会破坏共同交际语言平台的建设，使语言文字教育不能健康、科学地发展。

没有一个规范的语言文字教学环境，要想提高语文教学的质量、提高学生个人的语言交际能力，就是一句空话。没有师生的不懈努力，就不会形成一个良好的语言文字学习环境，个人的语文素养提高也会受到很大影响。

比如，小学识字教学，如果没有统一的教学标准，没有统一字种、字量和字序的规定，没有统一、规范的字音、字形、字义教育，就完不成语言文字教育社会化的任务。同样，随意增加或减少识字量，改换统一规定的字种，变换字体、字形，都会使识字教学的整体效率严重受损。过去，教学文件中只有字量规定、没有字种限制的做法，是造成识字教学效率长期低下的重要原因之一。识字和写字教学中字种不匹配、字体不规范，对识字教学和写字教学都已经产生了重大影响。要提高语文教学的质量，必须在统一、规范、标准上下功夫。

总之，语文教育必须科学发展。而要科学发展，首先，必须做到语文教学内容的标准化、规范化。没有教学目标的标准化，没有教学内容的统一、规范要求，就不可能有语文教学的高质量。其次，要实现语文教学的现代化。没有应对信息传输手段现代化的教育理念和教学措施，不能正确处理传统内容、经验与现实的需要的矛盾，就不可能有语文教育的科学发展、可持续发展，更谈不上高质量。

（3）交际工具的交互性与语文教学。

交际工具的交互性特点启示我们，语文教学不是静态的语言文字认读和抽象的语文知识背诵，而是要在听读说写的动态实践中，在反反复复的语言、文字的使用实践中，在语言文字的交际活动中，积累语言，培养语感，提高语文素养。语言实践是学习语言的基本途径和方法。靠教师的讲解，靠语法、修辞等知识的学习所产生的效益，都比不上语文实践产生的效益大。只有坚持"以人为本"，即"以生为本"的教学理念，着眼于学生的主动发展，语文教学才有生命力，才有高效益。所以，语文教学必须突出实践性和综合性，坚持"为用学，用中学，学中用，学会用"的教学原则与方法，必须把精力花在语文素养的培养和语言文字应用能力的提高上。

下面以识字教学为例，简要说明把握语文交际工具性的重要性。

把培养刚入学儿童的普通话的听、说能力和常用规范简化汉字的认、写能力，作为核心内容的小学低段语文课程的性质，是由语言和文字的性质决定的。语言和文字的交际性的特点，对小学语文的识字教学有以下几点启示。

一是足够的识字量，这是实现文字交际的前提条件。儿童识字，就必须从儿童文字交际的实际需要和语文能力的发展需要出发，科学确定识字量。识字量的多少一般来说是与文字交际效果成正比的。

二是在识字量相等的情况下，字种不同，交际时可以派上用场的字的比例就不同。儿童识字的字种选择，不能从字的书写难易出发，不能从构字规律出发，只能从儿童的用字规律出发，科学地选定字种。交际者之间字种重合度越大，交际就越顺畅。

三是儿童识字的字序安排必须坚持从高频到低频的顺序。会认、会写的高频字越多，文字交际的效果就越好。交际者用字时，字种重合度大的字，都是使用频率高的字。

四是儿童识字应采用"高频复现"的方式。儿童识字是为了用字，用字也是学字；字的使用次数越多，用起来就越熟练，越自如，记忆得也越牢固。识字与用字结合得越好，识字的效果就越高。

三、语文课程的人文性

过去的语文教学大纲和当今的课程标准，在"课程性质与地位"部分都写道："工具性与人文性的统一，是语文课程的基本特点。"也就是说，语文兼有工具和文化的双重属性，而且这两种属性是统一的。

1. 人文性成说的含混

课标把工具性和人文性并列在一起。那么，什么是人文性呢？

有人说："语文学科的人文性，是指语文教育教学中的文化特质——文化知识和文化精神的体现。"

有人说："人文性就是语文课里面的人文精神，人文精神定性为一种属性就是人文性。"

有人说："人文精神就是一种人本精神，一种人道精神。人文就是人本的一种文化。人文精神的核心是强调人的本体精神，强调人的主体性。"

课程标准既然用"人文性"来定位语文课的性质，就必须在教学中体现出来，就应当把它作为语文教学必须体现的一条原则。可是，人们对它并没有给出准确的解释，又如何在教学中落实和体现人文性呢？当人们无可奈何、不知所措之际，就只能先对它采取敬而远之的策略，当很多人都读不明白课程标准的时候，课程标准对语文教学的指导和制约的作用又从何谈起？

2. 怎么理解人文性

我们能够从课标中找到的答案，只有"语言文字……是人类文化的重要组成部分"一句话。"人类文化"对应的是"人文性"。"人文性"，就是文化属性。笔者愿意顺着这样的思路，尽自己所能，试着对人文性进行一次别样的解读。

（1）语文既是工具学科，又是人文学科。

语文的人文性和工具性（注：实为交际工具性，为行文统一、简洁和引用的缘故，姑且使用"工具性"一词）是两种不同的属性。它们是从两个不同角度来为语文定性的。

语文课的工具性不仅是由语言和文字本身的工具性质决定的，还是从语文这门课程在所有课程中的地位和功能的角度来定义的。语文课与课程中历史、自然等非工具学科不同，它是学好各门功课的基础，是学习好其他功课的工具。学习语文，就是要学习语文知识，提高语文能力，掌握语文这个工具。

人文性是从学科分类的角度定义的。人文学科对应的是自然学科。根据学科内容分类，语言和文字都属于人文学科。人文学科是关于人类文化和社会现象的学科，是一门和介绍自然现象与规律的自然学科并列的学问。语文课程是以语言文字的学习为内容的课程，而语言和文字是人文、社会现象，不是自然现象。

所以，不论是从作为与自然学科不同的语文学科的角度看，还是作为学校教育内容的语文课程的角度看，语文的人文性都是不可置疑的。

（2）语文教育，就是人的教育。

人们要获得语言文字能力，不能不接受语言文字教育。

教育是什么？教育就是人的社会化；是由自然人完成社会人蜕变的过程；是人不断了解自己，不断完善自己，并且不断认识和改造他所生存的自然与人类社会环境的过程。人的成长过程、受教育过程，就是人的社会化过程。

在教育学范畴谈语文，指的是作为一门课程的语文学科。语文教育的任务，就是通过人的语言化，达到人的社会化的过程。在语文学科教育中，学语文，是人生存、生长需要的精神活动和生命运动，是人的社会化的重要途径与手段之一。学语文，就是为了获得语文知识和能力，提高语文素养，靠语言文字生存，用语言文字做事。

学习语言文字，不仅是为了会使用、能生存，还要通过汲取语言文字中所负载民族精神的文化营养，铸造民族的灵魂，成为社会的主人，以个体的努力推动社会的发展。

语文的人文性不单单是由语文教育的内容因素决定的。因为语文教育课程的内容中，既有思想、道德、情感、审美方面的人类文化的内容，也有自然、科学方面的内容。决定语文人文性的是作为人文或科学信息载体的语言文字本身，它们是人类文化的重要组成部分。

所以，语文教育，就是人的教育，是人的文化教育。这是语文课程人文性的基本涵义。

（3）语文教育，就是"以人为本"的教育。

语文学科的人文性，决不仅表现在课文中语言文字所荷载的思想、道德、情感、审美层面，更重要的还体现在人文性的核心——"人本"观念上。语文教学必须坚持"以人为本"，也就是"以生为本"，热爱学生，尊重学生，从学生的实际出发，以促进学生的全面发展为目的。人本理念也是语文人文性的重要内涵。

"以人为本"中的"人"，不是抽象的"人"，而是具体的"人"。在小学语文教育中，超越儿童的生理、心理和生活经验水平以及儿童语言发展水平的教学内容和要求，看不到儿童发展的巨大潜能，制约儿童智能发展的教学要求和方法，那些"成人中心""教师中心""知识中心"的观念，那些泯灭童真、童心和童趣的做法，都是不符合"人文性"要求的。

教语文，就是教做人。只注重语文知识的传授、语文能力的培养，不关心学生的道德修养、人格涵养，就不是全面关心人、培养人，也是违背"人文性"要求的。

"以人为本"的理念是语文课程人文性的根本性标志。只有尊重学生、理解学生，给学生以充分的活动空间和权利，才能使他们得到充分的发展，意识到自己的尊严和价值，形成健全的人格。笔者认为，这是我们用"人文性"定义语文课程性质的又一重要原因。

"人文性"既是一种语文教育理念和原则，也是一种语文教育方法和策略，还是语文教育的内容取舍和教学成果评价的依据。学生在语文学习的过程中，除了掌握了语文知识、发展了语文能力之外，同时也受到了思想上的启迪、情感上的陶冶、认知上的发展、审美上的愉悦、道德上的规范、创造上的启发，成为一个全面发展的、具有完美品格和个性充分发展的人。任何一门课程都不可能像语文这样蕴涵着如此丰厚的人文因素，只有它才可以在社会呼唤人文精神回归的今天，承担起历史赋予的重任。

因此，语文教学既要突出工具性特点，也要关注人文性。

3. "工具性与人文性统一"的提法值得商榷

如前所述，"工具性"与"人文性"既不是同一层级的概念，也不是矛盾的概念，它们的内涵大小和定义依据是有区别的。所以，不应以"工具性与人文性的统一"来表述语文课程的性质，而应当分别表述语文的"工具性"和"人文性"各自的内容、特点。

"统一论"的表达方式，不是在强调语文有工具性和人文性两个特点，而是在强调两者的统一的必要性。"统一论"的提出，是针对过去语文教学中存在着重知识轻能力、重形式轻内容、重理论轻实践等弊端提出来的，也是抵制、批判只要工具性、不要人文性的思潮或理念，抑或说是告诉人们如何处理两者的关系。从"统一论"提出的背景和引导语文回归本位的角度看，这是有一定的意义的。

但是，"统一论"的说法让人难以理解句中的意义。从哲学上说，说两者是"统一"的前提，是因为两者是不同的，是矛盾对立的。实际上，工具性和人文性各有所指，是并列的关系，是"你中有我，我中有你"的相依相存的关系，是没有矛盾的。用"统一"来说明它们之间的"相依相存"关系，有些令人费解。

课程标准在陈述课程性质时，没有一一列举、说明，而是强调某一点和另一点是什么关系。即使这种写法没有问题，只是想引导和纠正人们的错误认识，也不该写在"课程性质"部分，而应当写在"实施建议"部分。

另外，语文课上学习的文章，不是只有文学和艺术类的人文作品，还有普及自然常识的科学文本。不论什么体裁、题材的文本，一旦入选学校的语文教育课程，就不再是一般意义上的文本，而是承担了教育职能的文本。"教育是科学"，这是个没有疑义的命题。语文课程中的科普类文章，还担负着进行科学教育的职责。由此看来，语文课程就不仅具有人文性，还具有科学性。

所以，排斥作为教育课程科学系统一部分的语文课程的科学性，只写工具性和人文性，特别是用"工具性与人文性的统一"这个基本特点来定义语文课的性质，是不全面、不恰当的。

语文学习的内容不是只有文章，还要认字、写字，学拼音，学标点，以及学习听、说、读、写方面的知识、方法、技巧，培养多种语文能力。语文教学中这些重要的内容与工具性密不可分，但是，它们之间"人文性"的联系并不紧密，更谈不上是"工具性与人文性的统一"。

学校的教育课程中，除了语文之外，历史、社会、思想品德等社科类课程有没有人文性？美术、音乐、艺术等类课程有没有人文性？语文是人类文化的重要组成部分，这几门课程难道不是人类文化的组成部分？如果学校的其他课程也有人文性的话，那么语文与其他课程的本质差别何在？如果我们用科学、人文、艺术来定性语文课的话，语文还有独立于其他学科之外的特别属性吗？所以，不仅不能用"科学、人文、艺术"的统一来定性语文课程，也不能用其中的任意两个方面的统一来定性语文课程的性质。强调人文精神，不能排斥科学精神，更不能用人文精神代替科学精神，或者把两者对立起来。

笔者在前面关于语文的概念部分说过，语文是一门有层次性特点的课程，不同学段课程内容是不同的。小学一、二年级的语文课是以识字教育为重点的。教学生认字、写字是为了认识、掌握语言文字这个工具。这个时段的语文课程的性质主要表现为工具性。顾明远先生在谈到语文的工具性和人文性问题时，就曾经说过："对于语文的工具性和人文性，不同年龄段应侧重于不同方面：在小学，要更多地重视语文的工具性，让小孩尽早掌握最基本的字、词、句、章，完整地表达自己的思想——包括口头语言和书面语言；到了中学，在继续重视语文工具性的同时，要教育学生理解语文的文化内涵，并且通过语文了解我国的文化精粹——特别是文学名篇。"

判定一门课程的性质，最重要的是看这门课程在整个课程内容体系中的地位和作用。对于一门课程性质和不同学段性质的表达，更要从具体内容的实际出发。笼而统之，失去准确性的表达，不是无法在教学过程中体现和落实的空话，就是毫无价值牵强附会的理论教条。

四、语文课程的层次性

1. 语文课程的层次性是客观存在的

"课程"或"学科"，就是教育部门为了达到一定的教育目的而开设的教学科目。要在一定的学程内完成一个学科的教学内容，就必须把整体内容和目标进行分解，形成横有列、纵有序的教学体系，安排好教学的内容结构和进度、流程。

过去在讨论语文教学的概念内涵时，之所以有语文是语言和文学、语言和文章、语言和人文等不同的看法，究其原因，就是忽视了语文概念的层次性特点，没有考虑不同学段的语文教学其内容不同而目的有别，彼此之间存在着层次差异。

"语文"作为一门大、中、小学都开设的课程名称，又是一个有层次的概念。

语言文字知识学习和语言文字能力培养，都必须遵循教育规律，都有一个与学生成长规律相适应的科学体系。这个体系是一个动态发展、科学有序的体系。不同层次语文教育内容的层次性，决定了各个学段教学内容和重点的差异性，决定了语文课程的层次性特点。在这个有层次的学科教育体系中，《语文课程标准》（或大纲）是不同层次语文课程体系的纲要性、总体性说明；各个学段和学期的教科书，是解读课标、分担具体教学内容、落实不同阶段教学任务的学习材料。

2. 语文课程层次性的表现

如果我们承认不同层次学校学生学习的语文，无论是内容还是目的、要求和方式、方法，以及进行知识和能力训练的重点，都是有联系又有区别的；而且不同层次的语文共处在一个系统之中，既上下紧密衔接，又呈阶梯式独立存在，那么，我们就找到了过去人们对语文这个概念存在分歧的原因，也找到了化解分歧的办法。

下面，是笔者对语文教学层次性特点的解读和对各学段语文课程的层次划分。表达不一定准确、周全，思路可供参考和讨论。

小学语文，处在语文层次结构的底层，是语文学习和所有其他学习活动的基础。小学低段的语文课是语言和文字课，以认字和写字为主要内容重点，培养最基本的普通话的听、说能力和规范汉字的认、写能力。

小学的中、高段是语言和儿童文本课（文本，就是用若干文字组成的表达意义的单位——泛指广义的文章，下同），开始向以阅读和习作训练为重点过渡，培养初步的听、说、读、写能力，逐步提高语言和文字的应用水平。

小学语文由于各学段学习的目的、内容和重点不同，明显分为两个层次。低段语文应当叫做"语文·识字"课，简称"识字"；中、高段是"语文·阅读与习作"课，简称"阅读与习作"。

初中语文，是语言和文本课，继续培养初步的听、读、说、写能力。基础教育九年基本完成语文基础能力的培养和提高，为以后的学习提高奠定基础，同时进行知识传授、技能训练、人格涵养。初中语文可以叫做"语文·阅读与写作"课，简称"阅读与写作"。

高中语文，是语言和文学、文化课，是培养更高层次的听、读、说、写能力，特别重视阅读和写作能力的课程。高中语文是在初中的基础上进一步全面提高学生语文素养的课程，应当叫做"高级语文"，或叫做"高中语文"。

大学语文，是语言和文化课，以文本的文化内涵和人文精神的解读为主。应当开设"经典文化"课，或叫做"大学语文"课。

所以，应当改变把学习有关语言文字内容的课程从小学到大学统称语文的现状，重新定性各个学段语文学习的内容、重点和名称。这样做的好处是，可以化解由于名称相同而内容不同产生的许多"名不正，言不顺"的认识分歧，做到"名实相符"。

3. 认识语文课程层次性的意义

新课标在"性质"部分明确写道："义务教育阶段的语文课程，应使学生初步学会运用祖国语言文字进行交流沟通，吸收古今中外优秀文化，提高思想文化修养，促进自身精神成长。"这段话，不仅把"老课标"中概括语文课程内涵的"语文课程应致力于学生全面发展和终身发展的基础"进行了具体的、可行的修订，还在语文教学的目标要求前面新增加了"初步学会"四个字，有意强调和提醒人们：九年义务教育对语文学习的要求是"初步"的，是最低层次的。

这种把处于语文课程结构最底层的小学语文课程学习要求精准定位于"初步学会"的做法，是过去的教学文件所没有的，也对笔者提出的语文层次性理念给予了巨大的支持。

教育是科学，语文学科是教育科学系统的一个子系统。科学性的本质特征是有序性，语文内容的层次性特点，就是语文科学性最有力的佐证。

语文教学的内容之间，既有知识、能力、素养要求的贯穿始终，又有学段坡度的梯次呈现；既有纵向的无缝接续，又有横向的交织脉通。这些足以证明，语文教学内容是一个科学有序的系统。

如果我们不能正视语文的层次性特点，总是站在不同学段的角度来讨论语文的概念，就永远也统一不了认识。统一不了认识，就不能正确地解读语文的概念。用模糊、宽泛的定义取代精准、本真的定义来解读语文的概念，就搞不清不同学段语文教学的内容和要求；打乱语文教学内容的内在逻辑关系，就很难找准提高语文教学质量的途径和方法，就不可能探索出一条持续发展、科学发展的语文教学改革之路，从而影响语文教育的质量和效益提高。

我们必须从教育科学的视角出发，重新审视语文课程，明晰界定"语文"这个概念，把语文课程从繁重的非语文教育的负担中解救出来，让它真正回归语言文字教育的世界，"名正言顺"地走上科学发展之路。

第二节　识字教学的作用与特点

一、识字教学和语文教学的关系

语文学习，包括语言的学习和文字的学习两个大的方面。它们各有特点和要求，是不同的。但是，语言与文字的关系非常紧密，处理好两者的关系，突出识字教学在语文教学中的基础地位，追求统一、高效的教学质量，是语文教学必须研究的理论和实践问题。

1. 语言和文字的学习是不同的

我国现代学校实施的语文教育，在语言方面，要培养汉语普通话的听、说能力；在文字方面，要培养规范汉字的读、写能力。语言和文字，都是语文教学的基本内容，却有不同的学习方式和途径：语言是习得的，文字是学得的。了解这种不同，对于搞好语文教学也很重要。

语言是"习得"的，只要不是"语障"和"智障"，任何人都可以在公开的母语环境的浸染下，自然"习得"最基本的听、说能力。正常人可能成为"文盲"却不会成为"哑巴"的道理就在于此。

"习得"并非只是听其自然发展，不需要培养和训练。小孩子学语言的过程，是由社会语境和成年人集体对小孩子进行语言熏陶和训练的过程。经过学校科学、系统训练的人，肯定比没有经过系统训练的人的听说能力高得多。但是，学校生活只是人生的一个阶段，社会的语言生活永远是语言习得的大课堂。

文字是"学得"的。文字学习，包括对文字本身的学习（识字）和文字构成的文本的学习。不学习文字，不进行文字书写和写作的基本功训练，就谈不上具有文字和文章的读写能力。所以，文字的学习主要依赖学校按照教学计划组织实施的系统学习、训练活动。只有积累了一定的识字量，才能不断满足文字表达的需要，从而获得基本的文字阅读和写作能力。一旦文字读写能力得到发展，学生的语文素养和文化素养便可螺旋式提升，文字能力也会同步发展。

所以，为了提高读写能力，必须首先提高识字能力。识字是基础，必须先行；读和写是字的运用，应以识字为前提。

2. 语言和文字的学习是互动的

语言和文字虽然有各自的学习特点、内容和规律，但是在学校的语文学习的实践中，它们不是各自封闭的，而是互相关联、相互促进的。可以说，没有口语的参与，书面语的学习活动是不能进行的（聋哑人例外）。学习文字和文章，是为了提高读、写能力；而提高了读、写能力，必定会促进和巩固文字学习的成果。

文字学习，首先是识字。识字的本质是记忆，是把文字的字形和口语中已经熟悉的"字音"，以及头脑中形成的"字义"建立起联系，统一起来，记忆下来，储备在"心理词典"之中。从这个角度看，口头语言的发展为文字的学习奠定了"音"和"义"方面的基础。

阅读的本质是理解，是透过字形信息提取与字形匹配的字音和字义的信息储备，完成特定语境下字义和文本内容及意义的解读。写作的本质是表达，是根据确定的内容和要求选择合适的词、句，按照约定俗成的方式、程序组成话语、篇章，把情形或意思清楚、明白地记写出来。阅读和写作，既需要熟练的文字能力，也需要充分利用通过口语丰富、发展和储存在"心理词典"中的语汇、句式以及表达技巧和语感能力。读、写能力的发展，又不断充实"心理词典"，进一步积累语汇、规范语法和提高口语表达的准确性和精练性。

这说明，阅读和写作既依赖口语的积累，又是听说能力发展的重要的动力和源泉。语言能力的发展，为文字能力的发展奠定了基础；文字能力的发展，又为语言能力的发展增添动力。它们相互促进，协调发展，关系密切。

3. 识字教学是语文教学的基础

语文教学归根结底是为了培养学生的听、说、读、写能力，提高语文素养。其中，文字教学既包括对识字能力的培养，也包括对用字能力的培养。识字是为了用字，提高识字能力，是发展用字能力的基础。用字能力主要是阅读和写作能力，是语文教学的核心和重点。识字能力是用字能力形成的基础和保障。所以，语文教学必须从识字开始，以形成和提高用字能力为目的。

书面语言应用能力的培养和发展，应当遵循"字—词—句—文"的规律。汉字是音、形、义的统一体，现代汉字中的大多数字，都能以概念的身份独立地表义，一个字就是一个独字词。两个或两个以上的字（独字词），按照多种方式进行组合，便有了许许多多个多字词。无论汉语书面语的词有多少构成方式，所有的词都是由字构成的。词不是汉语书面语的基本单位，字才是汉语书面语的基本单位。句子和篇章，都是语义的集合体，是一个意义"链条"。在这个"链条"中最小的意义单位是词（单字词或多字词），其次是由词组成的句子，然后是由句子构成的篇章。

所以，学习词、句、篇，都必须从对字的认识开始。先阅读后识字和先学拼音后识字等识字方法，都不符合汉字的特点。汉字教育必须坚持"字本位"，不能搞"词本位"。

字义的学习和理解离不开具体的语言环境。一个字常常以不同的方式与不同的字组合成表达不同概念的词，在不同的词语中展示字的不同义项。儿童对字义的把握不仅与识字多少相关联，更与他们的心理发展、生活阅历和知识积累密切相关，是一个渐进的过程。由于儿童已经为识字的进行奠定了一定的口语基础，而且正处于记忆能力发展比较快的时期，所以可以在比较短的时间记住大量生字的字形。字形记忆是儿童识字的起点和重点，必须先行。集中识字，是起始阶段最有效的识字方式。

因此，语文教学应当做到：第一，准确把握"语"和"文"的区别与联系，了解两者相互促进的功能，建立各自的知识、能力体系；第二，明确书面语的学习是语文教学的重点，保证"文"的学习始终处于核心地位；第三，识字是为了用字，识字能力的发展决定着读、写能力的发展，识字是"学文"的起点、基础。

二、识字教学的本质与过程

识字教学包括两个主体，一个是教师主体，怎么教；一个是学生主体，怎么学。识字教学，应依据教育学、心理学理论，有组织、有目的、有计划地进行。了解识字教学的本质特点和基本过程，是保证识字教学活动有效、科学进行的重要前提。

1. 识字的概念、重点和本质

什么是识字？识字，就是认识汉字。识字，又是语文教学中一个专用术语，专指以认识文字为内容的教学活动。在课标中，它和"阅读""写作"等一样，是语文教学的内容之一。

对于母语是汉语的儿童来说，认识汉字是在汉语口语得到一定发展的基础上进行的。口语中已经熟练使用的语音和语义，为其对应的书面文字的字音和字义学习奠定了初步的基础。

所以，儿童识字，实质上就是把一个个抽象的文字符号与人们口语中表达的语音和语义建立起紧密的对应关系，并在头脑中牢固地建立起形、音、义之间的系统链接，储存于"心理词典"之中，以备将来使用的活动。这个心理过程就是

"识字"。

因为儿童识字是在音、义储备的基础上进行的，是为了寻找并记住和口头语言中的语音、语义相对应的字形，所以识字的重点就是认识和记忆字形。

汉字是表义文字，是音形义的统一体。识字的本质，就是实现对汉字音、形、义统一的辨识、领悟和记忆的过程，是追求音、形、义的最大程度统一的过程。简而言之，识字的本质是记字。

2. 识字的规律和过程

对教师来说，识字教学不但要教学生记住生字，还要教会学生记住生字的方法；对学生来说，识字就是要学会运用科学的方法，牢固地记住生字。

记字，需要遵循规律，完成以字形为核心的字形与字音、字义统一关系的记忆。遵循记忆规律，就是按照"识记—保持—再现（再认）"的程序进行记忆。

识字，首先要通过细心地观察字形的形态，识别字形的结构的特征，实现对汉字字形符号的识别记忆。然后，让抽象的文字符号与口语已经熟练掌握和使用的语音和语义建立起音和义的对应关系，储备在音、形、义统一的"心理字典"之中，保持记忆。当识字者再一次看到那个汉字的字形时，立刻就会在头脑中引起一系列复杂的思维活动——也就是在"心理字典"中进行音、形、义对应、统一关系的选择和链接，判定该字形所代表的字义，同时准确地读出该字的读音，实现记忆从"保持"到"再现"的转换。这个因字形信息刺激而激活对它所关联的字音和字义信息的传递、反馈、链接的过程，就是科学、有序识字的完整过程。

实际上，识字教学不可能如此简单。面对纷繁复杂的识字教学内容和变化多端的教学环境，在恪守有序性的教学原则的同时，也必须灵活应对可能遇到的新情况。

如果出现错读字音和误判字义的记忆错误，说明"心理字典"中保持的内容不够准确、不够丰富，需要对"心理字典"的内容进行充实和调整。在认知心理学中，这样的活动叫"再认"。"再认"和"再现"是有区别的，记忆深刻的可以"再现"，记忆模糊的需要"再认"，重复的"再认"进而可以达到"再现"。

识字是个有层次的渐进的过程，不能一蹴而就。汉字的字形是固定的、单一的、独特的，没有过多的干扰，比较好记。但是，也不能一蹴而就，而是需要经历反复的"再认"和"再现"，在同遗忘进行数次斗争的基础上完成字形的记忆。与字形的识记比较起来，字音和字义的识记更加困难，因为汉字中存在着比

20

较多的同音字和同义、多义字，要想全面、准确地了解和记忆，需要一个在学习和应用的实践中逐渐领悟、不断积累的过程。

从学习心理学的角度讲，学习是过程，是经历。过程和经历都不可能是一次性的。不伴随反复复习的学习，不是完整的学习，不是真正意义上的学习，也不可能取得预期的学习效果。所以，要想取得好的识字效果，必须采用恰当的方法，在学习的各个环节中尽可能多地、科学地、艺术地重复。

三、识字教学的特点

1. 识字教学活动是一个开放系统

学校的识字教育课，不是学习汉字的唯一系统。因为识字教学活动是一个开放的系统。在不同的时段，通过不同的渠道，用不同的方式进行汉字学习。

（1）识字可以在课堂进行，也可以在家庭中进行。

许多儿童入学前已经认识了一些字，入学后的家庭作业、家庭辅导仍然是儿童识字活动链条上不可或缺的环节。

（2）识字可以在识字环节进行，也可以在阅读、写作环节进行。

识字不仅在小学低段语文课上进行，进入中年级后，在阅读、写作以及听、说训练时，也要扫除文字障碍。于是，语文学习的各个环节都自动承担起识字教学的任务。

（3）识字可以在语文课内进行，也可以在其他学科内进行。

小学生入学后，学校开设的各门功课都会出现生字，各科老师同样担负识字教学任务。比如，小学生在学习数学时，教师会把数学课上可能遇到的生字连同数学知识一并教给学生，不会把生字留给识字课。

（4）识字可以在课内进行，也可以通过课外活动进行。

学生除了学校的学习外，课外还要阅读各种书籍、报刊和观看视频，参加各种课外活动。凡是接触到文字的环节，都是识字的"第二课堂"。

（5）识字可以在校内进行，也可以在社会上进行。

学生通过社会教育机构、各种媒体、各种活动，都可以识字。学生看电影、电视要读字幕；逛公园要读说明、须知；进商店要看商品标签、定价、包装；走路要看路标、街道名、车站名、交通标志等。学生在社会上跟随成人从事各项活动中都会接触文字，都是补充和扩展识字的途径。

识字教学活动的开放性告诉我们：解决识字问题，需要多渠道进行，多角度思考。学校的语文课——识字课仍然是学生识字的主要渠道，小学语文课应当承担最基础的识字任务，完成最基本的识字量。还应结合语文课外的其他渠道，这些渠道承担着相当一部分次常用字的识字任务，起着扩展识字量的作用，老师们应加以重视，统筹安排。

2. 识字教学内容是一个可控系统

汉字究竟有多少字？人的一生需要认识哪些字？不容易说清楚，但是，先学哪些字、多少字，不同学习阶段学哪些字、多少字，是能够明确的，因为识字教育的内容是一个可控的系统。

（1）汉字无数，但常用有限。

汉字有多少，一般人是说不清楚的。但是，常用的汉字的字种范围和数量是可以用字频统计的方法确定的，并且是有限的。字频统计的结果告诉我们：在几万个汉字中，经常使用的字并不多。认识2500个高频字，就可以读懂文本99%以上的内容。小学生学会2500个高频字，就可以满足其学习和交际的基本需要。

（2）常用多变，但高频稳定。

在2500个常用字中，那些使用度最高的字的字种和字量也是可以大体说清楚的。不同的字频统计表的对比研究表明：在不同的字频表中，高频段的字种是相对稳定的，特别是覆盖文本90%的1000个左右字，在各种字频统计中都只有极个别的字有频序改变。所以才有"认识1000个字，就可以读懂九成读物"等说法表示识字并不难。

（3）学无止境，但入门简单。

一个人一生用多少字，没法确定。人的一生需要不断地识字，可以说识字无止境。但是，一个人应当从哪些字学起，应当至少认识多少字和哪些字才能为初步的阅读奠定基础，是可以确定的。字频统计结果显示，对于学龄儿童来说，只要认识覆盖文本900～1000个高频字，就可以进入简单的阅读。所以，小学生识字的起点和基本要求是可以据此大体确定的。可见，识字教育的起点清晰，数量可控，识字入门并不复杂。

（4）汉字难学，但自有捷径。

汉字学习的难点在于一个字有多个读音、意义，有些字的字形非常相近，多音、多义和形近的现象会增加读、写的记忆、辨析和使用的难度。但是，汉字中的90%以上是形声字，一旦掌握它们音、形、义之间的关系和变化规律，就可以减少记忆的数量，提高记忆的效果，降低使用的难度。了解并遵循这些规律，可以做到举一反三、学少知多。随着字频的降低，形声字的比例会提高；随着识字量的增加，识字的难度会不断降低。汉字学习是入门难，但是，入门之后却可以越学越容易。

识字教学内容的可控性告诉我们：

识字教育活动虽然是一个开放系统，但是，它的内容却是一个可控的系统。识字不难，小学能认2500个高频字不算少，低段能认1500个高频字就可以。首先学会1000个高频字很重要。

识字教育的最终目的是培养识字能力，在实践中不断提升对汉字特点的认识和规律的把握，是识字教育科学化的必然选择。

3. 识字教学方法是一个有序系统

文字是交际工具，使用交际工具的主体是人。识字教育必须"以人为本，从用出发"，坚持"为用而学，在学中用，在用中学，在用中巩固"的原则。人的用字有标准，儿童认知有特点，汉字功能有差别，学习认知有规律。一句话，识字教育方法是个科学、有序的系统。

（1）以儿童发展为序。

为什么用字？在什么地方用字？什么时候用什么字？都与儿童的生活、成长的需要相关，都必须与儿童的认知、感觉、智力和心理发展协调。儿童的成长和发展有序，识字教育自然应当有序配合，坚持用什么学什么，用多少学多少。这种配合就是要做到：按频识字，急用先学；扎实基础，用量变推动质变。

（2）以字频高低为序。

汉字除了音、形、义的不同外，还有使用价值的差别。这个差别是由字的社会流通度、使用度、人们熟知程度和使用习惯的不同决定的。表示这个不同的是字的使用频率及其所揭示的"字用"规律。所以，根据字频从高到低的顺序安排识字，既是尊重字的"字用"规律，又是按学段循序渐进地进行识字教育的必然选择。

（3）以记忆规律为序。

识字的本质就是记字。记忆必须遵循记忆规律，必须丰富"识记"方式，优化"保持"措施，增加"复现"机会。所以，必须把"高频复现"作为识字的基本方法，让学过的字进行足量、有效的重复，从而提高识字的巩固率。

（4）以语文能力为序。

小学语文教学的知识学习和能力培养都有科学发展的序列。识字教学作为其中的一个组成部分，也必须是有序的。小学低年级是识字教育活动的主要阶段，应当集中时间，集中精力，突击识字，扎实基础，培养初步自我识字能力和阅读能力。中年级以后，识字与阅读的矛盾不再尖锐，应当结合阅读进行分散识字，不断积累识字量，逐步提高自我识字能力，满足阅读和写作的需要。语文教育必须从识字入手，坚持学用结合，把识字、积词、学句结合起来，以全面提升语文能力。

（5）以汉字特点为序。

汉字有自己的特点，音、形、义关系都有规律可循。认字与写字能力培养各成体系。笔画、笔顺、偏旁、部首、结构都有学习和操作的规范。只要突出特点，遵循规范，科学施教，必能事半而功倍。

> 识字教学方法的有序性告诉我们：识字方法的选择既要全面兼顾儿童的认知、心理发展和汉字的特点，又要满足儿童发展对汉字使用的基本需要，体现"以用为本"和"以生为本"的原则。
>
> 采用科学的识字方式：先按字频统计的覆盖率确定字量，圈定字种，再参照频序，划分几个等级，实行按学段分级识字。
>
> 采用科学的识字方法：让所学之字在科学设计的各种语言环境中高频率地复现，在应用中不断巩固、强化记忆，在全面提升语文能力的过程中提高识字教育的综合效益。
>
> 采用科学的识字策略：要做到先集中，后分散；先识字，后识词；先识字，后阅读；先认字，后写字；先识字，后学拼音。正确处理识字教学中各个方面的关系。

第二章 汉字与识字教学

 汉字

一、汉字的特点

1. 汉字是最古老的自源文字

世界上的文字主要有两个类型，即自源文字和借源文字。借源文字，是借鉴、参考或依傍其他文字而创造出来的文字。日本的假名是借鉴汉字的草书或行书笔画创造出来的。韩文中不仅有不少汉字，也有不少日本汉字。拉丁语原本是意大利东南方拉提姆地方的方言，后来随着罗马帝国势力扩张和基督教的普遍流传，以其为基础形成了法语、意大利语、西班牙语、葡萄牙语等。16世纪后西班牙与葡萄牙势力扩张到整个中南美洲，也把拉丁语带到了中南美洲。拉丁文成了这些国家文字的主体，中南美洲也有了"拉丁美洲"之称。亚洲的越南文，也是借助拉丁文创造出来的。

自源文字，就是不依傍其他文字而独立创造出来的文字。汉字就是一种自源文字，古代中国人用自己的聪明智慧创造了汉字。随着时代的不断进步，汉字也不断完善自己，保持和发扬着汉字的传统文化，使其成为当今世界上使用人数最多的最古老的文字。

2. 汉字是世界上唯一至今仍在使用的表意文字

世界上的文字还可以分为两种，一种是表音的，一种是表意的。世界上最原始的文字基本上都是表意的。但是绝大部分已经消亡了，只有汉字是唯一还在使用的表意文字。

表音文字，是拼音文字。它由一个一个音素构成，是"见形知音"的文字。如："OK"，是个表音文字，它是用"O"和"K"两个字母拼写而成。只要你

知道"O"和"K"的读音，一看到它，就可以读出这个拼音字的读音。如果你是个会讲英语的人，你一定明白它的意义。如果你不懂英语，即便可以读出它的读音，却不明白它的意义。只要认识拼音文字的字母，就可以进行拼读，却不一定明白表达的是什么意思，这就是表音文字的特点。

表意文字，不是拼音文字。它是用一种图形符号表示语音和语义结合的语素。因为字形往往会给我们提供意义方面的信息，所以是"见形知义"的文字。如："日""月""火"，一个不认识汉字的人不能读它，但是，他可以从这几个图形符号中获得"太阳""月亮"和燃烧的"火"等意义信息。他读的是图形符号，得到的是意义上的信息。看到字形之后，即便不一定能读出正确的字音，却可能从文字符号大体推测出它代表的意义。这就是汉字这种表义文字的本质特征。

3. 汉字有较强的超时代性

汉语是最稳固的语言，无论时代怎么发展，科学怎么进步，汉语总能应对自如。当时代演进，新事物不断涌现，原有的字、词难以应付时，就可以用部件组合规律，合成新字；采用假借、转注的方式，造出新词。例如中文的"铀"字，就是近代为了表现一种新发现的化学元素而新造的字。有了能进行计算的机器，汉语就用"计算"和"机"新组合了"计算机"这个词，因为它很棒，比人还聪明，于是又有了"电脑"的别名。随着社会经济、文化的发展和对外交往的增多，需要创新许多新词汇和翻译外来词汇，于是特区、快递、网购、网银、股市、基因、艾滋病、芯片、航天、可口可乐、立交桥等词纷纷涌现。无论是创造新的词汇，还是翻译外来词语，汉字都能轻而易举地解决。所以，汉字具有超时代性，是富有生命力和再生能力的文字。

4. 汉字传递信息效率高

有关资料显示，英语的词汇量逐年增长，目前已达几十万之多，预计下个世纪可能突破100万。清代编写的《康熙字典》共收47 035个字，其中的大部分已不被使用。最新版的《现代汉语词典》仅收1.3万个字，词条6.9万个。现代汉语的字频统计表明，常用字只有3500个。据说，在联合国5种语言的官方文件中，中文文本最薄。薄，是因为能用最简洁的语言表达丰富的思想内容。

汉语的精练使汉字的读取和录入十分快捷。有人做过这样一个实验，让人在高速公路上读用英文、日本假名和汉字书写的读作"川崎"的路标，结果英语耗时1.5秒，日本假名耗时0.7秒，汉字耗时0.6秒。这说明图形化的汉字可以尽快地进入人们的视野，能使人们迅速做出判断。拼音文字长，占据的空间大，阅读时搜集信息和理解信息的时间就比较长。这也许就是交通标志用图形符号而不用拼音文字的原因。

过去有人说，汉字因为不是拼音文字，将会遇到计算机信息录入方面的困难。可是，随着计算机录入技术的发展，现在汉字的键盘录入速度已经远远超过了英文，而且新的汉字输入法还在不断出现，录入速度还在不断提高。

5. 汉字是形音义统一的文字

汉语的语素以单音节为主，即用一个字表示一个语素，一个音节就是一个字。所以，汉字的基本单位是一个个的字。由于每个字都是音、形、义的统一体，音、形、义的相互关联使汉字的学习和使用不仅效率高而且非常方便。人们可以根据音、形、义的联系，非常容易地猜测、推导字义；可以根据形声字的特点和规律，快速记忆字音和正确书写字形。

由于音形义之间存在复杂的相互关系，所以，存在同音字、多音字、同义字、近义字多的现象。这些问题的存在，既为明确汉字学习的重点和难点提供了基础，为准确地使用汉字提供了方便，也给学习和应用带来了某些不便。这些都是音、形、义统一的汉字系统独有的，是汉字与拼音文字最大的不同点。

（1）多音字多。

因为汉字是表义文字，字形和读音没有必然的联系，所以，看了字形不能读出字音的情况是普遍的。如：看到"行"字，是读"háng"还是读"xíng"？看到"数"字，是读"shǔ"，还是读"shù"？有时一个字竟有3~4个读音。如："着"，就有"zhuó"——"穿着"的"着"；"zhāo"——"高着"的"着"；"zháo"——"着火"的"着"；还有轻声"zhe"——"门开着"的"着"。这说明汉字的字形相同而字音和字义不同的现象是很普遍的。

（2）同音字多。

汉字的基本音节很少，只有417个，音调也不过1362个。汉字的数量很大，当前还可以在文本中见到的汉字有5万多个。因此，汉字存在大量的同音字。大量同音字的存在，造成了即使知道字音，也写不出与意义相符的汉字的情况非常普遍。如：听到"yī"的字音，你是写"衣服"的"衣"，还是"依靠"的"依"或"医疗"的"医"？因为汉语的同音语素多，就存在着许多读音相同而字形和字义不同的同音字。

（3）同义和近义字多。

汉语中有不少的意义是可以用不同的字来表达的。所以，义同而形、音不同的现象也是很多的。如："爸爸"，也可以用"爹""父亲"代替；"母亲"，也可以用"妈""娘"代替；兄等同于哥，姐等同于姊，寒等同于冷，中国等同于神州，也等同于华夏和中华。一义多字，就是多个字都可以表达一个相同或相近的意思。

汉字计算机统计资料给我们提供了这样一个事实，那就是汉字的形声字占了现代汉字的90%以上，在2500个常用字中占85%。在这些形声字中，声韵调相同的形声字又占全部形声字的40%，就是说差不多有800多字可以靠声旁和形旁类推与对比的方法成串地进行分批次的学习。这些特点，既为学习和使用汉字带来了烦恼和困扰，也为汉字的学习提供了优越的方便条件。

二、汉字的构造

1. 汉字的造字方法

汉字的造字方法主要有象形、指事、会意、形声、转注、假借六种方法，被统称为"六书"。六书中的前四书是造字方法，后两书是用字方法。因为转注和假借没有造出新字，它们的形体构造都不能超出象形、指事、会意、形声四种形体构造的范围，所以，汉字的造字方法主要是前四种。

（1）象形。

象形字来自图画文字。它是一种用笔画具体勾画实物外形特征来构成汉字的造字方法。例如"月"字，像一弯明月的形状；"日"字，像一个圆形，中间有一点，很像我们在直视太阳时所看到的形态；"马"字，就是一匹有马鬃、有四条腿的马；"鱼"字，是一尾有鱼头、鱼身、鱼尾的游鱼；"门"字，就是左右两扇门的形状。

（2）指事。

用两个象征符号或在象形字上加上指示性符号构成汉字的造字方法。与象形字的主要区别是指事字含有绘画中较抽象的东西。如："木"字，上加一横是末，表示树梢；下加一横是本，表示树根。"刃"字，在"刀"的锋利处加上一点，以标示位置；"凶"字，则是在陷阱处加上交叉符号，暗指不吉利；"上""下"二字则是在主体"一"的上方或下方画上标示符号。这些字的勾画，都用比较抽象的方式暗示字义。

（3）会意。

把两个或几个独体字拼合起来构成一个新字，用构成的字形或字义共同表达一个新的意义。如：两个人相随，是"从"；三人以上表示人多，是"众"。

"苗"上是"草"，下是"田"，表示植物刚刚从田里长出来；"酒"字，以酿酒的瓦瓶"酉"和液体"水"合起来表达字义。

（4）形声。

用表示意义的形旁和表示声音的声旁合起来构成汉字的方法。形旁表示意义或属类，声旁表明字的相同或近似的读音。如："竽"是一种竹子做的乐器，用"竹"做形符，"于"做声符，组成一个"竽"字；"木"加不同声旁可以组成"梨、架、梅"等字；声旁"吉"加上不同的形旁，可以组成"结、洁"等字。

上述四种造字方法可以分为两类，一类是不带表音成分的纯粹表意字（包括象形字、指事字、会意字），另一类是带表音成分的形声字。象形字和指事字又叫独体字，是以笔画为单位构成的字，它是一个囫囵的整体，不能分为两个或几个部分。会意字和形声字又叫合体字，即由两个或两个以上的构件（偏旁、部首）组成的字。

了解汉字的主要造字方法和特点，便于把握汉字的结构方式，理解汉字的表意性特点和规律，有助于大大提高识字教学的效率。比如，进行象形字的教学，可以运用简笔画、插图、挂图揭示字与物的关系；进行会意字教学，可以运用讲解分析、投影演示、猜谜语等方式揭示字形与字义的关系；利用形声字的特点进行识字教学，可以通过声旁记字音，通过形旁理解字义。对于那些声旁形体相近的字，可以利用读音的不同来区别字形，防止记错字；对于那些声旁相同、读音相近的字，也可以利用部首含义的不同记住字的特点，防止念错。形声字在汉字中占有90%以上的比例，了解声符和形符的结合特点和八种组合方式（左形右声、左声右形、上形下声、下形上声、外形内声、内形外声、声占一角、形占一角），掌握形声字的规律，对提高识字教学的效率至关重要。

但是，这几种造字方法都是最原始的造字方法，可以加以利用帮助汉字教学，但局限性也是显而易见的，因为有些抽象的事物，是画不出来的；有些事物与理念，是古今不同的；有些字的字形，过去与现在的规范是有区别的……机械套用造字方法，进行脱离学生知识、认知水平的牵强附会的解说；无视当代字形规范，把简化字复原为繁体字，把楷体字恢复为甲骨文、篆书，容易把简单的识字教学复杂化，应进行一分为二的处理。

2. 汉字的结构

汉字结构，是指汉字字形的外观、形态。汉字的结构分析，就是研究一个字是由哪些最小的构形单位、怎样组合成为一个方块汉字的，包括组合成分和组合方式。汉字是图形文字，它的结构分为笔画、部件和整字三个层级，其中笔画又可以分为笔画、笔画关系和笔顺三个方面内容。部件是汉字结构的核心要素，偏旁部首是特殊的、重要的部件，间架结构则是对整字构成部件的空间比例和组合关系进行分析评价。

（1）笔画。

笔画，是指写字的时候每一次从落笔到收笔所写出的点或线。笔画是构成汉字的最小的、最基本的零件，是书写和记忆汉字的基本单位。

汉字的笔画包括基本笔画和复合笔画。复合笔画，是由基本笔画派生的，是笔画运行方向变化形成的。比如，横这个基本笔画，因为书写运笔轨迹发生方向变化，可以派生出横折、横撇、横折提、横折折、横折斜钩、横折弯钩、横折折折钩、横折折折等多种复合笔画。

1988年国家语委和新闻出版署公布《现代汉语通用字表》，规定了汉字的五种基本笔画，即：一（横）、丨（竖）、丿（撇）、丶（点）、乛（折）。同时，公布了包括基本笔画和复合笔画的28种常见的笔画。

每一个汉字，都由多个不同的笔画组合而成。笔画在组合时，形成了不同的相互关系。这不同的组合关系，就是字与字的区别，也是一个字形体美观、规范的要求。笔画的组合有四种类型：相离、相接、相交和相称。相离，就是笔画之间彼此分离。如：二、八、心、川。相接，就是笔画和笔画相互衔接。可分为两小类：接点不在笔端，如：匕、上、工、刀；接点在笔端，如：厂、了、弓、己、凸。相交，笔画和笔画相交叉。如：十、力、卅、车。相称，就是不同部位的相同笔画要彼此照应、对称。如：小、非、水、火、米。

笔画的基本形状、名称和书写方法都是固定的。但是，根据汉字的书写传统和规范，表现在每个字的各个笔画的具体形状却是不同的。这种不同就是笔型的不同。

笔型，就是指汉字笔画的具体形状，也叫笔形。汉字的基本笔画不多，笔画的写法是固定的。但是，有些笔画会有不同的变体，也就是有不同的笔型。笔画、笔数和结构相同的字，只要笔型有一点点不同，就变成了两个不同的字，表达不同的意思。每个汉字笔画的笔型都有一定的规范。汉字书写，既要写对笔画，也必须遵从笔型规范。例如，"土"与"士"都是两横一竖的字，由于两横长短不同，位置不同，便成了两个字，如果书写中改变了长短比例，就会写成错字；同样是"土"字，做偏旁时，根据汉字的书写规则，最后一笔横不能写成平直的"横"，而应当写成"提"；"车、牛、王、子、鱼"等字做偏旁时，都要遵从"横变提"的笔型变化规则；一个"点"有多种写法，不同的笔型用于不同的字；"煮"字下面的第一个点只能写成"左点"，不能写成"右点"，其余的三个"点"必须一律写成"右点"，否则就是错字；"木、禾、人、匕"成为一个字的偏旁或部件时，都要根据"避让"和"避重"原则，改变笔型。

笔画和笔画关系是识字教学的切入点，是认字和写字的基础。教师应当熟练掌握笔画和笔画组合关系的知识，运用这些知识准确地分析字形，指导儿童记忆字的结构特征，进行汉字书写的基本训练。

笔型是否正确，是判断一个字的书写是否规范的重要条件。在进行笔画、笔顺教学的同时，必须注意引导学生熟悉并掌握笔型的变化规则。

（2）笔顺。

笔顺，是指一个汉字书写时笔画的先后顺序。笔顺是受字形结构制约的，也是人们在长期书写实践的基础上约定俗成的。

笔顺的基本规则：先横后竖（十、干、击），先撇后捺（入、八、人），先上后下（旦、星、章），先左后右（明、打、你），先外后内（风、同、用），先进去后关门（田、团、国），先中间后两边（小、水、木、兼），先中间后加框（山、凶、幽）。

由于汉字的结构复杂、形体变化多样，上述的笔顺只是一般的原则。有些结构特殊的汉字笔顺，还需要特别加以分辨和记忆，不能过于拘泥。

结合字形教学和写字训练传授笔顺规律知识，是识字教学的一项重要内容。熟悉笔顺，按照笔顺规则书写，比较容易找准和把握字的"中心"，便于控制整个字的布局，把字写得工整匀称、准确、快捷。笔顺，还是使用笔顺查字法查阅字典、词典等工具书的必备知识。

（3）部件。

部件也叫字根、字元、字素，它是由笔画组成的、具有组配汉字功能的构字单位。

部件是介于笔画和整字之间的一个构字单位，一个汉字通常是由若干个部件组合而成，每个部件在字形结构中都具有相对独立性。

在汉字的结构单位中，部件和笔画、整字之间的关系是复杂的。大部分部件大于笔画，如："大"是三画，"戈"是四画；有的部件等于笔画，如："一"和"乙"，既是一个部件，也是一个笔画，还是一个独体字；绝大部分部件小于整字，如："功"是由"工"和"力"两个部件构成，"阿"是由三个部件构成；还有好些部件就是一个独体字，如："人、口、手、戈"等既是一个部件，也是整字，部件等于整字。

通常我们把等于整字的"一、乙"这两个笔画字和可以充任部件的一切独体字都叫做部件字，也叫成字部件。所有部件字都是具有音、义的部件。能够做部件的构字单位，有许多是非字部件。这类部件虽有构字能力，却没有音、义，如："殷"字的左边、"步"字的下边、"卷"字的上下部。

可见，部件可以是一个笔画，一个独体字，也可以是某些笔画固定组合的构字单位。

部件结构汉字的方式主要有四种：相离：部件彼此分离，如：明、显、波、相、品、信、打、旦、引、志等；相交：部件之间组合夹持，如：大、内、未、末、来、幽、乘、隶、束等；相包：一个部件包围其他部件，如：分、斗、可、勾、因、回、凶、迷等；相连：一笔画和部件连接，如：主、术、白、百、灭、禾、千、乱、幻等。

成字部件在汉字的结构中既保持着固有的形态，也携带着与形态相关联的音和义的基因，起着暗示所构成的合体字的字音和字义的作用。非成字部件虽然不携带音和义的基因，但是它们固定的笔画和结构，对汉字的记忆和书写都能够重复提供熟悉的"模块"，可以大大减少学习困难，提高教学的质量和效率。一个有经验的教师，应当充分运用部件知识进行识字和写字教学。

（4）偏旁和部首。

偏旁和部首是两个不同的概念。偏旁，是组成合体字的部件。部首，是有相同结构单位一类合体字共有的特殊部件。

传统汉字学用两分法分析合体汉字的结构，有"左偏右旁"的说法，后人把两者混而言之，统称为偏旁。现在，人们在对合体字进行构字单位划分时，常常根据构字单位在合体字中的方位不同而使用不同的称呼。一般称左边的构字单位为"旁"，右边的构字单位为"边"，上边的构字单位为"头"，下边的构字单位为"底"。

部首，是具有字形归类作用的偏旁。现代所说的部首，属于汉字检索的概念。那些可以作为查字依据的汉字相同的部分，就是部首。如：布、表、艳、恭等字，有相同的笔画"一"（横），这一横就是这部分字的部首。

虽然掌握了部首知识，在使用部首检字法查阅字典时可以提高效率。但由于部首过于概括，不适宜在汉字的结构教学中使用。所以，进行识字教学时，不要把部首作重点，而应当把偏旁作为重点。

偏旁可能是最基本的、笔画少的独体字，也可能是它们的变体，是构成合体字的基础。偏旁是汉字合体字字形教学的重点，也是识字教学中课堂语言的主要组成部分。不掌握偏旁知识，不会称呼偏旁（如三点水、双人旁），合体字的结构教学会非常困难。

（5）间架和结构。

间架和结构也是不同的概念。如果说笔画、部件和整字是从内部对文字的结构进行三个层次划分时命名的概念，那么间架和结构则是对字的整体结构进行外部观察与研究时，根据部件组合的空间比例和部件组合的方位关系命名的概念。

间架，是指合体字的各个部件的组合比例。如："上下对等""上大下小""上小下大""上中下相等""上中下不等""左右相等""左宽右窄""左窄右宽""左中右相等""左中右不等"等。

结构，是指合体字的各个部件的组合关系。如："上下结构""上中下结构""左右结构""左中右结构""全包围结构""半包围结构""品字形结构"等。

掌握字的组合比例和组合关系，就可以区分字的特征，进行正确的记忆和书写。但是，我们在教学中不能抽象地进行这些概念的教学，而要要求教师掌握这些基础知识，并且在进行认字和写字教学的同时，有计划、有目的地渗透有关知识，使学生掌握和积累汉字结构方面的知识，并且能够在实践中加以应用。

三、汉字学习的难与易

1. 汉字是比较难学的文字

汉字的难学主要表现在"难读""难写""难记"三个方面：

（1）难读。

汉字缺少完备的表音系统，不能做到像拼音文字那样见字知音。每个字的读音，要一个一个地去认、去记。虽然现代汉字中有90%以上的字都是形声字，形声字有表音的成分，但是，由于语音的演变，方言的差异，大部分形声字的声符已不能准确地表示读音。如用"寺"做声符的字"侍""持""峙""等""待"就不同音；用"者"做声符的常用字"锗""猪""诸"等，其中声符能表示今天读音的只有开头一个。像这样的形声字的声符，虽然能在某种程度上帮助我们读准字音，但实际上其中有些已经不能直接表音了。还有的形声字连声符也不容易找到，如

"荆""颖""修""赢"等，更无法利用他们的声符读出音来。另外，汉字还有很多同音异体字和同体异音字，都造成了汉字的难读。

（2）难写。

主要是指汉字中有相当多的字笔画繁多、结构复杂。简化前的两千多个常用字有的字的笔画多达几十画，如"吁"的繁体字"籲"就有32画。汉字简化后，虽然笔画少了，但是，在比较常用的字中还有相当一部分，如"霸""露"等，笔画仍然多。同时，有不少字结构成分多且复杂，要记清很不容易。如"赢"就有五个偏旁，分别放在五个位置上。这些偏旁，不仅形体各异，而且它们在哪个字里，放在哪个位置，占多大面积，先写哪个，后写哪个，也都是固定的。有时，为了适应方块汉字的形体，同一个偏旁在不同的字中还有不同的变体，如"洋""恙""翔"里的"羊"，"浆""江""泰"里的"水"，"依""被""哀"里的"衣"。此外，还有一些形体只有少许差别的字，如"戊""戍""戎"，"己""已""巳"等，初学者也很难分辨清楚。

（3）难记。

《新华字典》收入单字8500个左右，《康熙字典》收入单字47 035个，我们经常用到的社会通用字也有8000多个，最常用的字也还有2500个。这么多字，需要一个一个地认，一个一个地记，不仅要认识字形，读出字音，而且要弄懂字义，能够正确使用，这显然是一件困难的事。更何况汉字的音形义关系非常复杂，把握其中的规律需要经过相当长的时间和复杂的过程。

2. 汉字又是比较容易学的文字

因为汉字是音形义的统一体，识字活动中必须面对许多同音字、多音字、同义字、近义字，给识字教学带来难认、难写、难记的困扰。但是，我们也必须正视汉字的许多优点，只要我们扬长避短，汉字的学习就可以变难为易。

为什么说汉字又是比较容易学的文字？主要的理由有以下三点：

（1）形声字多，关联度很高。

汉字独体字少，合体字多；在合体字中，形声字最多。形声字有形旁标义、声旁标音的特点。据有关研究统计，汉字中的形声字约占90%以上；在2500个常用字中，形声字占85%；在这些形声字中，声韵调相同的形声字又占全部形声字的40%。就是说，在2500个常用字中，差不多有800多个字可以靠声旁类推的方法一批一批地进行认读。形旁直接表意或暗示、圈定意义范畴的字，也占相当的比例。充分利用形声字声旁表音、形旁表义的特点进行字音和字义的学习，就可以变难为易，取得事半功倍的效果。

汉字只有417个基本音节，1362个音调，存在大量同音字，可以采用同音字比较和归类的方法一串一串地学习汉字。

（2）常用字少，构词能力强。

有人说，汉字难学，是因为汉字太多。汉字的数量是不少，《康熙字典》收了47 035个字。但是，这几万个字到今天还在使用的有多少呢？国家语委新发布的《通用规范汉字表》收了8105个字，近年公布的字频统计结果告诉人们，常用汉字的数量呈减少趋势，覆盖语料99%的常用字没有超过3000个字。儿童用字的统计资料显示，学会2500个常用字，就可以读懂现代文章的99%以上。这样说来，小学生真正需要认识的汉字并不多，学起来并不难。

汉字的常用字数量不多，为什么可以自如地使用呢？因为不同的汉字可以组成巨大数量的词语，能够满足人们的日常需要和化解社会发展与汉语发展的矛盾。汉字的构词能力特别强，2000多个常用字就可以组成4万～5万个词汇，基本能够满足一般交际的需要。北京语言学院曾经做过一个统计：在31 159个词中，其中单音节词（一个字的）占12.2%，其余都是多音节词。100个词的累计频率为41.7%，2000个词为82.2%，9000个词为95.85%。这些数据说明，只要掌握了最常用的少量汉字，就可以同时掌握大量的常用词，足以满足日常交际的需要。汉字学习完全可以做到以少胜多，化难为易。

（3）结构独特，书写有规律。

印欧语系字母仅30个左右，而汉字偏旁部首就不下500个。前者的字母是以单向线性排列组合成基本视读单位（词）的，而汉字却用上下、左右、内外三种基本位置排列组合成基本视读单位（字）。所以，方块的汉字的形差度大大高于字母文字。这给汉字的书写带来了很大的困难。但是，汉字的形体结构是独特的、有规律的，只要我们掌握了构字规律，汉字的书写就会变难为易。

汉字的基本笔画只有五种，由基本笔画组成的一些部件也是有限的，所以学写汉字入门比较难，但是，当掌握了汉字的基本笔画、常用部件、间架结构特点和规律之后，再遇到新的字，写起来就不难了。如果把握了汉字的构字方法，就可以在写字时通过"组装"的方式，写出许多个不同的单字。可见，看起来十分难写的汉字，只要把握了规律，有了好的教材和方法，就能化难为易，把字写好。

> 我们分别介绍了汉字的优点和缺点，分析了汉字难学和易学的原因，意在说明各种文字都有自己的优点和不足，都有学习难点和捷径。我们要坚持两点论，反对片面性，全面地认识汉字，扬长补短，化难为易，提高汉字教学的科学化水平。

第二节　识字教学

识字，就是指认识汉字。关于识字的作用、定义、本质与特点，我们在前一章已经做了具体的解说。下面，我们将从识字教学论的角度，再来论证与识字相关的几个概念，以及它们之间的关系。

识字教学中常常涉及识字、认字、写字与用字几个概念，这些概念关系密切，搞清楚它们之间的关系有利于弄清楚识字教学的有关理论与实践问题。

一、认字与识字

"认字"常常被用来指文字学习活动。"识字"既可用来指文字学习活动，也可以用来指文字学习的结果。"你们认识一下"和"我认识他"两句话中的"认识"表达的是不同的含义。"认字"的"认"是"认得"；"识字"的"识"是"熟识"。先"认得"，后"熟识"，"认字"在先，"识字"在后，是认识字的基本规律。其道理颇有点与"视而可识""熟视无睹"中"视"与"识""睹"的关系。文字的学习过程和方法，总是从"认"开始到"识"结束的，人们习惯于把这个方法、过程、结果统称之为"认识字"。所以，"认识字"既包含"认字"，也包括"识字"，其概念的内涵大于"认字"和"识字"。

一般说来，"认"得的字，是指能够准确地读（念）出字音的字；"识"得的字，是指不但能够读出字音，还要能够准确再现（写）出字形，领悟字义，基本会用。人们习惯于把刚刚认识的字叫"会认字"，把已经非常熟练地掌握音、形、义的字叫"认识的字"。"认字"是为了"识字"，是"识字"的基础；"识字"是"认字"的结果，是目的要求。所以，"识字"的内涵大于"认字"，"识字"的要求高于"认字"。

无论是"认字"还是"识字",都不可能是一次完成的,只有经过多次反复才能达到"认"和"识"的目的。"认"和"识"的不同程度形成了"认字"与"识字"的数量与质量的差异,反映出识字者对汉字的音、形、义结合程度的把握情况不同。

前面我们说过,对于母语是汉语的儿童来说,识字是在汉语口语得到一定发展的基础上进行的。口语中的语音、语义已经为书面语的学习奠定了字音和字义的基础。识字,只不过是寻找并记住和口头语言中的语音、语义相对应的字形,并在头脑中牢固地建立起形、音、义之间的系统"链接",形成汉字认知的整体心理结构,储存在"心理字典"之中。当识字者再次看到一个汉字的字形时,立刻就在头脑中引起一系列的"检索—链接"活动,迅速判定该字形所代表的字义,同时能够准确地读出该字的读音。这个因字形刺激而激活与它关联的字音和字义信息的信息传递—检索—综合—反馈过程,就是认识一个汉字的心理过程。

其实,识字和认人的过程和方法是一样的,都分为两个层次。每一个人都有一个形貌、一个名字、一个灵魂,每个字都有与人形、名、魂相对应的字形、字音和字义。认人过程是初次相见,先见其形,再问其名,记得相貌、称谓;多次相见,全面了解其为人和思想等,才能成为熟识的朋友。识字的过程是先见字形——字貌,再呼其名——字音,记得相貌、称谓;多次相见,全面了解其独有的思想和品行——字义,才能由生字变熟字。这个过程与从生人变成熟识的朋友的过程是完全一致的。

所以,只会认不会写的字,不算认识了;能认又会写,但不会组词造句,也不算真正认识了。

识字是个有层次的渐进的过程。这是一个从生到熟,从少到多,从只能认读到还能够书写的过程;这是一个从只知道字的一个义项,到能够掌握比较多的字义,还能够辨析不同字义的过程;这是一个从单纯的认字,到认读理解与书写表达紧密结合的"识用结合"的复杂过程。

虽然,汉字每个字的字形是固定的、单一的、独特的,没有过多的干扰,比较好记,但也不是一次可以完成的,而是需要经历数次反复,在同遗忘进行数次斗争的基础上牢固记忆。汉字的某些字的字音是多变的,字义是丰富的,要想全面、准确地了解、辨析和领悟、记忆,则需要一个比较长的时间,需要在学习和应用的实践中日积月累、反复记忆,需要不断地累积数量、提高质量。汉字识字的本质,就是实现对汉字音、形、义统一的辨识、领悟和记忆的过程和结果。

> 自古以来，识字教学这个概念，既包括认字的内容和要求，也包含写字的内容和要求。认字与识字是学习汉字过程中体现先后两个不同层级的用语，用认字取代识字是讲不通的。

二、认字与写字

1. 认字与写字的区别

识字是为了用字。用字表现在两方面，一是通过阅读文本中的汉字，来理解文本表达的内容；二是通过书写文章，来表达特定的思想内容。

认字，是由对字形的感性认知上升到音形义统一理性知识的"储蓄"活动。随着识字数量和再认次数的增加，不断巩固对字形的记忆，不断累积不同字音信息和不同字义信息，实现音形义统一的系统识记，完成对字的认识和记忆的保持。所以，认字是眼脑联动、自外而内的思维性"脑力劳动"。

写字，是根据语音信息或语义信息的提示与要求，从认字的记忆中寻找相关的文字符号（字形信息），并能够根据字形构造规律，运用书写的技艺，完成对字形再现的"支取"活动。所以，写字是脑手结合、自内而外的技能性"体力劳动"。

识字的根本目的是使用汉字，即会认读字音、书写字形、把握基本的字义。所以，常常把"会认字"与"会写字"的多少和准确程度，作为判定识字教学效果的依据和标准。

所谓"会认字"，就是当识字者看到一个汉字的字形时，立刻就在头脑中展开一系列的思维活动，能够迅速地在"心理词典"中寻找、判定该字形所代表的字义，同时准确地读出它的读音，完成对它的"再认"。

所谓"会写字"，就是当识字者需要用文字表达自己的思想和记录别人发出的信息时，能够根据要表达的思想内容的需要，在"心理词典"中回忆、寻找一个与要表达的意义建立链接的字形符号，然后根据锁定字形和写字的要求，用书写、打字等方式，使字形"再现"于纸上。

由于认字与写字在识字教学中所承担的内容、重点是不同的：认字，主要是学习和记忆字音；写字，则主要是学习和再现字形。所以，认字和写字有两种不同的心理过程和认知路径，采用不同的方法，运用不同的知识，形成不同的能力。

2. 认字与写字的联系

认字和写字，是两种不同的心理过程，在人的认知过程中有不同的心理路径，有不同的方法、知识和能力要求。但是，在识字教学活动中，认字与写字都不是孤立的教学活动，而是"你中有我，我中有你"，殊途同归。

认字和写字是识字教学活动中的两个关系密切的活动。认字后不写，不容易巩固；会写的字，一定是记忆最牢固的字。写字不以牢固地记住了字形为基础，也写不了字。认识的字写不出来，永远也不能说明你真正学会了。只认字不会写字的人，只能算个"半文盲"，还没有脱"盲"。

识字活动中，不论是认字，还是写字，都围绕着字形这个中心和重点进行。识字是为了用字，最终检验识字效果的是会读、会写、会用，实现字的音形义的统一。这是它们的共同点。

认字与写字，可以有不同的要求和学习方式、学习重点。认得的字，不一定每个字都能够准确写出来；不会写，等于没有完成识字教学的任务。能够写却不能准确读出字音的字，也不算真正认识了。认字在先，写字在后；会认字较多，会写字较少；认字和写字可以有先后和多少的不同。这些都是它们的差异。

认字是写字的基础，不认识的字写不好。写字是巩固认字最好的方法，不写字就难有高质量的认字。这是它们的联系。

认字与写字各有各的特点和规律，只有遵循各自的规律进行教学，才能取得高效率。把认字和写字教学混在一起，或者实行以认字为主、写字从属于认字的教学体系，都不能有效地提高识字教育的质量。

尽管认字和写字各有重点、特点、方法、路径，但是它们殊途同归，都各尽所能地为完成音、形、义统一的"心理词典"的基建、扩建而努力着，为提高个人的语言素养和储备丰富的信息资源而努力着。所以，过去把"会读、会写、会讲、会用"作为识字的标准是有一定道理的，今天提出"认写分流"的识字教学理念也是有科学依据的。

三、识字与用字

1. 识字与用字的关系

（1）识字是为了用字，用字是检验识字的标准。

文字是交际工具，交际工具如果不被使用或不会使用，就失去了工具的本质属性，连存在的价值都值得怀疑。所以，识字目的是用字——会正确地使用文字。

会使用文字的前提是会认和会写。认和写，是使用文字的两种方式。使用方式是为表现内容服务的。会认和会写，不等于会用。判断会不会使用的标准，不是看能不能认读字音和书写字形，而是看能否正确地发挥文字的载体功能，准确地用字音和字形表达思想内容。

识字教学中的会认和会写，是指见到一个字，能够读出正确的字音；听到一个字音，能够正确地书写出正确的字形。它们是识字教学的起步目标，但不是全部目标，只有既会认、会写又会用，才算完成了识字教学的任务。

会用，是指在特定的语言环境中，能够准确地读出文本中的字音，能够根据语音提示和内容表达的需要准确地写出需要的字。比如，见到"行"字，读háng和xíng都算正确。但是，若把"人行道"的"行"字读成háng，把"银行"的"行"字读成xíng，就错了。听写时，如果把"禁行"写成"进行"，虽然每个字的字形都没有写错，意思却正好相反。

出现上述读别字和写错字的情况，说明即使把握了字音与字形的对应关系，却仍有可能无法全面、准确地掌握字形和字音与字义的对应关系。

（2）用字的实质是用字义，不掌握字义是不完整的识字。

识字是为了用字。用字，主要是通过书写文字和认读文字的方式，表达文字所蕴含的意义。不了解字义，就不能正确地使用那些字。所以，用字的实质是用字义。

识字如同认人。字有音、形、义，人有姓名、长相和品行。音和形是文字的外在形式，义是文字的内在灵魂。人名和长相是人与人区别的外在标志，而人品才是人的生命本质。认人，只记住他的姓名、长相，不了解他的道德、品质和本事，不算真正认识。识字，只会读和写，不把握字义，也不算真正认识。所以，认人，重要的是了解人品；识字，重要的是掌握字义。

（3）会认和会写，不是要求掌握阅读和写作能力。

识字教学中的认字与写字，是阅读与写作教学的基础。会认字与会写字，不等于会阅读、会写作。它们是两个学段的语文教学应当达到的不同层次、不同内容的教学要求。

阅读用字，认字形，悟字义，是指眼睛捕获的字形信息，"点击""心理词典"中与该字形有关的链接，激活有关意义的选项，完成某个字以及由该字组成的词、句、文所表达意思的领悟。朗读，则是用字形激活字音选项，读出选定的字音。

写作用字，写字形，表字义，是指用想要表达的意义信息，点击"心理词典"中与其有关的链接，激活字形的选项，用写的方法再现字形，完成某一思想意义的表达。

对小学生来说，会用，不是要求会阅读和写作文章，而是会听写常见的词语，能够简单地组词、造句。通过这样的方式，来表现和检验学生在具体的语言环境中对字义的初步理解和使用情况。

2. 汉字会认、会写与会用关系的意义

过去常常把"会读、会写、会讲、会用"当作识字教学的要求，而且强调"同步实现"。

应当承认，对于刚刚接触汉字的儿童，在规定对其识字的数量要求的同时，还要求他们能够"会讲"相关汉字的字源、字理、结构、书写要求等方面的抽象知识，无疑是不切实际的。所以，现在不再把"会讲"作为识字教学的重要要求是可以理解的。但是，不提"会用"，绝对是没有道理的。

为了提高识字教学的质量和效率，减轻学生的学习负担，重点保证汉字会读、会写能力的培养，处理好认字与写字的关系，课程标准提出了"认写分流"的教学理念。为了保证"认写分流"的教学措施的落实，课程标准规定了"会认字"和"会写字"的字量和教学要求，课标版教材中都有各课和全册书的"会认字表"和"会写字表"。通过这样的措施来体现"认写分流"的教学理念，以及会认字和会写字落实的具体情况。遗憾的是，课标和教材中都没有关于"会用字"的教学要求。

否定"四会"同步实现的教学要求并没有错误，但是，全面否定"四会"，特别是舍弃"会用"要求的教学理念是否正确，就值得推敲了。

会认，是对字音学习的要求；会写，是对字形学习的要求；会用，是对字义学习的要求。汉字是音、形、义的统一体，这三方面的学习缺一不可。只提对会认和会写字的要求，不提对会用汉字的要求，是不符合汉字特点和汉字学习规律的，是没有道理的。

汉字是以形表意的文字，字音和字形是文字外在的形式，字义是文字的灵魂。只学汉字的字音和字形，忽视对字义的学习，是违背表意汉字的学习规律和特点的，是本末倒置的表现。

会认和会写是会用的手段和基础，不是学习汉字的根本目的。会认和会写不等于会用。只会认、写，不会应用，与不认识没有本质不同。

识字教学的根本目的，是实现音形义的全面统一。但是，这种统一的实现，需要一个历时的过程。因此，认字与写字的教学可以"有先有后""有多有少"的不同，允许音形义统一方面有不准确、不牢固、不全面的情况存在。这种不同步和不统一情况的存在，既是识字教学不能逃脱的规律，也是学生用字时难免出现错别字的原因。识字教学的责任，就是采取科学措施，尽最大可能减少不统一、不同步现象。

错别字，既包括错字，也包括别字。错字，是指书写不完整、不准确、不规范的字。别字，是指把此字写成彼字，或读错字音的字，也叫"白字"。错字与别字表现不同，产生的原因也不同。写错字的原因主要是字形的记忆出了问题，不是"丢胳膊落腿"，就是"添枝加叶"。其根源在于没有记住字形，字形记忆模糊，或者是字形记忆错误。写别字的原因主要是字形与字义、字音的联系出了问题，不是"张冠李戴"，就是"指鹿为马"，错误地写了音同义不同的字，或者误读成音近字。根源在于字形与字义、字音的联系没有牢固建立起来，或者联系不准确。

"错别字多"的根本原因，要么是用字者的会写字储备与用字的实际需要出现了供需矛盾，要么是用字者的"心理字典"中存储了音形义的错误链接。用字中出现了错别字是这种矛盾和错误的一种外在表露。错别字现象虽然不可能彻底消灭，却必须极尽所能减少发生。

践行"认写分流、先认后写、多认少写"的教学理念没有错。因为"认写分流"是一个符合小学生年龄和心理特点，符合汉字学习规律的教学理念。但是，这个教学理念应当属于识字教学的方法和策略范畴，不应当成为识字教学的原则和要求。误读"认写分流"，会对识字教学科学发展体系的构建带来重大影响。

四、识字教学与识字教育

教育和教学是不同层次的概念。教育的概念内涵大于教学的概念内涵。教育可以通过多种方式进行，教学仅是实现教育目的的方法和手段之一。

识字教学是语文教学的一个组成部分。识字教学以完成识字任务为主要目的，而识字教育则是通过"识字"这一任务的完成，落实语文教育的责任，实现"育人"的目的。

同时，因为汉字本身就是文化和信息的载体，所以在识字过程中，儿童的思维、道德、情感和价值取向受到的影响是广泛而深刻的；悠久、丰富的汉字文化对提升儿童的文化素养更是得天独厚。这些都是实现识字教学目的之外可以"兼顾"的目的，也是识字教学责无旁贷的责任。

识字教学，既要肩负认识汉字、学会使用汉字的使命，也要承担起儿童发展和文化传承的义务。但是，如何进行，何时进行，仍需要进行研究。

1. 汉字与汉字文化

什么是文化？许多工具书都解释为人类在社会发展过程中所创造的精神财富和物质财富的总和，特指精神财富，如文学、艺术、教育、科学等。

什么是汉字文化？汉字文化，是以汉族为主体的中华民族，在悠长的历史中所创造的与汉字有关的精神财富。

汉字和世界上所有文字一样，都是文化的载体。汉字所负载的文化内涵，与汉字本身的文化属性是不同的。汉字是一种具象符号，实实在在的物质形态。文化属于抽象的意识形态范畴，只能依附于某种形态化的东西存在。所以，汉字不等于汉文化，只是汉文化的载体。

汉字是汉文化的载体，但不是唯一的载体。汉文化可以用图画呈现，可以用影像表达，可以用口头传承，还可以用非汉字来记载。把《诗经》翻译成英文，把《红楼梦》翻译成俄文，把《西游记》翻译成西班牙文，表达的都还是汉文化。所以，文化，可以使用不同的方式或文字表达；文字，可以表达不同的文化。文化是一种意识形态，文字是实实在在的物质符号，文化与文字不能画等号。

汉字是中国古代的重大发明，是中华民族智慧的结晶。鲁迅先生在《汉文学史纲要》中说过：中国的文字"具三美：意美以感心，一也；音美以感耳，二也；形美以感目，三也"。笔者认为，汉字文化大体可以分为四个方面。

（1）汉字的字源文化。

汉字的产生和发展过程为中华民族留下了宝贵的文化遗产。比如，六书——象形、指事、形声、会意、转注、假借，都属于汉字产生的字源和字用文化。又比如，甲骨文、金文、秦篆、汉隶、宋体、楷体、行书、草书等都是汉字字形演变的文化。

（2）汉字的形态文化。

汉字是世界上独有的方块字，是最富有美感的文字。汉字能以最少的字量表达最为丰富的内容，这与汉字的字形特点和内部结构的规律性关系密切。

比如，汉字的呈现形态非常讲究形体美。每个字都要做到间架比例合理，结构方式规范。内部结构讲究整体的协调、匀称，十分注意笔画、部件之间关系的对称、避让和相交、相离、相称关系，显示出长短参差、左右避让、疏密有致、匀称大方的结构美。多年形成的包含中华文化精髓的汉字美学特征，成为汉字造型文化最明显的标志。

又比如，汉字复杂的形体差异和独特的美学追求，涵养了丰富多彩的汉字书法艺术。书写者根据自己对汉字形体的理解和独特感受，以手书汉字的方式，表达了自身的性格、修养、气质，写出了千姿百态的书法作品，成为中华文化最为耀眼的奇葩。

（3）汉字的传承文化。

在漫长的历史中，我们中华民族根据汉字的特点，创造出了最好的汉字学习、传承的方法。比如，先集中韵语识字，后分散阅读识字；先识常用字，后识非常用字；先认字，后写字；学认规范汉字，书写个性化汉字，等等。这些传统的识字经验是汉字教育文化的精华，也是汉字文化最有实际应用价值的内涵。

（4）汉字的发展文化。

汉字之所以有丰富的文化内涵，不仅因为汉字具有丰富的表现力，还因为汉字是能够根据社会的发展不断创新、发展、变化的文字。进入信息化时代后，古老的汉字为了适应信息交流快速、便捷、准确的需要，字形、字音、字义都在应用和规范中发生着变化。

比如，汉字的常用字的字种、字量和某些字的使用价值都发生了很大变化，最明显的变化是汉字的呈现方式由手写逐步向计算机打印转变。这些变化是社会发展的必然，是不可阻挡的社会潮流。

积极适应这种变化，把这些变化看作新的历史时期汉字文化应当包含的内容，是明智之举。因为，文化不是一个凝固的历史概念，而是一个与时俱进的概念。一种文化如果没有创新，那么这个文化的生命力就不会长久。倡导传统的汉字文化，漠视变化中的当代汉字文化，同样是没有文化的表现。

2. 识字教学与汉字文化教育的关系

要搞清楚这个问题，首先必须弄明白文化和文字的关系。文字的本质是工具，更准确地说，是交际工具。文字是文化的载体，但是载体不等同于文化。

识字是为了学习文化。但是，识字的根本目的是实现人的语言的社会化，从而能够分享社会文化的滋养，参与创造新的社会文明。从这个角度看，搞好识字教学本身，就是汉字的文化教育。

识字教育，就是汉字文化教育。在进行汉字音形义教学的过程中，以适当的方式传授汉字文化知识，引导学生体验汉字的文化内涵，培养对汉字的热爱、敬畏情感都是必要的。但是，需要考虑的是在什么时机，什么环节，用什么方式，传授哪些文化内涵。进行汉字文化传承一定要服务于、有利于汉字音形义的教学，提高教学的效果，不能喧宾夺主。在文字本体学习的效果得不到保证的条件下，机械、生硬地传授汉字文化知识，进行文化教育，是必须反对的。

比如，了解一些字源、字理知识，对提高识字教学的质量是十分有益的。但是，在分析汉字的形体结构，进行字形的教学时，不是利用儿童已有的知识和生活经验帮助记忆，而是盲目地讲述从甲骨文到楷书的汉字字体演变的过程。这样做，只会干扰儿童的记忆，不利于字形的学习。

也许每个汉字都有其产生的字理依据。但是，汉字在漫长的发展进程中，从字形到字音、字义都发生了巨大变化。这种情况下，再把考据文字产生的历史和源流资料原封不动地搬来，介绍给当今的少年儿童，等于把识字课上成了训诂课，显然是不妥的。更何况，有些字有"理"可讲，有些字无"理"可讲；或者过去的"理"今天的人说不明白，也听不明白。这样传播汉字文化总会给人以牵强附会之感，结果往往会适得其反。

比如，写字教学，是指通过文字结构知识的介绍和基本技能的训练，培养学生正确书写规范汉字的技能。但是，一提起写字，有的人就把写字训练与书法艺术混同起来，把书法艺术的评判标准当成写字练习的要求，用毛笔字的写法对儿童进行硬笔字的书写训练，以为这样才有文化、才是传承文化。其实，这是汉字教育、发展文化缺失的典型表现，是对汉字文化教育的一种误解，是对写字教学的误导。承载文化的是字（不论以什么方式写的什么字体的字），而不是文字书写的方式。一般人的写字纯属个人技能的运用与展示，与以汉字的书写为表现手段的艺术创作从目的到效果都没有必然联系。要求每个人都像书法家那样书写汉字是一种不切实际的幻想。把对规范汉字的书写训练演变成对书法家的艺术技巧培养，纯属画蛇添足。

除了书法艺术之外，还有许多以汉字为本体的汉民族特有的文化现象，如对联、篆刻、字画、回文诗、字谜、成语、熟语、歇后语等。这些与汉字相关联的文化现象也是值得传承、发扬的，都可以在识字教学的活动中加入，使儿童学习汉字时更为有趣，形式多样。

第三章 儿童与识字教学

根据语文教育心理学和语文学习心理学的原理，探索语文教学与学生发展的相互关系，揭示学生掌握知识、形成能力、发展智力的心理特点和规律，是正确实施语文教育、提高识字教学的质量和效率的保证。教育者如果不了解受教育者的生理、心理、智力发展水平，就不能有的放矢地开展教育、教学活动。

儿童的言语发展和思维发展是识字教学得以顺利进行，并且能够取得良好效果的基础条件。了解儿童的言语和思维发展的情况和特点，以及识字教学与儿童发展的关系，对识字教学的科学发展具有重要意义。

第一节 儿童的言语与思维发展

语言和言语，是两个既有联系又有区别的语言学概念。

语言，是约定俗成的声音与意义相结合的符号系统，由语音、词汇和语法三个部分构成。言语，是指人们的语言实践，即个人运用语言的过程或产物。

言语，通常分为内部言语和外部言语。内部言语，是自己对自己说的话，"心里想话""自言自语"，虽然没有发出声音，却都是运用言语的实践活动。外部言语，包括口头言语和书面言语。口头言语，是指借助声音符号进行交际的语言；书面言语，是指借助文字符号进行交际的语言。

它们的关系可以用三句话来概括：语言包括言语，言语是语言的一部分；语言是"话"，言语是"说"；言语的最基本含义就是对语言的运用。

搞清楚语言和言语的关系，对语文教学十分重要。

语文教学是言语教学，不是语言教学。它是通过言语学习语言，再利用语言来学习言语的教学活动。学习语言是为了掌握语音、词汇、语义、语法、修辞等知识和发音、书写、组词、造句、构段、成篇、修辞等法则和规律；学习言语是为了提高运用语言进行听、说、读、写的能力。

小学生入学前，在与成人的言语交际活动中，通过模仿成人的言语行为，开始学习口头语言。入学后，在学习言语作品的同时，也熟悉了语言的系统规则，从而提高了听说读写能力，发展了智力。

弄清语言、言语和语文的关系，对于明确语文的概念，确定语文教学的原则和方法，以及科学构建识字教学的内容、方法和策略体系，具有指导意义。

一、儿童言语的发展顺序

1. 先产生外部言语，后产生内部言语

有研究表明，3～4岁的幼儿几乎还没有内部言语，4～5岁时还很弱，6岁以后便迅速产生和发展内部言语。内部言语的产生和发展，是人类成熟与思维发展的一个标志。

内部言语具有外部言语无法比拟的作用：首先，它与抽象思维有更多的联系，主要执行自觉分析和综合功能；其次，它与有计划的行为联系更多，主要执行自我调节功能。内部言语是在外部言语的基础上产生的，是由外部言语内化而成的，是言语的高级形式。

2. 先掌握口头言语，后学习书面言语

就外部言语来说，儿童一般会在满周岁前后发出一个单音词，而后逐渐增加到几个字，慢慢会说一句简单、完整的话。这第一句话，标志着儿童已经开始掌握口头言语。书面言语是在口头言语的基础上产生的，一般是上学以后通过系统的学习才能掌握。对书面言语的学习又可以不断净化和规范口头言语，使口头言语的水平不断提升。

虽有研究表明，4周岁是儿童图像知觉敏感期，是认识图像感很强的汉字的最佳年龄，但是，由于受生活经历、知识的局限，全面理解和掌握汉字的音形义关系对大多数儿童来说存在着很大困难。所以，识字，特别是有计划、有系统地识字，是上学以后的事。

口头言语在先，书面言语在后，是言语发展的一般规律。但是，小学三年级以后，只要教育得法，口头言语和书面言语可以同步发展；四年级以后，书面言语的发展可能超过口头言语，反过来又促进口头言语的发展。

3. 先掌握对话言语，后发展独白言语

儿童在口头言语的发展中，是按照先对话后独白的顺序发展的。3岁前的儿童在与成人进行言语交际时，往往限于回答成人提出的问题，虽然有时也提出一些简单的问题或要求，但都是被动的、简单的对话。

到了幼儿期，随着年龄和智力的发展，生活经验的增多，以及交际活动的增加，独立性表达的愿望也在增强，儿童产生了向别人诉说的意愿，促进了独白言语的发展。

到了幼儿晚期，儿童可以清楚、系统地表达自己的看法，能够绘声绘色地讲述故事。

4. 先学书面言语理解，后学书面语言表达

儿童进入小学后，开始系统地学习书面言语。在书面言语学习方面，首先是学习书面语言的理解，然后才学会自主地表达。

理解是表达的前提和基础。不了解字义，就不是真正认识字；不了解字义，就无法组词、造句，不能准确表达完整的意思；看不懂文章，不理解内容，就说不出自己的看法；不理解生活中的现象和活动，就无法清晰记录，写不出言语作品。

小学低年级的语文学习重在理解词义，所以只做一些"写话"练习，到中年级才进行"习作"。在小学的识字教学中，如果不能理解字形与字义的对应关系，不掌握多义字的不同的字义，也不可能正确地使用文字表达思想内容。

在书面言语学习上，先学理解后学表达是基本规律。但是，这绝不意味着儿童书面言语的发展是单向的，二者实际上是互动的。即在理解中提高表达能力，在表达能力提高的同时继续提高理解能力。

5. 先会听，后会说，再会读，最后会写

语文教学，就是言语教学。而言语教学，是为了提高学生运用语言进行听、说、读、写的能力。要正确地实施语文教学，就必须遵循儿童言语的发展规律，体现先口头后书面、先对话后独白的顺序。

听和说，属于口头言语的运用能力；读和写，属于书面言语的运用能力。由于儿童口头言语的发展是书面言语发展的基础，所以，小学生的言语发展必须按照先听、说，后读、写的顺序，也就是"先会听，后会说，再会读，最后会写"的发展顺序。

学前儿童的言语能力，一般都是先学会听，再学会说的。即先理解别人表达的语意，再把自己想要表达的意思模仿别人能听懂的方式说出来。他们通过反复地感知生活中的人与事，其器官的感知能力逐步发展，印入脑中的形象逐步形成表象，并且与日俱增地累积起来。这些表象和听到的相关语词的语音逐步联系起来，于是渐渐懂得了人们言辞中某些词语的意义；并且通过模仿成人的发音，学会说出代表这些事物或活动的词，如"妈""爸""吃""不"等。

其实，说话能力的形成与发展并不是听力形成过程的简单逆化，而是听力深

化的结果。当幼儿听到一个句子时，他不仅要把组成这一句子的各个词语代表的概念联系起来，理解它们之间的逻辑联系，而且要从听到的语音中运用自己的积累加以想象，在脑中出现一幅符合别人语意的具体画面。这样，他通过想象得到的感性形象就能加深对别人话语的理解。

儿童具备这样的能力后，当他再听到类似的话语时，就能熟练地进行联想和想象，形成自己的内部语言。当他需要表达同类意思时，就能熟练地进行"仿说"。幼儿就是在反复的"仿说"中，掌握了比较规范的语言定势，形成了说话的能力。

二、儿童言语的发展阶段

学龄前儿童，指婴儿和幼儿期的儿童。了解这一阶段儿童言语发展的状况和特点，对于搞好幼儿与小学语文教学的衔接，提高小学语文教学的针对性、科学性，是十分重要的。

1. 婴儿期

人们常常把0～3岁称为婴儿期，3～6岁为幼儿期。在婴儿掌握语言之前，有一个较长的言语发生的准备阶段，称为前言语阶段。一般把婴儿出生到说出第一个有真正意义的词之前这一时期（0～12个月）划为前言语期。这期间，婴儿的言语知觉能力、发音能力和对语言的理解能力都逐步发展起来。每个出生时健康的婴幼儿都拥有极强的语言发展潜能和充分发展的本能欲望。

婴儿出生5～6个月后，就可以理解简单的话，并能用动作、表情和"咿呀"的声音做出反应和交流。这时期，是儿童理解语义的关键期。

婴儿6～9个月时进入学话萌芽期。这时婴儿能辨别母语中的各种音素，能把听到的语音转换成音素，并能认识到这些语言所代表的意义，开始模仿和学习语言，为言语的发展做好了准备。

婴儿最早说出第一个有独立意义的词语是言语发生的标志，大体发生在10～14个月之间，这期间称为言语发生期。心理学研究表明，10～15个月婴儿平均每个月掌握1～3个新词。15个月时能说出50个新词。此后掌握新词的速度突然加快，出现了19～21个月的"词语大爆炸"现象，婴儿进入了口语发展的关键期。

在此后的两个月左右，婴儿会说出第一批有一定声调的"双词句"，从而结束了单词句阶段，进入了词的联合和语法生成期。20～30个月是儿童掌握基本语法的关键期。到36个月，儿童已基本掌握了母语语法的主要规则，成为公共语境中一个颇具表达能力的"谈话者"。

2. 幼儿期

3～6岁是儿童的幼儿期，也叫学前期。幼儿期是儿童言语不断丰富的时期，是熟练掌握口头言语的关键期，也是外部言语逐步向内部言语过渡，并初步掌握书面言语的时期。

在这期间，儿童语音的正确率大大提高，发音清晰而流畅。除了受方言的影响，一般不会发生语音错误。由于儿童的语音敏感度极强，纠正语音错误的效果非常明显。

这时，幼儿使用词汇的数量增加，词类范围扩大，词汇的累积量增长，内容不断丰富和深化。他们使用的词类主要是动词和名词，也掌握了一些抽象词汇。由于这时正处于幼儿词汇增长的"爆炸期"，所以对词汇的理解和使用常会有错误。

他们已经可以用不同的语句表达较为完整的意思，语法结构日趋完善。不但对话言语有了长足的发展，独白言语也有了很大进步，口语表达能力进一步发展。对话时，能够抓住要点，连贯性提高；独白时，可以有条理地讲述所见所闻。但是，由于这个时期儿童的内部言语的发展相对落后和词汇的贫乏，口头表达时还存在着一些问题。比如，对抽象的概念性强的词理解不准确；言语中关联词少；语法不太规范，大多只是顺从言语习惯；口头表达能力还不高，常常词不达意、句子不连贯，还有较多的语病。比如，语句中经常夹杂着"这个""后来"和语气词，用来摆脱和掩盖表达的不流畅。

3～6岁，是独白言语发展的关键期，是综合言语能力开始形成的关键期，也是培养内部言语能力的关键期。大多数儿童经过幼儿园的言语训练后，口头言语的听说能力进步明显。儿童口头言语的发展，有利于内部言语的产生，也为掌握书面语奠定了基础。

幼儿期的儿童言语既有快速发展的优势，也暴露了发展中存在的问题。这优势就是小学语文教学的基础，这不足则是小学语文教学的任务。

三、小学生言语发展的特点

小学生入学后，开始了以语文课堂为主渠道的言语发展的新时期。刚入学的儿童，不仅已具有一定的听说能力，而且已形成某种学习心理和学习习惯的定势，从而对小学的语文学习产生不小的影响。了解学龄儿童的言语发展特点和水平，是搞好识字教学的基础。这一时期小学生的言语发展有以下特点：

1. 发展的方式发生了变化

小学生的言语发展由在社会上的生活实践中的自然习得，变成了在教师的指导下，有计划、有目的地科学、系统地言语学习和训练。入学前，小学生在生活中自然习得的语言具有不规范性和不纯净性，学校的语文教学是一种科学的学习和训练，有利于语言的规范和净化，提高学生的语言品质。

2. 发展的内容发生了变化

幼儿园开设语言课（实为言语课）是为了发展儿童的口头言语。儿童入学后有了教材，接触了大量的书面言语，开始了识字、阅读、听说、习作训练。这一系列的训练使言语的发展由单一地发展口头言语，变成了以书面言语为主，书面言语和口头言语并重，外部言语与内部言语协调发展的综合性言语发展。

3. 发展的要求发生了变化

从口头到书面，从对话到独白，从外部到内部，是儿童言语发展的三次质的飞跃。每一次飞跃都带来了质的提高，同时也增加了发展的难度。比如，语音和语法，要更加规范；语义的表达，要更加准确；遣词造句，要更加富于变化；各种表达方法和修辞方式的运用，要更加熟练；表达的条理性、逻辑性，也要更加清晰……

所以，在小学语文教学中，处理好口头言语与书面言语、言语发展与思维发展的关系、言语发展与全面发展的关系，就显得十分重要而迫切。

四、小学生思维发展的特征

小学时期是儿童思维发展的重大转折时期。入学后，新的学习和活动对儿童提出了新的要求，形成了小学生思维发展的动力，推动着他们思维不断地向前发展。在这期间，小学生思维的发展有以下三个特点：

1. 小学生的思维逐步过渡到以抽象思维为主要形式，但仍具有很强的具体性

小学生入学后，教学以及各种日益复杂的教育活动向他们提出了多种多样的新要求，这就促使儿童的思维方式和水平开始从以具体形象思维为主要形式逐步向以抽象思维为主要形式过渡，这是小学生思维发展的基本特点。但是，这时候小学生的抽象逻辑思维在很大程度上仍然是与感性经验相联系的，具有很强的具

体形象性。

完成这种过渡，需要一个很长的过程。低年级小学生的思维明显具有形象性，但也有了抽象成分。随着年龄的增长，到了中、高年级，小学生才逐步学会区分概念中本质的东西和非本质的东西，主要和次要的东西，学会掌握初步的科学定义，学会独立地进行逻辑推理、论证。即便达到了这样的思维水平，也离不开直接的和感性的经验，他们的思维活动仍然具有很强的具体形象性。

2. 小学生的思维由具体形象思维到抽象思维的过渡，存在着一个明显的"关键年龄"

许多心理学家的研究表明，儿童发展中有许多"关键期"，也叫"关键年龄"。关键期是指在人的心理发展由量变到质变的过程中具有质变飞跃的时期。许多儿童思维实验研究表明，小学四年级（10~11岁）是思维发展的转折点、关键期。四年级以前，小学生的思维以具体形象成分为主要形式，四年级以后，则以抽象逻辑成分为主要形式。关键期后，小学生的认知特点逐步向成人方向发展。

小学生的认知还有先整体后部分、先记忆后理解的特点，与成人的思维过程正好相反。教师把自己的想法强加于学生，是许多教育活动失败的根本原因。

认识关键期，有利于我们根据学生心理发展的特点及时实施适当的教育，并取得最好的发展水平。虽然就大多数儿童来说，关键期有一个固定的时间或年龄，但这取决于教育的结果，科学而适当的教育可以提前关键期，否则就挪后。关键期在小学生思维发展中存在着巨大的潜力，适时、适当地开发会成为巨大的智力资源。

3. 小学生的思维在从具体形象思维向抽象逻辑思维发展的过程中，存在着不平衡性

在思维结构发展中，抽象思维要经历初步逻辑思维、经验型逻辑思维、理论型思维（包括辨证思维）三个阶段。

在小学期间，儿童思维中的具体形象成分和抽象逻辑成分的关系是不断地调整和变化的，抽象逻辑思维水平在不断提高，这是小学生思维发展的一般趋势。但是这种发展在不同阶段、不同学科、不同对象、不同智力成分之间是不平衡的。例如，在算术教材的学习中，学生已达到较高层次的抽象水平；在历史教材的学习中，则停留在比较具体的表象水平；在学习分数和分数运算时，如果没有具体事物的支持，学生还会有很大的困难。

认识这种不平衡性，有利于我们对学生思维发展进行有效的引导和控制，有利于因材施教。

第二节　识字教育与儿童智力发展

《语文课程标准》规定："语文课程应激发和培育学生热爱祖国语文的思想感情，引导学生丰富语言的积累，培养语感，发展思维，初步掌握学习语文的基本方法，养成良好的学习习惯，具有适应实际生活需要的识字写字能力、阅读能力、写作能力、口语交际能力，正确地理解和运用祖国语言文字。语文课程还应通过优秀文化的熏陶感染，促进学生和谐地发展，使他们提高思想道德修养和审美情趣，逐步形成良好的个性和健全的人格。"

发展有多种含义。学生的发展，是指学生身心的生长和变化。小学语文教学是为了让学生在身心方面获得良好的发展。这种发展不仅表现为语文知识的增加和语文能力的提高，还表现为智力的发展，通过发展智力为小学生终身的学习、生活和工作奠定基础。学习的过程，就是发展学生智力的过程，造就人才的过程。同时，学生智力水平的提高，能够为提高语文教学质量和效率夯实基础。

一、识字是开发儿童智力的有效方法

国外研究认为记忆能力、数学能力、语言能力是人类智力结构最重要的基础能力，对其他能力的发展起决定性作用。如果在"关键期"进行这三种能力训练，将对其他能力的发展起重要作用。

目前许多早期教育机构把识字作为对3～5岁儿童进行早期教育、开发儿童智力的主要手段，取得了明显效果。中央教科所课程研究中心戴汝潜先生指出："让幼儿学会一些常用汉字，尽早进行大量阅读，不失时机地发展儿童的言语及非智力因素，从而有效地提高儿童的整体素质，这是实施素质教育的关键。""记忆专家"王维说过："没有任何活动能像文字在开发智力方面达到那样的深度和广度，甚至可以说起着决定性作用。"

开发人类智力的方法很多，而识字教育是其中最有效的方法之一。科学家研究发现，学习汉字有利于右脑的开发，使左右脑和谐发展，智力潜能得到最好的开发。

1982年英国心理学家查德·林博士在英国著名的科学杂志《自然》上发表文

章，称欧美国家儿童的平均智商是100，而日本儿童的平均智商是111；欧美国家智商达到130的儿童每100人中有2人，而日本却有10人。原因是日本儿童学习了汉字。日本的石井勋教授专门用汉字开发儿童的智力，进行了30多年的研究和实验，他在《幼儿能力开发法》一书中说："从5岁起教汉字，智商达115，4岁起接受汉字则智商达125，3岁开始实施三年的汉字教育则智商达130以上。日本一幼稚园十几年前就开始实施汉字教育，目前小孩智商达150的有很多。年龄愈小，可塑性愈高，学习能力愈强。"

美国的一个人口学家认为，在开发儿童智力方面，汉字具有西方拼音文字无可比拟的优越性。有的美国专家专门用汉字开发弱智儿童的智力，并获得极大的成功。法国汉语教师协会主席白乐桑先生说，他教法国孩子学汉字，主要目的在于开发西方儿童的右脑。

二、识字为什么可以开发儿童智力

1. 这是由汉字本身的特点决定的

汉字是音形义统一的表意文字，每个汉字都是具有某种特征的方块图像，字与字之间有很大的差异性，单字识别率很高，有利于儿童辨别、认记。

由于汉字的音形义之间存在着复杂的对应关系，在梳理这些关系时，必须寻找到合适的记忆线索和恰当的方法，才能有效提高记忆的效果。识字教学中经常采用形分法比较形近字，采用义分法区分同义、近义字，采用音分法辨析同音、近音字。这些识字分法的运用，能够使学生学习和掌握分析、比较、归纳、综合、推理等方法，受到思维训练。

汉字有独特的构字规律。汉字由笔画、部件和偏旁部首构成；独体字由笔画构成，合体字由独体字和偏旁部首组成。独体字与合体字之间有密切联系。形声字的声旁与义旁和形声字的字音与字义存在着独特的联系。了解并且充分利用汉字结构的这些规律进行识字教学，有利于儿童观察、分析、判断、理解、辨析、归纳等能力的培养。

识字不只为智力开发提供工具，而且也是促进儿童智力发展的重要手段。对汉字的认知本身就是思维训练。所谓识字能力，就是思维受到训练和智力得到开发的结果。

2. 这是由识字教学的特点决定的

儿童识字的过程就是观察字形结构、识别汉字图像、识记汉字字形的过程。

儿童识字实际上是从认图入手，以整体感知为主。在他们看来，一个字就是一幅图画，认字就是记忆图画，就是从视觉系统直接获得图画中（某个字）的意义和相关信息，促进大脑对汉字的深刻理解与接受。

依据这个特点，识字教学应从模糊入手，强调整体记忆，先让儿童整体感知轮廓，整体存储，然后随着教学的进行，字形分析不断细化，慢慢积累了比较多的知识，学会了比较多的字，对字义的理解也就越来越准确，并且掌握了识字规律，提高了识字能力，发展了智力。

从心理学的角度讲，人的识记过程有"再认"和"再现"的区别，记忆深刻的可以"再现"，记忆模糊的需要"再认"，重复的"再认"可以进而达到"再现"。儿童识字就是不断从初识字变为认读字，识字量越来越大，兴趣越来越浓，识字越来越容易。在识字的过程中，儿童的思维由具体的图形走向相对抽象的笔画和部件，在笔画和部件的构成中再一次向表意的图形转换，实现认识上的螺旋上升，识字能力也就得到提高，儿童的智力也就伴随着发展提高。

三、识字怎样开发儿童智力

智力由保证人们成功地进行认识活动的各种稳定的心理因素构成。儿童在识字过程中，必须仔细观察字形，用心记住字音，开动脑筋理解字义，采用多种方法建立音形义的链接……这些活动有助于儿童注意力、观察力、记忆力、想象力和思维能力的发展，有助于智力与非智力因素的发展，全面提高儿童的发展水平。

1. 识字可以培养儿童的注意力

注意是一种非常重要的心理现象。注意力培养是开发儿童智力的基础。没有注意这种心理活动的积极参加，任何认识活动都难以完成。

儿童注意的特点是无意注意占主导地位，有意注意的时间很短，只有十几分钟。因此，发展有意注意，促进注意能力的提高，是完成识字教学任务的保证，也是儿童发展的必然要求。

识字是一个新任务，汉字不同于自然界的其他事物和其他平面图形，有自己的特点和构成规律，这种特异性能够吸引儿童的注意，希望探索这个图形的奥秘。但是，儿童的兴奋点不同，容易分散注意力。为此，教师在每一次识字活动开始都应当让学生明白学习的目的，采用多种方法把儿童的注意吸引到识字任务上来，充分利用有意注意和无意注意的特点，合理安排活动和时间，让学生形成稳定的自我调节能力。

随着识字量的加大，儿童会对字形的新奇感逐渐冷漠。此时，教师应当引导儿童了解汉字的构成规律，理解汉字音、形、义统一的特点，体会汉字在生活中的用途，从而增强对汉字学习的兴趣，提高注意的自觉性，也就是增加有意注意的分量，把无意注意转化为有意注意。

成功的识字教育就是通过多种教学方法，在识字教学中吸引和保持儿童的注意力，使他们始终兴趣盎然，充满信心。在成功的体验中培养儿童的有意注意的自制力，形成自觉学习的良好习惯。有意注意能力的提高，可以培养出既天真、活泼、快乐，又安静、专注的优秀心理品质。这是一个早慧儿童必不可少的心理品质。

2. 识字可以培养儿童的观察力

观察力是智力的源泉，是小学生认识世界的重要途径。培养小学生的观察力，使他们能够全面、准确、深入地认识事物的特征、性质、本质，对开拓学生的视野、激发学生的求知欲、提高学习效率，有十分重要的意义。

小学生观察力的特点：目的不明确，往往凭兴趣和好奇心；观察不精细，比较粗略、笼统；注重表面现象和生动的细节，不能深入、全面地观察。

识字，就是记字。要记住字，就必须认真、仔细地观察每一个字，找出它形态上的特征，然后才能记住。在识字过程中培养观察能力，应当明确地交代观察的目的、要求和重点。有意识地教给儿童观察方法，引导儿童按一定的顺序观察事物，教会按照空间的里外、上下、左右、前后、远近的顺序或从整体到局部、从局部到整体的顺序。要教会学生用比较方法进行观察，抓住本质和特征。遇到字形相近的字，要进行多方面的比较、辨析，找出它们的相同点和不同点，要有意识地引导儿童养成仔细观察、边看边想的习惯。及时总结儿童观察实践中存在的问题和经验，培养和提高儿童的观察力。

3. 识字可以培养儿童的记忆力

记忆力是智力的基础，良好的记忆力是小学生学好语文知识、积累语言材料的必要条件，也是学好各门功课、发展智能的前提条件。

小学阶段仍然是人的一生中培养记忆力最好的时期。这个时期小学生记忆的特点是：无意识记忆高于有意识记忆；机械记忆高于理解记忆；形象记忆高于抽象记忆；记忆方法少、记忆效果差。

这些记忆特点决定儿童与成人的认知过程正好相反：儿童是先整体后局部，成人是先局部后整体。成人的分析认知犹如绘画，儿童的整体认知如同照相。儿童与成人的认知过程正好相反还表现在儿童是先记忆后理解，成人是先理解后记忆。儿童的记忆以形象记忆为主，无意识记忆为主，不像成人那样先弄明白然后记忆，而是先记下来，再慢慢理解、消化。儿童记忆力强，理解力差，牢固掌握需要一个循序渐进的过程，认知上具有"非一次性领会"的特点，因此重复和反复是必要的。

在识字教学中，要培养学生良好的记忆心态，要有明确的记忆目的，要高度集中注意力。充分利用儿童机械记忆能力强的特点，让儿童在听读、熟读的基础上经过反复指读，音形相对，达到记忆字形的目的。在音形相对的过程中，教师启发、教授儿童记忆生字的方法；在辨析字形、分析结构的过程中，传授并练习形象、比较、归纳、分类、特征、联想、对比及多种感官记忆方法，也教会了学生掌握各种增强记忆效果的方式和技巧。如：识记时注意力高度集中；怀着愉快的心情去记忆；在理解的基础上记忆；在最佳的时间记忆；通过多种感官并用记忆；把记和忆结合起来，适时地进行复习；通过变换朗读、默读、默写、背诵、回忆、复述、练习等多种方式去记忆。

整个识字过程，就是记字的过程，就是学习记忆方法的过程，就是提高记忆能力的过程，就是儿童无意记忆向有意记忆转化的过程，就是形象记忆向抽象记忆转化的过程。记忆力是智力的核心，记忆力的提高标志着儿童智力水平的提高。

4. 识字可以培养儿童的想象力

想象是智力的翅膀，是极其重要的智力因素。想象力是构成语文能力的要素，理解与表达都离不开想象。想象力的培养对于小学生创新思维和创新能力的形成和发展，具有重要意义。

小学生想象的特点是：喜欢幻想和乱想，计划性和目的性不强；由于知识水平和生活阅历的限制，想象常常停留在表面，缺乏深刻性；不善于从不同的角度、层次展开想象，缺乏丰富性和广泛性；习惯于重复、模仿别人的想象，缺少新奇性和独创性。

语文教学中，教师可以运用多种方法进行想象训练。可以借助形象的描述，唤起想象；通过阅读文学作品，再造想象；借助习作中练习，发展创造想象。在识字教学中，运用多种形象直观的教学手段，创设丰富多彩的教学情境。教师要充分开发学生丰富的想象力，把汉字部件用故事巧妙地联系起来；要激发学生的联想，把抽象的文字变成生动的画面；把单调的笔画组合，变成富有灵气、动感十足的"动画"；用编字谜、猜字谜的方式，进行字音、字形或字义的学习。

小学生想象能力的培养是一个长期的、渐进的过程。由于学生思维发展水平的限制，他们头脑中的表象储备十分有限，出现离奇的、不切实际的猜想和幻想是难免的。对于孩子想出来的东西、创造出来的"作品"，教师不要随意指责和否定，而要多加鼓励和引导。

语文老师要善于根据他们身心发展的特点，采用不同的方法丰富学生的表象储备。在教学的每一个环节创设情境，为学生提供想象的空间；要把想象的方法渗透在教学活动中。同时不断丰富学生的想象内容，使学生的想象从无意走向有意，从易变走向稳定，使学生在学习中不仅学到知识，更增长了智慧，培养他们的创造性思维。

5. 识字可以培养儿童的思维力

思维力是智能发展的突破口，也是构成语文能力的核心要素。人的思维离不开语言和形象两种材料。人们不但用语言和形象来进行思维，而且用语言和表象来记载和表达思维的结果。由于大量思维材料是语言，所以，语言和思维的关系十分密切。

小学生的思维水平还处在初步发展阶段，思维的品质还比较低。思维品质包括思维的深刻性、灵活性、独创性、批判性和敏捷性。小学生受知识、经验的限制，思维的深刻性仍处在不断发展的阶段；思维的敏捷性正在趋于稳定；独创性和批判性，因为本身复杂，相关因素影响多，所以发展得较晚。

识字是促进儿童智力发展的重要手段。识字是要把口语中早已建立的声音和意义之间的联系，再和汉字这种抽象符号挂起钩来，就必须找到它们之间存在的线索，如偏旁、部首、笔画、轮廓等。这本身就需要一定的分析、综合能力。对于那些字形中不包含明显的音、义线索的，需要进行推理、联想才能知晓。这本身给予学习者的就是思维训练，其作用和影响远远超出学会这个字本身。

识字的思维训练还体现在对汉字的归类上。识字多了，为了储存方便，人们习惯于按某种标准把已经认识的字划分成一些不同的类别，比如按音、形、义归类。而每一种归类又有不同的分法。按形分，可以按部首、按偏旁分；按义分，可以分为同义和近义。这种归类的办法对识记汉字来说是必不可少的，而归类只有在理解和分析的基础上才能实现。汉字的归类，比之具体事物，又高了一个层次，是在抽象的基础上的归纳。这种能力的养成，是识字的条件，又是识字的产物。

另外，在识字教学的课堂上，教师可以积极引导学生开展讨论、辩论，引导并鼓励学生从多方面、多角度去分析、比较，找出字与字间的关系与联系，培养思维的深刻性。教学中应注意思考方法的渗透和思路的引导，鼓励并引导学生灵活地改变思维方式和思考问题的角度，培养思维的灵活性；保护学生的好奇心、求知欲和思维的主动性，鼓励学生独立思考，提出与众不同的看法，培养思维的独创性；要求学生在有限的时间里，完成比较复杂的思考和练习任务，培养思维的敏捷性。

识字具有多方面的功能，完全可以把识字和学习知识、培养能力、开发智力等融合在一起。

第四章　识字教学的过去、现在和未来

 古代识字教学的传统

一、古代识字教学简介

汉字是世界上最古老的文字，有几千年的历史。从仓颉造字开始，识字作为一种教育现象，就已经与人们的生存和社会的发展息息相关。可以说，汉字的历史有多久，汉字教育的教材建设和教学方法研究就有多久。

但是，从教育的意义上说识字教育的产生，是在学校教育出现之后。中国早期教育的组织形式是私塾、家馆、学堂。通过这些教育机构，儿童接受启蒙教育。认识汉字，是启蒙教育首先进行的教学活动。先用一年的时间让蒙童学会2000多个字，然后再依次地诵读《神童诗》《千家诗》《大学》《中庸》《论语》《孟子》等，不断扩大识字量，逐步提高文化素养，把他们培养成有文化的人。

古代流传的启蒙教材，最早的当属西周的《史籀篇》，秦代的《仓颉篇》。对后世影响比较大的有汉代的《急就篇》，南北朝的《千字文》，还有宋朝出现的《百家姓》《三字经》，清代文字学家王筠的《教童子法》和《文字蒙求》。

在上述教材中，《三字经》《百家姓》与《千字文》合称"三百千"，是历史上最有代表性的、流传甚广的蒙学识字课本。这几本典范性的教材从周朝一直用到民国初年，流行两千多年。

二、古代识字教学的经验

"三百千"之所以能够长久流传，是因为它们有以下几个共同点：

1. 集中识字

通观我国古代的识字教学，我们不难发现，它们都是先集中一段时间认识一定量的汉字，然后通过阅读"四书""五经"诗词歌赋，不断扩大识字量。王筠在《教童子法》中说："蒙养之时，识字为先，不必逮读书。能识二千字，乃可读书。"崔学古在《幼训》里也说："凡训蒙勿轻易教书。识字至千字外，方用后法教书。"

集中识字，就是先识字，后阅读，在阅读中继续识字。这是古人在重视识字在儿童成长和语言发展的关系方面，在正确地处理识字与阅读关系方面，在协调字音与字义学习关系方面，留给我们的一条成功经验，具有永恒的意义。

2. 韵语识字

古代的蒙学教材大多根据汉语和汉字的特点，采用合辙押韵的韵语形式编写，通过诵读的方式进行识字教学。《三字经》包含了识字、读文、讲史、习德等多种内容，三字一句，简短成韵；《千字文》以一定的文意为线索，串连起一千个不重复的字，四字一句，上口成韵；《百家姓》采用了四字一句、隔句押韵的格式，把看起来并不相干的576个姓氏用字，组织成了一份文意不清而语言流畅的集中识字教材。

这些教材把一些常用字用三言或四言的韵语形式编写成韵语识字教材，然后通过反复诵读和背诵课文的形式，进行字音与字义关联的识字教学。儿童通过朗读和背诵押韵的课文，不但能熟记字音，练习阅读，增加文化积累，还能极大地提升识字的巩固率。

韵语识字是古人选择的一条重要的识字方式，也是一种被识字教学实践证实的简便又高效的识字方法。

3. 识常用字

我国历史上曾经有过许多识字法，《仓颉》（3300字）和《训纂》（5600字）都因字数太多不适合做儿童的启蒙教材而流传不远。"三百千"之所以一直流传，一是因为它们的用字量适当，二是因为所选之字都是常用字。

《千字文》共有1000个不重复的汉字，《百家姓》只用了汉字576个，《三字经》共用了汉字1068个（宋本）。《千字文》《百家姓》和《三字经》，三本教材不重复的字只有1462个；清代的《文字蒙求》收录汉字2044个；《急就篇》共用了2016个各个门类日常应用的字。这些蒙学教材都是选取当时的常用汉字汇编而成，算得上是中国古代的常用汉字字表。

可见，千百年来，两千个左右常用字一直被认为是儿童启蒙最合适的识字量。

4. 字文合一

据传，《千字文》始于梁武帝时代，为教王族子弟识字，梁武帝命人拓了一千个字的纸片，因纸片杂乱无章不易排列和记忆，遂命周兴嗣编排起来，以利诵读。周花了一夜工夫，编成了《千字文》，凡一千字，互不重复，又能上口成韵，实属不易。《百家姓》是在收集了576个中国人姓氏的基础上，把没有意义关联的字组合成一本识字教材，也是难能可贵的。《文字蒙求》是清代王筠选取了《说文解字》中的两千多个常用字，然后按照汉字的构字规律编成象形、指事、会意、形声四个分卷，并对文字进行通俗解释，编成了一本指导儿童识字的童蒙读物。

这些识字教材均按照"先选字，后成文"的顺序编写。这种"文从字出，字在文中"的编写方法，解决了识字教材编写中如何处理生字与课文的关系问题，做到了"字从文"与"文从字"的统一，开创了识字教材独特的编写体例和科学的编写方法。这种教材还把识字与阅读联系起来，把识字与用字紧密结合起来，把音形义的学习整合在一起，是我国汉字文化中最为光彩的篇章。

5. 形义分步

前人不仅先学常用字，还采用了形义分步、先形后义的方法，实事求是地进行汉字启蒙教育。因为文字的启蒙教育是以口语发展为基础的，所以字音的学习比较容易，可以在诵读中实现。字义的学习受语言环境的限制，处理起来比较复杂、困难。所以，形义分步，先形后义，是一个符合汉字学习规律的选择。

古代的识字教学，都是首先通过认读课文，反复背诵课文学习字音，建立字音与字形的联系；再在熟读、背诵的基础上，通过反复认读字形的方法进行字形教学；然后，通过反复吟诵课文，联系生活实际体验、理解各个字义；通过教师对课文内容的通俗讲解，再进一步理解字义。

按照音、形、义的顺序，学习音、形、义统一的汉字，把字形学习放在突出的位置，把字义的学习适当后延，是符合汉字的特点和汉字学习的规律的。形义分步，先形后义，是古人留给我们的又一宝贵经验。

6. 认写分流

认字和写字分步走，认字在先，写字在后。前人明白，写字虽然是识字教学不可缺少的一个环节，却不单纯是识字的一部分，而是有着自身的要求、方法、步骤和规律。所以，古人的识字课就是识字课，写字课就是写字课。两个课的内容、要求、方法不同，教师也可以不同。认的字，不一定都写；写的字，不一定局限于识字教材。根据汉字的书写训练规律单独开设书法课，传授汉字书写的技能、技巧，进行严格的写字训练，是古代的习惯做法。

古人采用先认后写、认写分流的方法进行识字教学，既降低了识字的难度，还加快了识字的速度，也全面提高了识字教学的综合效率。现今的"认写分流"理念，并非今人的创造，只是过去经验的现代表述。

7. 重视应用

重视应用，其实对启蒙期的儿童来说，就是重视阅读。识字是为了阅读，阅读时不但学习了文字的应用，增加了文化积累，而且还起到了巩固生字记忆的作用。所以，古人开蒙很注重朗读和背诵。

前人的识字课本除了《百家姓》以外，大都是以文句出现，表达一个明确的意义，对儿童进行思想教育和知识灌输。在识记汉字的同时，又潜移默化地进行着人文教育。这就把文与道结合起来了，也把识字与阅读结合起来了。在识字与用字融为一体的识字教学活动中，体现出"识字是为了用字，用字是巩固识字"的教学原理。

前人在教识字时就开始对儿童进行思想、道德教育和宣化。虽然宣扬的内容在今天不见得合适，但是，这种认字一开始就注意应用、在特定的语境中掌握字义和熟悉使用规律的做法，还是值得借鉴的。

> 我们的民族在长期的识字教学实践中形成的一些优良的传统，是一笔无价的精神财富。
>
> 梳理汉字教育的历史，提炼汉字教育文化的精华，是我们责无旁贷的历史使命。我们必须披沙拣金，赋予旧经验以新的生命，光大蒙学经典文化之精华，创教字教育科学化之辉煌。

 现代识字教学的改革脚步

一、白话文的挑战

五四运动时期，发生了"白话文运动"。白话文运动，是中国语言文字发展史上的划时代事件，是现代汉语与古代汉语的分水岭。白话文运动的兴起，使中国人的语言文字生活发生了巨大变化。"白话"迅速成长为人们交际的当家语言，文言的主宰地位受到了无情地挑战，社会通用的书面语言与口语之间的藩篱逐渐消失，二者趋向一致。

但是，这种变化和转折不可能在短时间内完成，存在着一个文言与白话并存和博弈的过程。文言与白话并存，造成交际不便：读的是书面文言，说的是口头白话。文言与白话并存，使识字与用字的矛盾日益突显：文言的识字教材被无情地冷落，白话文的识字教材成为新宠；文言与白话交杂的教学语言成为时代的落伍者，"白话"渐成语文教学的时尚语言。这样的变化，使"白话文运动"成为古代教字教学与现代教字教学区分的标志性事件。

当时教字教育使用的教材还是用文言文或者是文言与白话混杂的语言编写的传统教材，都不是白话文的课文。文字与语言脱节、学与用不统一的现实，要求教字教学的教材不仅要进行文言与白话的转换，还需要根据现代教育的相关理论来提升识字教材的科学化水准。

这个时期的教材仍然秉持集中识字的理念，但是在用什么办法来集中识字方面，却走过了一条弯路。由于摒弃了"三百千"一类的文言蒙书，连字数整齐、合辙押韵等形式也都不用了。教字教学开始了一段在传承与创新中探寻出路的艰难之旅。

二、新中国成立后的探索

新中国成立后，识字教学成为语文教学最活跃的研究领域。这一时期教字教学的主要特点就是抓住提高教字教学的质量这个核心，借鉴传统经验，吸收现代教育学、心理学、语言学对识字教学进行理论和实践方面的科学探索。

首先是"集中识字"法。这种方法突出汉字字形构成规律，以字形为线索归类为目的，就是要在较短的时间内使儿童快速通过识字关，为阅读和写作教学奠定基础，全面发展语文能力。采取各种措施突破字形这个教字教学的重点，是"集中识字"的特点。选取体现汉字特点和构字规律的线索，把要认识的字集中起来、串联起来。

这种识字法是对传统的"集中识字"的创新与发展。这种方法用于学习音形义统一的汉字虽然有失片面，但它提出了一个与传统的"集中识字"不同的路径，研究出了一种新的识字教材编写方法，确实给了语文教学界很大的启示，功不可没。

随后，出现了"分散识字法"。"分散识字"是对前人文句识字传统的继承和发展。这种方法以应用为线索展开汉字的教学，坚持"字不离词、词不离句"和"随文识字"的原则，主张把汉字的音、形、义作为一个整体放在相关的语言环境中进行学习，然后随着生字的出现，随时随地明确它的读音，分析它的结构特征，讲解它的具体意义。这种方法比较好地处理了识字与阅读的关系，在独特的语境中识字，凸显了字义的学习，更有利于提高语文教学的整体质量。

"分散识字"虽然也是"集中识字"，但它们却是两种不同的方法。它们的主要区别是：第一，"集中识字"是先用归类的方法定字，然后在教材特定的语境中呈现，走的是"文从字"的路子；"分散识字"是先让字出现在特定的语境里，然后再为每个字归类，走的是"字从文"的路子。第二，"集中识字"采用由一般到个别的程序，从一批字开始学起，然后再落实到一个个具体字的学习，这样做可以重点凸显每个字的特点，有利于提高学生对汉字的感性认识和记忆清晰度；"分散识字"采用由特殊到一般的程序，从一个特定的字学起，然后对累积的一批字进行归类，巩固个别字的认知，这种方法便于字理的传授，提高学生对汉字的理性认识和记忆的系统性。

这两种方法，都是对传统识字教学经验的继承和发展，都是对教字教学走向科学化的有益探索。尽管它们还存在一些不足，却都能够把教字教学与阅读、写作等语言训练有机地结合起来，从而全面提升儿童的语言文字运用能力和语文素养。

伴随着这两种识字方法的出现，又相继出现许多探索把"集中识字"与"分散识字"结合起来，或者把各自的优势放大的识字方法，如"部件识字""字理识字""字族文识字""字根识字""韵语识字""成群分级识字""汉字拼音识字""生活教育教学分类识字""猜认识字""听读识字""奇特联想识字""快速循环识字""字谜识字""趣味识字""立体结构识字"等。有人统计，截至1995年，全国有一定规模的识字改革实验已经达到二十余种。这么多识字方法的出现，推动了我国语文教学的改革与研究。

多种识字方法井喷式涌现，至少说明了两个问题。一是人们虽然在努力地探索科学的识字方法，但是还没有找到优势十分明显的、众望所归的一种或几种可以覆盖广阔范围的方法；二是这些方法虽然给识字教学研究开阔了视野，提供了丰富的经验，但是在如何促进识字教学科学发展这方面，还有许多功课要做。

这个时期还出现了片面理解"集中识字"的现象，认为"集中识字"就是在最短的时间内一次学完很多字。于是希望通过不断加大识字量的办法，来提高识字的效率。有人发明了一个识字方法，宣传说在几个月的时间内会认几千个汉字。实践中有没有这种可能和必要？而且认字也并不等于识字。"集中识字"的本质，是在学习开始阶段，用较短的时间学完最常用的基本字，培养初步的识字能力和写字技能，为阅读和写作打下良好的基础。"集中识字"不是也不能否定"分散识字"。过了识字教学阶段，识字还是会在日常学习和生活中进行的。先"集中识字"，后"分散识字"，是语文教学必须走的路，但不是小学识字教学阶段应当采用的方法。

能够抓住汉字的特点进行教字教学，强调音形义的统一，是教字教学理念上的进步。但是，这个时期在教学大纲和教学经验中，都把"会认、会写、会讲、会用"的"四会"要求作为教字教学的标准，这是一种不符合儿童学习和认识事物的规律的主张。坚持"四会"同步发展的主张抓不住识字的重点，不但不能有效地提升教学质量，反而会因为增加了学生的学习负担而影响教字教学的质量。教字教学只有实行"分步走"的教学策略，才能科学发展。

三、拼音化的干扰

我们国家在20世纪五六十年代走了一段汉字"拼音化"的弯路。汉字拼音化，就是要把方块的汉字改造成拉丁化的拼音文字。

好端端的汉字，为什么要改为拼音文字？这绝非偶然，而是有着深刻的社会历史的背景和原因。鸦片战争以后，一些受西方文化影响的人反思我国落后状况，把这种落后归咎于教育的不普及，又把教育的落后归咎于汉字。他们认为汉字"繁、难"，影响了教育普及和民智开发，主张"废除汉字"，实现"汉字拉丁化、拼音化"。新中国成立后，"汉字难、汉字落后"和"拉丁化、拼音化"的主张得到行政力量的肯定和大力推动，影响迅速扩大。

在这样的独特的历史背景下，1958年国家公布了《汉语拼音方案》，主张用拉丁化的拼音文字取代汉字，走世界文字拼音化的道路。《汉语拼音方案》公布后，小学开始进行汉语拼音教学，新生入学后先学拼音，然后再教汉字。教汉字时，要通过拼音来学字音，这就是最早的注音识字法。注音识字，是汉字"走拼音化"道路的产物。

1982年，黑龙江开始进行"注音识字，提前读写"（人们习惯地简称为"注音识字"）的教字教学方法改革实验。1992年国家教委发文在全国推广这一方法。直到现在，几乎所有主流渠道发行的小学识字课本（低年级语文教材），都是按"注音识字，提前读写"的模式编写的。

"注音识字"是"注音识字，提前读写"的简称或一部分。它其实不是单一的识字方法，而是一种全面处理识字与阅读、写作关系的解决方案。应当承认，这一识字方法强调"尽早阅读"的思想是重要的，在探索把教字教学和其他教学内容更有机结合起来方面，给了我们不少有益的启示。但是，随着语文教学理念的不断更新，特别是教字教学改革的不断深入，众多先进识字方法的不断涌现，这一方法在理论和实践中存在的问题也逐渐表露出来。现实逼迫我们不得不冷静地从教字教学的视角，对"注音识字"进行一番历史、理论与实践的反思。

随着汉字输入技术的发展，汉语拼音的地位和作用正在一天天改变。可是，在"走拼音化"道路背景下诞生的"拼音识字"的地位，并没有实质改变。拼音识字垄断教字教学的局面始终没有被打破，不仅延误了汉字改革的进程，也把教字教学引入歧途。

学习汉字，为什么非要先学习拼音？据说是为了解决"儿童一入学不能读书"的问题。如果"儿童一入学不能读书的主要原因是不认识汉字或认识的数量不够用"，那是应当首先采用科学的方法，加快识字的速度，多多识字。可是，拼音识字却采取了迂回策略，创造了"通过熟练掌握汉语拼音避开汉字关，从而以汉语拼音为先导进入阅读"这种"现实的方法"。[①]

汉字是图形文字，具有音、形、义三个信息优势。以形表义，是汉字的基本特点。儿童在识字之前，已经在母语环境中"习得"了字音和字义；识字，对他们来说，只是找到、确认、记住一个文字符号，和自己已经掌握的音和义结合起来，实现音、形、义的统一。对母语是汉语的人来说，让字音与口语中的语音对号，是轻而易举的事情。识记字形，是汉字识字的重点，是需要花费主要精力着力解决的主要矛盾。教字教学中，不能忽略学习者的基础和优势，颠倒教字教学的顺序和重点，应把儿童的注意力吸引到字形的记忆和字义的理解上。

拼音识字在实施的具体过程中，是采用对文本中的字逐字注音的办法进行的。这种让识字服从阅读的安排，违背语文能力的培养和形成规律。读写固然重要，但是，它必须，也只能在识字奠定了一定的基础后进行。注音识字在开始识字的时候就开始阅读，采取边读书边识字、边识字边读书的方法，让阅读和识字同步进行，是不符合先识字后读书的基本规律的。至于让儿童阅读上面是拼音下面是汉字的文本，和利用汉字夹拼音的办法写自己想说的话，更不是什么好主

① 佟乐泉、张一清：《小学识字教学研究》，广州：广东教育出版社，1999年，第127页。

意。须知人们学习书面语言是从识字（词）开始，然后是句子、文章。书面语言能力的形成，也是从识字能力、构词能力，向阅读能力和写作能力过渡的。任何急于求成，妄图超越或省略某个发展阶段的反科学的观点和行为，最后都只能受到现实严厉的惩罚——不是增加学生的负担，就是降低学习的质量。

这里谈的是拼音识字问题，不是拼音问题。拼音作为汉字字音学习的一种方法，作为构成学生自我识字能力的一个基本要素，作为查字典和打字的一个有效工具，作为推广普通话的一个好帮手，尽早学习好是绝对必要的。科学、合理地安排拼音的学习时间和方法，正确处理识字与拼音学习的关系，是语文教学需要思考和解决的问题。

笔者反对的是拼音识字中那些不科学的理念，比如，提倡"语中学文"，曲解了语言与文字的关系；主张"先读后识"，背离了语文学习的常规；践行"先音后形"的教学顺序，颠倒了汉字学习内容应有的规矩。总之，笔者是反对它不适当地强调拼音在识字中的地位和作用，给学生带来了不应有的沉重负担，为语文教学质量的提高设置了人为的障碍。

四、外来理念的冲击

1978年3月，中国语言学大家吕叔湘先生在《人民日报》上发表题为《语文教学中两个切近的问题》的文章，批评我国中小学语文教学少、慢、差、费，指出这是"不容忽视的一个严重问题"。他不无感慨地说："十年的时间，2700多课时，用来学本国语文，却是大多数不过关，岂非咄咄怪事！"

吕老一段语重心长的话，像定时炸弹把人震醒，像冲锋的号角令人振奋，引发了新一轮的语文教学改革热潮。在80—90年代轰轰烈烈的改革、开放浪潮中，人们开始从国际的视野出发，审视识字教学，希望用国外的新理念和新方法来破解困扰识字教学的问题。

应当承认，像教育心理学、学习心理学、课程论、系统论、控制论、信息论、计算语言学、应用语言学等新兴科学理论，对我们反思过去教字教学存在的问题的确起到了巨大的指导和推动作用，也为我们探索教字教学科学发展奠定了坚实的理论基础。但是，若我们不能从国情出发，不遵从汉语和汉字特有的规律，盲目地把国外的理论和经验搬过来指导教字教学，不仅会出现水土不服的问题，甚至可能产生南辕北辙的效果。

1. 阅读中心论的引入

近百年来，无论哪个年代，什么识字方法，都被如何处理识字与阅读关系这个问题所困扰，都在"先读后识"与"先识后读"的选择和折磨中前行。在这样的背景下，有人从国外引进了"分享阅读""亲子共读"和"前阅读"等新的理念。这些时尚的理念一经引入，就和当时的新服装、新设备、新工艺一样，会对传统事物产生巨大的冲击。

这些阅读理论，都是强调阅读在儿童发展中具有重要的作用，把阅读当作儿童早期教育和智力开发的手段，主张在轻松愉快的亲密气氛中，通过类似游戏的读书活动，培养儿童的阅读兴趣和阅读能力；强调通过听读、模仿，完成从被动听故事到自己主动读故事的过渡。一句话，就是在阅读中发展言语能力。

以阅读为核心、为目的的语文教育观、语言发展观，是"词本位"语言学理论的产物。它走的都是"发展语言"的路子：认为阅读可以发展儿童的语言，儿童语言可以得到发展，从属于语言的识字问题就自然解决了。它根本不提识字对阅读的重要性，把识字活动完全淹没在阅读活动之中，识字成了阅读的"衍生物"。甚至连传统的、相对独立的教字教学阶段，都被变相取消了。

以阅读为核心的语文教育观、发展观，主张通过发展语言来带动文字学习的理念和方法，在"词本位"的表音的拼音文字国度也许并无不妥之处。但是，从阅读入手，以阅读代替识字的语文教学理念，并不符合汉字的特点和儿童学习汉字的规律。用它来解决"字本位"的表意汉字教学中遇到的问题，不仅会水土不服，还会产生南辕北辙的效应。

受"阅读中心"的影响，一些人在语文教学中提出了"阅读就是一切""早期阅读""提前阅读"等教学理念。这些理念对处理阅读与写作的关系，不无指导意义。但是，把它扩大化，用于教字教学的改革究竟是否合适，就值得推敲了。在"阅读中心"理念指导下，用阅读和写作能力的培养，挤兑教字教学；以阅读教材，冒充识字教材；用所谓的人文教育，取代汉字常识的学习和识字能力的培养。阅读中心论，否定了汉字教学的传统经验，忽视了汉字认知的特色，对教字教学的科学发展会产生很大的负面影响。

另外，从教字教学的视角看，"阅读中心论"与"先读后识"的教字教学理念并无本质差别。"先读后识"已被教字教学的实践证明是不服汉字教学"水土"的，推行"阅读中心论"也不会有好效果。

2. 阅读中心论的误导

为什么"阅读中心论"在教字教学中能够流传？这种情况之所以发生，除了社会潮流的影响和"专家"的不专业使然之外，根本在于忽略了中文与外文学习的不同特点和要求，也与混淆了阅读文章的读和认读汉字的读的本质与过程差异不无关系。

（1）混淆了两种"读"的概念。

阅读文章的读和认读汉字的读，可以简称为"读文"和"读字"。"读文"和"读字"虽然都是"读"，却是不同的"读"。

读字，是对字音的认读；读文，是通过文字理解用字写成的文章。读字，也叫认字，是教字教学活动中对字音的认知活动；读文，是阅读教学中对文本的理解活动。前者以文字为认识对象，后者以文字写成的读物（书、文章、文本）为认识对象。读字，是要在搞清字的音、形、义关系的基础上准确地读出字音，而不是通过这个字音去认识、了解它所表达的意义；读文，是通过一个个字所蕴含意义的联系，弄明白读物写的是什么内容（思想、意义）。

认读文字和阅读文章还有不同的心理过程。读字，是在口语中已经储备了大量的"字音"和"字义"的前提下，寻找、确定一个与有关的"字音"和"字义"有联系的文字符号，并把这个文字符号的形状（字形）记忆下来，实现音、形、义的统一，再不断巩固记忆和丰富这样的储备。每当这个字出现的时候，就会自动在记忆中进行检索、链接，确认它的读音，然后用口读的方式念出它的读音。所以，读字的本质是通过对字形的辨认读出字音，检验识字的效果。

读文，是以眼睛看到媒质上的文字的字形，以对字形进行视觉分析为发端；以字形激活头脑中存储的与其相关联的若干字音和字义信息，并且根据这个字在上下文语言环境中的关系和个人的语感能力，进行"自动化"检索、选择和匹配，完成确定字的读音、义项为过程；以完成该字所在的词、句的内容和意义的判定，以及文本全部内容与意义的理解为结果。这个从字形辨识到文本意义解读的过程，就是通过文字蕴涵的形、音、义信息理解文本意义的过程。所以，读文的本质是用字，是通过字义完成对读物内容、意义的理解。

可见，认读文字的读和阅读文章的读，使用的范畴不同，认知的对象不同，读的目的不同，是两个根本不同的认知活动。把两个不同的概念和不同学段语文学习内容混淆在一起，必然造成人们认识的混乱、行动上的茫然，从而对语文教学改革产生严重的干扰。

（2）颠覆了汉字的学习规律。

学习是一个有固定程序的心理认知活动。小学生的识字活动与他们的心理发展、生活经验的积累是相辅相成的。儿童言语的发展顺序是先口语后书面语。口语习得的起点是单音节的"字"（词），如："妈、吃、糖"；接着是双音节的叠音词和双音词，如："妈妈、爸爸、吃饭、喝水"；然后是独词句、不完整的短句，如："抱、妈抱、宝宝要（吃）、我要妈（抱）"；再后来才会依次说出完整的短句、复杂的长句子和一段话。从字到词，再到句和段（篇），是儿童言语发展的线索和基本规律。

识字和阅读都属于书面语学习的范畴。儿童书面语言的学习与发展是建立在儿童口语习得的基础上的，也应当符合儿童认识事物和思维发展具有阶段性与程序性的特点，必须遵循由字到词、到句、到篇的常规。

字是文的基础，文由字构成。识字在先，成文在后，不能相反。识字如同准备材料、学习技术，阅读则是运用准备的材料和学会的技术完成某项工作。识字和阅读，一个重在学字，一个重在用字；不识字就不能读书，读书就必须先识字；识字是手段，阅读是目的。它们的关系只能是识字在先，阅读在后。

"先识后读"是由儿童语言发展的规律决定的，这是一个不以任何人的意志而转移的客观规律。任何违反"先识后读"规律的语文教学活动，都不可能获得预期的效果。

3."先读后识"是条死路

语文教学中，究竟应当是先识字后读书，还是先读书后识字，一直是个争论不休的问题。读书必须先识字，这本来是个不争的事实。可是，语文教育界一直有人反对这个看法，主张先读书后识字。"注音识字，提前读写"的理论根基就是要反"先识字，后读书"的传统，而要"先读书，后识字"。"阅读中心论"也是主张"先读书，后识字"。所以，"阅读中心论"能够借助改革开放之风，迅速在语文教学改革中占据一席之地。

教字教学是一种有目的、有计划、有组织的活动。为了体现这种计划性，通常是把要认识的字编成各种形式的识字课文（文章），若干识字课文组成识字课本（书）。这样，就形成了"文由字成，字在文（书）中"的相互依存关系。字，需要认识；文，可以阅读。教字教学活动中如何处理识字与阅读的关系，就自然成为教字教学中必须正确理解和处理的重要问题。

"先读后识论"者主张读书在前，识字在后。这等于说，不识字也可以读书，读了书才能识字。一个读书的人，在他开始读书的时候还没有识字，他该怎样"先读书"呢？除了识字，还有别的办法吗？所以，"先读书，后识字"不仅在理论上站不住脚，在实践上也是行不通的。

"先读后识"颠倒了手段与目的的关系——读书变成了手段，而识字倒成了目的。我们说"吃饭是为了活命",而不能说"活命是为了吃饭";说"改革是为了发展生产力",而不能说"发展生产力是为了改革"。同样道理,我们只能说识字是为了读书,而不能说读书是为了识字。

可是,持"先读后识"观点的人却认为:在"尚不识字"的时候,通过"听他人读",再"反复模仿""记熟",然后"用记忆中的字音对应书中的字形",就能"边读书,边认识了书中的字"。实际上,不论是无声的"目读",还是有声的"口读",都是以眼看字为前提条件的。不见字形,没有对字形的视觉分析,"读"的认知活动是不存在的。"尚不识字"时没有能力对读物上的字形进行辨析,根本谈不上"读"。况且,读书是一种个体活动,"听他人读"不等于自己读。同时,"反复模仿"直到"记熟"也和阅读没有关系。因为"读"是对文字所表现的内容的解读,"反复模仿"的只是他人的"话语"。至于"用记忆中的字音对应书中的字形"的说法,更是难以理喻。抛开口语的语音基础,在"读"的过程中学习字音,这种主张舍近求远,背离了儿童言语发展规律。

无论从哪个角度讲,由"阅读中心"衍生出来的"先读后识论",对识字教学改革来说都是一条走不通的死路。

4."边读边识"也无存在理由

在"先读后识"遭到质疑的时候,又有人抛出了"边读边识"的主张。这两种主张在文字表达上虽有不同,目的与本质却是一样的。其要害都是反对把识字和阅读教学划分成两个相互独立又统一的阶段,也就是反对集中识字。反对的理由就是认为"集中识字"是"为识字而识字","识字与阅读分离"。

下面笔者就这些观点谈一些看法。

(1)"边读边识"就是"先读后识"。

传统的教字教学经验和现代教字教学改革的大量事实证明,识字划分为以识字为重点的相对集中的教字教学阶段和以读写为重点的分散(随文)识字阶段,是完全必要和科学的。这种阶段的划分,就是先集中在低年级的学段学习最需要认识的基本字,满足中年级开始的阅读与习作进行的基本需要,然后在阅读与习作中继续分散识字。这样的"集中识字"有何不妥?

"边读书,边识字"的提法,表面上是对"先读后识"的修正,强调了识字和读书应当做到紧密结合。但是,就像人走路一样,总是要有一只脚要先迈,不可能双脚一齐迈的道理一样,在读书的具体实践中,阅读和识字总应当有个先和后。因此,"边读书,边识字"也不能回避先后的问题。

(2)"边读边识"的论据是站不住脚的。

提出"边读边识"的人认为，"集中识字"和"先识后读"都是"为识字而识字"，是主张"识字与阅读分离"。这样的指责是不合理的。

首先，世界上根本就没有"为识字而识字"的人。一个工具，你费了很大力气学习它、掌握它，却不想用它，那学习它有什么用？所以，人们都是为了用字而识字，为读书和写作而识字。

其次，识字与阅读可以"截然分离"吗？回答这个问题之前，我们需要再一次搞清楚什么是读。一般意义上的读，就是读书，读文章。那么，读语段、句子、短语、词组、词是不是读呢？当一个儿童从识字卡上认识了一个"羊"字，后来又在别的地方看到了这个"羊"字，会指着这个字（也是单音词）读"羊"，而头脑中浮现的是识字卡片上的"羊"和生活中自己见到的"羊"的形象，是和"羊"相关的经验的联想。这孩子在识字卡上认这个"羊"字时，是识字；后来就不是认字，而是"读字"了。认读字、词与阅读、朗读篇章虽然有明显的不同，但是它们的本质是一样的。认读字、词只不过是读的最初级、最原始形态。阅读因为对象、目的、方式、内容等不同，可以有不同的方法和层次。不要把阅读绝对化，不要认为除了读书、读报外都不是阅读。这个问题搞清楚了，读和写的相互依存关系也就十分清楚了，集中识字排斥读的论点也就不攻自破了。

识字是为了阅读，要读书必须先识字。当人们掌握了一定数量的字后，就可以进行阅读，阅读中可以继续识字，识字也需要在阅读中巩固。识字和阅读本来就是相互依存不可分割的。编造理由，制造矛盾，颠倒先后次序、否定主从关系，都是违背教字教学规律的错误做法。"识读对立论"的危害就在于它曲解了识字地位和功能，弱化了教字教学环节，肢解了识字教学体系，使教字教学的质量受到严重影响。

（3）读书的过程中可以识字，不等于识字应当"边读边识"。

读书不是为了识字，但是读书的过程中可以识字也是事实。一个人在一生的实际生活中会不断地读许多书（也包括所有的文字材料），难免会遇到不认识的字，造成阅读的障碍。这时候，对不认识的字，通常采用问别人或查字典等方式来认识这些字，认识后接着读。在人们的日常社会生活中，对绝大多数人来说，这种"先读后识"或"边读边识"的情况非常普遍。

但是，一般人在社会生活中的识字，与学生在语文课上的识字，没有可比性。在日常生活中遇到不认识的字，不论谁都永远只能是"先识后读"。教字教学中的"读"，不是泛指一切文章，而是专指用于识字的课文。识字的课文的起始课，从理论上讲，应当全部由生字构成。刚入学的儿童，从理论上讲，也是一个字都不认识的人。在这种情况下，一个字都不认识的学生，无论如何是不能读全是生字的课文的。要想读，除了必须先识字之外，别无选择。

经过一段时间的学习，儿童已经认识了一些字，依然不能读掺杂大量生字的课文，必须先认识生字，然后再读课文。即便到了识字的后期，儿童已经能够认识课文中的绝大部分字，也必须采用"读中识"或"边读边识"的方式和顺序进行识字，然后才能通读全部课文。"边读边识"和"读中识"，与整体上把一个字的认识和阅读活动截然分成前后两个步骤的"先识后读"比较，从字面上看是有方式、顺序上的不同，但是没有本质的差异。无论采用"边读边识"，还是"读中识"（读识读），对于生字和它组成的那段文字来说，都只能是"先识后读"。因为任何方式、顺序的改变，都不可能改变识字和阅读之间手段与目的的关系，都不可能改变识字的地位和作用。识字只能是服务、服从于阅读。

（4）识字离不开阅读，不能证明"边读边识"正确。

至于识字必须通过读书来检验，认识的字也只有在阅读中才能巩固，也是不争的事实。但是，不识字，谈不上验证识字和巩固识字；验证识字和巩固识字不是阅读的主要目的。阅读主要是为了理解，而不是为了记忆。阅读还可以提高写作水平，提高口语表达能力，可以增长知识，可以陶冶情操。我们可以由此得出阅读不是目的而是手段的结论。但是，不能得出阅读是识字的手段的结论。识字对于阅读和阅读以后可以达到的各种目的，永远是手段，不是目的。

识字，是认识生字。读课文，是读没有生字的课文。能读的课文，必须没有生字；有生字的课文不能读。读没有生字的内容，不需要再识字，谈不上先和后；要想能读有生字的内容，必须先认识生字。假如"先读后识"这种情况的确存在，那只能说明组成课文的全部字都是读之前就已经认识了的字。这更是典型的"先识后读"，而不是"先读后识"。

现实中，对于读书中遇到的生字，也有先越过去，读完书后再补充认识的做法。这种做法的前提是越过这个字不会影响上下文内容的理解，如果影响内容的理解，阅读活动只能终止。这从另一个角度证明了不识字是无法阅读的。

退一步讲，"先读后识"即便可行，也是读夹杂着大量生字的文章，生字不断为阅读制造障碍，就不得不随时停下来识字，这样会把一个完整的阅读材料变得支离破碎，既弱化了阅读的快感，又使内容连贯、系统的理解变得艰涩，自然会造成读书和识字的双重困难。

这一切都在说明：识字的目的是为了读书，读书的目的是理解书的内容，而不是为了识字。读书过程中可以识字，但是，读书不是为了识字。教字教学必须坚持先识字，后读文的教学原则。"先读后识"是一条永远也走不通的死路。

 探索中的当代识字教学

一、探索中的当代识字教学

2000年以后，以贯彻新的《语文课程标准》为开端的课程改革已经进行十多年了，我们语文教育的现状却依然如故。识字教学作为语文教学的主要组成部分，为了适应现代化的需要，进行了一系列改革，也取得了一定的成效。但是，改革的力度和速度，改革的着力点，还是赶不上时代迅猛发展的需要。别说在识字理论上没有什么重大突破，就连小学阶段到底应当认识多少字，认识哪些字，及按照什么样的顺序来识字，这几个基本而重要的问题都没有找到科学解决的方案。对如何处理识字与阅读、识字与拼音、识字与写字这样一些必须处置的关系，都没有找到积极应对的策略。识字效益低下，仍然是困扰语文教育一个急需破解的难题。

1. 识字法井喷的背后

最近的十几年，在社会舆论和教育大发展的巨大推动下，广大语文教育工作者十分重视识字教学的改革。他们通过对过去存在问题的具体剖析，通过教字教学中暴露出来的问题的深入反省，试图寻找制约识字教学科学发展的原因，探索新的发展理念和方法。可以说，这十几年识字教学的改革真是如火如荼。

最能够证明这个说法的就是80多种识字法的应运而生。有人在1994年统计，当时全国有一定影响的识字法有20多种。20年后的今天，又有许多种新的识字教学法出现了。据识字教学方法研究专家陈黎明教授统计，我国当代的识字教学法至少有80余种。除了前面我们提到的分散识字、集中识字、注音识字、部件识字、字理识字等，2000年前后又相继出现了主动识字、阅读识字、基因识字、双脑识字、解形识字、口诀识字、成语识字、炳人识字、应用识字、电脑识字、拼玩识字、多媒体识字、全息识字等19种识字法。2005年以后，又涌现出以下14种识字教学法：字频识字、直映识字、成语顶真识字、汉字综合信息教学法、张寒朗读识字、双快识字、尝试学字法、汉字工具箱识字、汉字信息原码拼形识字、汉字桥识字、多媒体互动识字、潜能识字、综合高效识字、大程序法识字等。

这些识字法，从不同的角度对识字教学科学化和现代化问题进行了有益的探索。新的识字教学法"井喷似"地在中华大地涌现，这是一个非常值得人们深思的问题。识字方法多，说明什么问题？

由于识字教学相对来说比较单纯，编写个有特色的识字教材并不十分困难。不要说识字教学研究者、语文教师可以做到，连对文字有兴趣的语文圈子外的人也可以从某个角度入手，编写一个与众不同的课本。编好课本，起个名字，教材就有了。这样，自然就会产生许许多多新的识字方法。每个方法都从自己感兴趣的角度进行不同的探索。这是识字方法多的表面现象，浅层原因。这种表面现象映射出的是广大语文教育工作者决心彻底改变识字教学效率低下现实的决心。

识字方法多，还有深层次原因。因为识字教学是语文教学的基础，而语文教学又是基础教育的基础，所以，识字教学的研究是非常重要的。识字教学虽然重要，但是存在的问题比较多，并且始终没有从根本上得到解决。识字教学质量和效率不高的问题，始终困扰着人们，识字教学科学化的探索，还没有一个为广大语文教育工作者认可的解决方案。大家只好尽自己的能力，不断地进行新的探索和研究。

虽然关注识字教学的人多，发明的方法多，识字教学却始终没有走出窘困的境地。这个事实也在告诉我们，识字教学存在的根本问题不是方法问题，而是在识字教学的理论、内容、策略等方面存在着远比方法更为重要的问题。识字教学方法的改革，既不是识字教学改革的核心，也不是切入点。如果这些重大的问题没有引起人们应有的重视和研究，而把过多的时间和精力用于具体方法的研究与实验，这样既掩盖识字教学存在问题的主要原因，也把识字教学的科学研究引向了死胡同。

还有，这么多民间发明的识字法，由于发明者的理论修养和识字教学实践经验的局限，其中难免良莠不齐，但也不是没有佼佼者。有些识字教学法既有扎实的理论基础，又经过了长时间的实验，取得了明显的教学效果，积累了丰富的教材编写和教材使用方面的经验。可是，就是得不到教育主管部门的认可和推广。新的方法发明了，却因管理部门规定的限制无法进入学校和课堂进行实验。新的识字教材编好了，却没有能力获得主管部门的审批，无法发行使用。一线教师没有改革话语权，少数高校和科研单位非语文教学方面的专家垄断了话语权，往往从其擅长、精深的学科专业角度武断地否定语文教师的研究成果。

民间的热与主管部门的冷，一线教师的执着与专家的傲慢，形成较大的反差，这是为什么？这说明我们的科研体制还存在着严重问题；识字教学改革的环境正制约着改革能量的释放。教育科研体制不改革，再多的方法也撼动不了阻碍识字教学科学发展的挡路石。

2. 调整识字量的玄机

识字教学改革中，除了识字方法多之外，就是不断在增加和减少识字量上做文章。

从1950年到2011年，所有的语文教学大纲和课程标准对六年制小学识字总量的规定几乎没有变化，都是学习3000个用字，学会其中的2500个。但是，对小学一、二年级识字量的规定却是变化的。早的不说，1956年是1500个，1963—1986年是1700个左右，1992年是1150个字，2000年改为1800个字，2001年《语文课程标准（实验稿）》是1600~1800个。从1956年到2001年，1~2年级的识字量从1500个增加到1800个，只有1992年是个例外。

2011年对实验稿的课程标准进行了修订，对一、二年级的会认字和会写字的数量进行了"从低不就高"的修改；把会认字的数量由"1600~1800"个字，改为1600个左右；把会写字的数量从800~1000个，改为800个左右。

低年级识字的数量为什么会发生从低到高，或者从高到低的变化？

从上面这些数字的增加或减少变化中，我们可以揣摩出，语文课程文件的制定者增减识字量的做法绝不是随意而为。当识字教学质量不高的问题暴露在公众面前的时候，人们一看到学生的错别字特别多、字写得很难看的表象，就会自然而然地从直觉得出"识字量不足"或"识字量过高"的结论，就会在识字量与识字时间的多少上寻求解决办法。于是"用最短的时间，认识最多的字"的想法便油然而生。一提到提高识字的质量和效率，多数人就自然想到应当采取"多识字、快识字"的措施，在增加识字量上做文章。当采取了"多识字、快识字"的措施仍然不能解决识字教学质量不高的问题时，就会采取对应的措施，减少识字量和增加识字时间。

这种时高时低、让人摸不着规律的做法，如果仅仅出现在民间的舆论之中，是可以理解的，是不足为怪的。若是出现在国家的教学文件之中，就发人深省了。之所以会出现这种情况，就是因为我们国家层面的决策者和那些研究识字的人，还没有从理论层面进行深层次地研讨；还没有把握使识字教育的内容与要求更加符合不同年龄阶段孩子的认知特点的规律。他们这样做，难免让人产生跟随社会舆论风向的猜疑，也不得不怀疑他们解决"识字难"的理论和经验储备的丰厚程度。

3. 复古仿古的奥妙

在所有的课程当中，最容易被人说三道四的就是语文。不仅仅是因为母语课门槛低，人人都能唠叨几句，更因为这门课与万众期待的人文关怀、价值情操等一系列素质教育内涵最为相关。

当语文教学改革和识字改革找不到制约科学发展的症结所在时，就会把希望寄托在传统经验的重拾上。就像一个人得了一个难治的病，急于康复，常常去寻找古方、秘方一样。有些人开始重辟途径，开始了用经典读物和老教材取代现行教材的尝试。

（1）经典教育不能课程化。

在传承国学经典，弘扬中华文化的旗帜下，有人主张经典教育的课程化。把经典诵读引入语文课堂，使其成为语文学习的核心，用素读法取代现行的语文教学法。

把经典教育作为一门独立的课程，在适当的年级开设，传承中华传统文化，笔者不反对——那是它自己的课程化。但是，千万不能把语文课变成读经课。不论全部或者局部的改变，都不是改革的举动，而是对儿童生命与尊严的戕害。语文教育已经重病缠身，经不起再一次无知的折腾。

语文是什么？语文是语言文字教育课，是培养学生听、说、读、写能力的课程。语文课，在小学，特别是小学低年级，是语言文字课，是普通话和规范汉字教育课，是听、说、读、写能力培养的基础课。增加大量与现代语言有明显不同的大量古汉语经典，势必对以现代汉语普通话和规范汉字为教学语言的语文教学形成强大、持续的干扰。

语言文字研究，应当从语言文字生活的实际出发；语言文字教学，应当以满足学习者的现实需要为目的。这是语文教学的根本目的和要求。语文的工具性是第一位的，人文教育只能处于从属的地位。语文教育的核心，不是意识形态的道德教化，不是给孩子们的头脑复印人文的标签。语文教育尽管有种种弊端，但是，不可否认的事实是，它已经建立了比较科学的体系，并在实践中逐渐完善这个体系。

国学经典整体上是文言，即便有些（如《千家诗》的某些篇章）近于白话，也还是以文言的词语、句式来表述。从语言文字的角度看，经典学习与语言学习的关系实质上是文言与白话的关系。讲白话的现代儿童学起文言来困难有多大，可想而知。如果，让古汉语的学习抢占现代汉语的学习时间和地位，等于在英语抢占汉语学习时间后，又遭遇了一次雪上加霜的劫难。这是灾难性的干扰。这样说也许是严重了点，可是，我们不得不考虑，在我们这个习惯搞运动的社会里，做出不理智的事是不奇怪的。真要是这样搞，我们的汉语教育、语文教育将是什么样子，大家可以想象……

不可否认，语文教学存在严重弊端。语文教学的主要弊端不在于没有读经，读经不是医治中国母语教学痼疾的良方。复古，是没有前途的；复古，不是语文教学改革的方向。

（2）民国教材不是良方。

那些对当今的语文教材不满又不赞同把语文课变成国学课的人，又有了把民国时期的语文教材变成当今小学语文教材的想法。

近年，民国语文教材开始热销。据报道：由叶圣陶主文、丰子恺插画，1932年版《开明国语课本》重印本上市没多久就被抢购一空。与此同时，老课本系列如《世界书局国语读本》《商务国语教科书》也在网上好评如潮。一本七十几年前的小学语文教材在七十多年后成为畅销书，这个现象绝非人们对文化的怀旧，而是人们在中国功利教育背景下的一种出于"自卫"的选择。

对于民国教材热销现象，著名学者、原北大中文系主任温儒敏先生有以下解读："民国教材确实有很多东西值得今天的教材编写者学习，但那毕竟是七十多年前的课本，适合那个时代孩子们的学习，如今社会发生很大变化，孩子们从小就要接受很多以往可能没有的新事物新知识，教材肯定要满足当今时代的需求，不能照搬这套教材的编法，毕竟一个时代有一个时代的教育。"

如今的语文教材的确存在着不尽如人意的地方。但是，它毕竟凝结着现代人几百年来的语言智慧和应用经验。热捧民国教材不是医治当代语文教学痼疾的良方，不是明智的选择，更不是语文教育工作者的共识。

《开明国语课本》七十多年后成为新闻，给我们上了一课。我们应当承认，不同时代有不同的语文教育观，有不同的教材，也有不同的评价标准。集思广益、取长补短是必须的，置换取代、贬损异标是愚蠢的。

（3）"三百千"还是退休好。

我们注意到，有的人在还没有弄清识字教育陷入困境原因的情况下，便主张把蒙学教材《三字经》《百家姓》和《千字文》作为儿童识字的教材。在没有对《千字文》进行现代视角审视的情况下，便机械、盲目地模仿《千字文》的体裁、内容编写识字教材。在没有全面把握蒙学传统真谛的情况下，便把"诵读"作为识字的重要方法。应当说，这些复古和仿古的做法都是对弘扬"蒙学"传统的一种误读。

我们主张传承古人根据汉字的特点创造的一系列识字教学经验，但是，任何片面地解读和断章取义式的阐释，都对当今的识字教学有害而无利。试想让今天的儿童摇头晃脑地背诵"人之初，性本善。性相近，习相远。苟不教，性乃迁。教之道，贵以专"（《三字经》），他们除了表现出杰出的记忆和背诵能力之外，还能够从中收获什么？对他们的语言发展究竟是起了促进作用，还是滞后作用？

当学生向家长询问"天地玄黄，宇宙洪荒。日月盈昃，辰宿列张"（《千字文》）是什么意思的时候，即便是自认为很有文化的家长也会感到十分尴尬。究竟应当组织通俗的语言进行解释，还是无奈地选择回避？这样的教材究竟是为了发展小学生的语言文字能力，还是干扰语言发展？

教育是为了开发心灵的智慧。语文教育是为了儿童的语言化，通过激发儿童的语言基因，实现语言能力社会化的构建。发展儿童的言语能力，必须尊重个体的感受，必须扼守语言社会规范。对孩童的教育，应该是一种平等的沟通、思维的启蒙、行为的引导，绝不是把成年人的主张采用教条的方式强行灌输。不以孩子为主体，不尊重学生感受的识字教学，最后也只能是弄巧成拙的结局。

二、困境中的当代识字教学

2001年教育部发布了《全日制义务教育语文课程标准（实验稿）》，根据课程标准要求编写的多个版本语文教材开始发行，标志着21世纪语文教学改革的开始。十多年过去了，识字教学的理念、内容、方法发生了一些变化，但是，在如何提高识字教学的质量和效率，使识字教学科学发展方面，并没有取得令人期待的进展。

探讨任何一门课程的内容，都必须搞清楚（教）学什么，（教）学多少，怎么（教）学三个问题；也就是要明确教学的具体内容，内容的范围，教学先后顺序和方式、方法这样三个最基本、最重要的问题。对识字教学来说，就是必须明确要学什么字，学多少字和怎么学这些字；即字种、字量和字序三个问题。课程内容问题是识字教学改革的核心和灵魂。解决不好这些问题，识字教学的科学化就无从谈起。

过去的《小学语文教学大纲》和近年的《语文课程标准》，通常都是使用这样一句话："累计认识常用汉字 × 个，其中 × 个会写"来规定全学程和各个学段的识字教学任务。这句话，虽然点明识字的数量，却没有科学、明确地限定应当认识的字种，更没有对这些字的学习顺序做出规定。所以，教材的编写者、审定者和教师都只能根据自己的理解和用字经验，对"常用字"进行各自的诠释。这种情况必然造成识字教学领域乱象横生。这种情况已经延续许久，至今还看不到彻底解决的希望。让我们通过对课程标准和课标版语文教材存在问题的具体分析，来看看识字教学内容改革方面仍然存在的问题。

1. 教材不符合课标要求

《语文课程标准》虽然比过去的教学大纲有一些创新，但是，在识字教学的内容，即字种、字量和字序方面仍然是一笔糊涂账。各个出版社都标榜自己的课本有许多创新，可是，在处理识字教学的内容和方法方面仍然延续传统做法，不但没有弥补课标的不足，反而放大了课标存在的缺点。请看下面事实：

（1）用字数量不符合课标的要求。

翻开各个时期的《语文课程大纲》，我们发现它们从来只有对字量的具体规定，没有对字种的明确规定。过去的《语文课程大纲》规定小学阶段的识字量为"3000~3500个汉字"。从1963年起，在"汉字"前面加了个修饰限制的词"常用"，使识字范围从无限制的海选缩小到学习"常用字"。《语文课程标准》也沿袭这个提法，规定小学阶段 "累计认识常用汉字3000个"，1~2年级"认识常用汉字1600~1800个，其中800~1000个会写"。

"认识常用汉字3000个"一类的说法，从表面上看是对识字的数量作了具体的规定和限制，实际上这些数字都是没有数量含义的数字。"3000个"虽然是个确切的数字，但是，因为在规定认识3000个汉字的同时，并没有同时对应当认识的"字种"，像应当背诵的古诗篇目那样一一列举；而且，人们对"常用字"的认识和理解也不可能完全一致。所以，"累计认识常用汉字3000个"的说法从来都是一个无法落实的"标准"，其"字量"的数量价值是根本不存在的。

厦门大学国家语言资源监测与研究教育教材中心提供的教材用字调查统计资料显示：根据课程标准要求编写的人教版、苏教版、语文版和北师大版四套教材，小学阶段的字种总量分别是3485、3259、3445、3622个。四套教材没有一套能够把字量控制在课程标准规定的3000字之内，都是严重超标的。该资料还显示，人教版、苏教版、语文版和北师大版四套教材，人教版和语文版各个学段和全学程的会认字安排基本符合《语文课程标准》的要求。北师大版只安排了第1和第2学段的会认字，共计1796个，第3学段没有安排会认字，会认字总量比课程标准规定少1204个。苏教版各学段的安排均少于语文课程标准的规定，6年共少了1712个。[1]

上述资料说明，有些教材使用的字种量超过了《语文课程标准》规定的会认字的总量；另有一些教材没有周全考虑各个学段如何落实会认字指标，会认字的学段量和总量都大大低于课程标准的规定。

不论是"生字超标"，还是"会认字数量不足"，都充分说明了教材的编写者完全无视课程标准的数量规定。他们不是先根据课程标准的要求确定字种和字量，然后在教材的内容上落实，而是采用了"逆向操作"，先定课文内容，然后根据课文随心所欲地确定识字的对象和数量。这种在字种选择上的随意性和盲目性，不仅远离了课程标准的精神实质，还放大了课程标准的不足。这样安排识字教学的字量，对识字教学质量的影响是显而易见的。

（2）所用字种严重不统一。

识多少字重要，识哪些字同样重要。只有字种与字量统一，才不会出现字量超标的乱象，才能保证识字教学的质量和效率。

上海师范大学识字教学与教材语料库建设课题组的报告《基于语料库的小学识字教学研究报告》中说："人教版、上海版和苏教版'三套教材一、二年级的总字种2966个，共用字种只有1524个，共用字种只占总字种量的51.38%'。在'会认字'中，三套共有的字种只有1063个，共选率只占到44.53%。还发现，三套教材的'会写字'一共选择了1698个字种，其中共选的只有331个，选用率仅为19.49%。三套教材字种的选择差异是如此之大！"[2]

这意味着，使用北京、上海和江苏三套教材的二年级学生，在学完四册教材之后，如果他们之间进行书信交际时，大家都认得的（学过）字，刚好一半多一点；在这么多的文字中，大家都能够准确读出字音的（会认）字，还不足一半；如果给对方回信的话，大家都可以写出来的字，还不到共同学过的字的五分之一。

这样的识字结果学生们将怎样进行文字交际？能够达成什么样的交际效果？在这样的认读和书写水平的基础上，三年级的语文读、写教学还会有什么质量可谈？

厦门大学国家语言资源监测与研究教育教材中心曾经对大陆、香港、台湾

① 国家语言资源监测与研究中心：《2007年中国语言生活状况报告·下编》，北京：商务印书馆，2008年，第437页。

② 陶本一等：《基于语料库的小学识字教学研究报告》，载《语文教学通讯》2008（9），第13~18页。

三地的八套小学语文教材的用字情况进行统计研究，发现"八套教材共出现不同的汉字字种3855个。生字出现最多的是人教社的新课标版，为2997个；最少的是台湾的康轩版，为2328个。八套教材皆有的生字为1397个，占总生字数的36.24%"。"八套1册共有字种773个，共有字只有33个"。[①]说明各教材生字的总量相差不大，但在字种的选择上差异则相当大。

学生识字的字种不同，对于一个学生来说，可能只是一种暂时现象，算不了什么大问题。但是，对于全国的识字教学来说就不一样了。国家的课程标准规定小学生需要认识3000字，而各地使用的教材中只有1/3多一点的字是相同的，如果学生还不能全部认识的话，那么等小学毕业时，如果各地小学生参加国家组织的生字考核，全国恐怕没有一个学生会取得及格的成绩。更重要的是，文字不是个人的"私器"，而是众人交际的"公具"。个人掌握的"私器"如果最后不能转换成公众通用的"公器"（公具），识字教学的作用就不存在了。

所以，识字教学中字种的统一是非常重要的。字种不统一，和口语交际中各种方言大行其道，交际困难一样，文字交际的任务难以很好完成。识字教学如果不是缩小这种不统一，而是加剧这种不统一，简直就是罪过！

（3）字序安排茫然混乱。

识哪些字，识多少字重要，按着什么顺序识字同样重要。有序性，是科学性的重要命题；序化，是识字教学科学化的必然选择。

识字教学要想取得比较理想的效率，在明确了识字的数量和对象之后，就要选择一条线索，把那些字组织起来，形成一个科学、合理的序列，并且通过教材的架构把结果固化下来，形成科学、适用的内容体系，成为提高识字教学质量和效率的"利器"。

过去各个版本的大纲中，都没有识字顺序方面的要求。各个时期的语文教材，都习惯以读、写能力的培养为序。对小学低年级以识字为重点和核心的语文课本的编写，也没有找到科学、合理地安排识字教学内容的线索和顺序。因此，我们可以说，多年来识字教学始终是处于无章可循、无法可依的无序状态。前面引用的一、二年级"共有字"的比例过低事实，既是新教材字种不清恶果产生原因的佐证，也是字序茫然的最好例证。

现行的《语文课程标准》仍然没有这方面的规定，各地出版的识字教材也都各行其是，不但没有形成观念上的共识，也没有科学排序的范例，大家都自圆其

---

① 国家语言资源监测与研究中心：《2009年中国语言生活状况报告·下编》，北京：商务印书馆，2010年，第435页。

说地从自己得意的角度进行解读和操作。就像一团乱麻，你也想理顺它，我也想理顺它，因为没有破解其中的奥秘，始终没有理出一个头绪来。

造成字量超标、字种混乱和识字无序的原因是多方面的，既有课程标准内容的残缺的原因，也有教材编写者教学理念落后的原因。其中最主要的是以下五点：一是没有严格规定和控制字量的观念；二是没有统一的常用字概念；三是无视公众对生字概念的传统共识；四是对字用规律和认写分流体系研究的落后；五是识字教材的编写方法墨守成规。事实说明，进行识字教学内容科学体系的构建，是一件功德无量的大事，也是一件很困难的事。

2. 新修订后的课标仍然存有遗憾

《小学义务教育语文课程标准（实验稿）》试用了10年之后，2011年进行了一次修订。首先应当肯定这次修订有不少进步。同时，也留有不少遗憾。有关问题，我们会在不同的章节一一列举和说明。下面只就识字量和字表的问题简单地说一下看法。

（1）识字量的表述令人费解。

科学、合理的识字量，是保证识字教育质量和效率的基础。识字总量超出学习者的实际需要，不仅会增加学生的学习负担，还是严重影响识字教学质量的一个重要原因。

新课标并没有对小学的识字量进行大的调整。小学阶段的识字总量仍然是3000个，只是表述时，在数字后面加上了"左右"一词，表现出字量要求的些许弹性松动。对会写字的要求，把老课标"2500个左右会写"改成"其中2500个会写"，通过增减"左右"二字进行了微调。

对这样的修订，有两点可以讨论。一是为什么坚持小学生必须认识3000字？另一个是"会写字"与"认识字"是什么关系？

课标的制定和修订者执意把"认识3000字"作为小学生的识字要求是不合理的。因为大量用字统计资料都表明，儿童的常用字也就是2500个左右，成人的常用字也不会超过3000个。不论成人还是儿童的常用字都比过去有减少的趋势，把3000字定为小学生的识字量是不符合儿童用字的实际的。把1988年研制的《现代汉语常用字表》作为识字教学的依据，无视语言文字生活的巨大变化，更是违背用字规律的。

用3000字和2500字分别表述对"会认字"和"会写字"的字量要求，是为了体现认写分流的教学理念：会认字中，包括全部会写字；会写字是会认字的一部分；会认字的数量多于会写字。这就产生了一个疑问：不会写的字，算不算认识了？算认识了，却可能因为不会写而不能用。那么，一个不会使用——不能写，也不一定能读的字，究竟算不算认识了？如果不会写和读的字不算认识，那么，"认识3000字"又作何解释？

令人费解的字量表述，必然造成理解和执行的分歧，从而增加识字教学的不确定性。

（2）课标的识字用表不能应用。

综合解决识字教学的字种、字量和字序问题，最好的办法是研制一个小学识字教学等级字表。这次课标修订的最大亮点是附发了三个字表，包括《识字、写字基本字表》和《义务教育语文课程常用字表》的表1、表2。其中表1和表2后两个字表，又是按照字频的高低划分的。

课标附发字表的做法值得肯定。但是，仔细研读之后，并不乐观。不仅是因为修订稿上对字表使用要求的说明过于笼统，还因为这几个字表本身还存在着严重的不足。如果不加以适当改造的话，是不能，也没有办法在识字教学的教材编写、教学实施和教学评估中使用的。

下面从三个方面简单地加以分析说明：

第一，字表的可行性不大。首先，几个字表都不是按字频排序的，而是按音序排列的。虽然"义务教育语文课程常用字表"表1中的字比表2中的字有字频高低之分，但是，每个字表内的字都是按音序排列的，并不能区分字频的高低，没有办法按字频从高到低的顺序安排识字教学的先后顺序。这样的字表，可以朦胧地透露科学的字序理念，却不能立即成为打开"识字教学无序"之门的"钥匙"。

第二，新修订的课标所附的字表是九年义务教育四个学段的识字教育内容，一共3500字。课标规定小学阶段认识常用汉字3000个，那么《义务教育语文课程常用字表》表2中的1000字中，哪500个是在小学学习，哪500个是在初中学习，并没有具体说明。由于现在许多地方中、小学是分段办学的，教材也是分段、分人编写的，课标对这1000字没有做出明确的顺序和等级规定，教材的设计和编写也就没有办法实施、落实。

第三，根据对字表的字种的统计分析，这两个字表就是《通用规范汉字表》的3500个一级字。其中字频高的前2500字成了《义务教育语文课程常用字表》表2，字频低的后1000字成了表3。

研制了十多年的《通用规范汉字表》，经过修订后已于2013年6月公布。《义务教育语文课程常用字表》的字，就是这个通用字表的3500个一级字。这些字是社会通用字中的常用字，不是儿童常用字。把一个社会上成人通用字表的高频字部分原封不动地拿来，作为小学生识字教育的学习内容和顺序的依据，是不专业、不负责的决定。

因为儿童与成人有不同的语言生活，有不同的生活内容，有不同的交际对象，有不同的语言素养和知识、智力、思维水平。所以，交际时使用的字量不等，字种不同，使用的词汇量和句式也与成年人不同。面向儿童识字教学的字表应当以儿童用字语料做出的字频统计为基础，再适量收入儿童与成人的共同用字和识字教学特别需要的例字，编制出一个《识字教学基本字等级字表》，才能正确地反映儿童的字用规律，才在小学识字教学领域有使用价值。

这样看来，新修订的课程标准虽然用公布字表的形式，回应了"明确字种、字量和字序"的改革呼声，但是，字表的实际使用价值是不存在的。研制一个小学生识字教学专用字表迫在眉睫！

第五章　识字教学面临新的挑战

语言文字是社会发展的产物。它在交际的实践中诞生，又在交际的实践中发展。随着时代的进步，人们精神文化生活和物质文化生活都发生了巨大变化。这种巨变必然不断地催生着新的语言文字现象，促使语言生活发生巨大变革。新的语言文字现象一经诞生，就不断地与传统的交际规范和交际方式产生矛盾。任何一种语言文字，都是在解决传统交际规范和现实交际需要的矛盾中发展的。

进入21世纪以来，改革开放使我们国家的经济和科学技术飞速发展，对外交往越发频繁、广泛。中国国际地位的提高，提升了汉语汉字的国际影响力。汉语汉字走向世界的步伐从来没有现在这么快；外国人学习汉语汉字的人数，从来没有像现在这么多。汉字不仅是中华民族的交际工具，而且会逐渐成为世界最重要的交际工具之一。走向世界而用的汉语汉字，必须进行适应广泛国际担当的现代化改革。

迅速突破农耕经济发展模式制约的中国人，纷纷走出闭塞的山村和偏僻的边疆。活跃的市场经济正在激励人们在更广阔的市场空间南来北往。普通话正以前所未有的速度得到普及，规范汉字的书写和使用频率正在以前所未有的广度走进各族人民的语言生活。历史再次证明，立足于统一和规范前提下的语言文字发展，是国家统一、民族团结、经济繁荣、文化进步的标志，也是国家实现现代化的重要标志。

今日的汉语汉字，不仅面临着融入世界，吸收、兼容和借鉴国际先进语言文化的机遇，也面临着科学技术快速发展引发的交际思维与交际方式革命的挑战。这种情况下，不仅需要国家管理部门及时地制定新的统一规范，保证语言文字健康、有序的发展；还需要公众自觉、主动地通过交际实践做出适应性学习调整；更需要进行汉语汉字教育的现代化改革。语文教学既要起传承、普及和光大汉语汉字文化优良传统的重任，还必须通过语文教育内容、方式的调整和创新，培养学生适应现代生活所需要的语言文字交际能力。

正如语文新课标（2011版）在前言中所说："当今世界，经济全球化趋势日渐增强，现代科学和信息技术迅猛发展，新的交流媒介不断出现，给社会语言生活带来巨大变化，对中华民族优秀传统文化的继承，对语言文字运用的规范带来新的挑战。时代的进步要求人们具有开阔的视野、开放的心态、创新的思维，对人们的语言文字运用能力和文化选择能力提出了更高的要求，也给语文教育的发展提出了新的课题。"

第一节 汉字规范对识字教学的挑战

任何一种语言和文字，都来源于社会生活，并且伴随着社会的进步而不断发展变化。古老的汉字之所以世代传承，就是因为它始终能够顺应历史的潮流，与时俱进。一种文字的历史，就是它的传承史、发展史。汉字是在发展中规范，在规范中发展。推动发展的是人民大众的创造力，保证汉字健康发展的是人们自觉地践行社会规范和与之适宜的教学改革。

一、汉字改革催生了当代汉字

20世纪50—90年代，对"白话文"运动以来的现代汉字进行了一系列的改革和规范，汉字本身和汉字应用都发生了巨大的变化。这一时期，大致经历了以下的变革：

1955年国家颁布《汉字简化方案》。同年还公布《第一批异体字整理表》，精简了1055个汉字。

1958年颁布《汉语拼音方案》。汉语拼音方案在推广普通话和规范、统一字音方面发挥了重要作用，也为我国信息技术的发展奠定了基础。

1964年公布《简化字总表》，三个分表总共简化了2235个汉字、14个偏旁。

1965年发布《印刷通用汉字字形表》，对6916个字的字形进行了行业规范，开创了汉字字形规范的先河。

50—60年代，通过推广简化汉字和废除很多异体字，大量减少了流通汉字的数量，改变和调整了很多字的传统字形和读音，还规范了某些字的字义，汉字发生了史无前例的巨大变化。

60—90年代，我国进行了字音、字形的统一和规范工作，开始按文字的使用价值进行分级研究。

从1977年公布《第二次汉字简化方案》（以下简称"二简"），到1986年明令废除二简的十年，是用字混乱和有关文字政策的反思与调整的十年。废除的二简恢复了248个汉字的本来面目。

1985年国家语委发布《普通话异读词审音表》，审定了1000多个字的读音。当年，在纠正二简中涉及的248字的基础上，重新发布了《简化字总表》。

1988年公布了《现代汉语常用字表》和《现代汉语通用字表》。

为了更好、更具体地规范汉字、识字和用字，1995年以后，国家又出台了有关字形、笔形、笔顺、笔画、字符、部件等方面的一系列国家标准和规范。这些规范都在强调汉字的规范性。汉字改革开始进入了以规范化、标准化为特点的当代汉字时代。

2000年国家颁布《中华人民共和国国家通用语言文字法》，规定："国家推广普通话，推行规范汉字。"这一法律的颁行，使我国的语言文字生活发生了很大的变化。彻底结束了字形混乱、字音复杂的历史，使语言文字的使用与教育进入了规范与法制的新时代。2013年《通用规范汉字表》颁布共8105个汉字。

> 所谓"当代汉字"，指的是经过上述一系列改革和规范之后，国家以规范和标准的形式公布和确定下来的汉字；是经过文字交际实践检验、公众认可，又符合各种标准和规范的汉字。
>
> 当代汉语，就是普通话；当代汉字，就是规范字。规范汉字，就是以普通话语音为字音，以最新的国家规范的样字为字形的汉字。

汉字的统一和规范，不仅增长汉字在信息化社会语言文字生活中生存的本领和活力，也使汉字数量减少，字音和字形更加统一规范，大大提高了交际效用。同时，也减轻了识字教学的负担和干扰，为提高识字教学的质量和效率创造了有利条件。

二、当代汉字的特点

当代汉字源于古代和现代汉字，但是，已经不是原来的汉字。古老的汉字经过改革和规范之后，被注入了现代化、信息化元素，无论是外形和内在，无论是整体和局部，都发生了蜕变。经过一系列改革和规范之后，当代汉字与原来的汉字比较，有许多新的特点，而这所有特点可以用"规范"二字来概括。

1. 汉字的流通字量日趋精减

从几部文字工具书收字量上看，收字量是日渐增加的，汉字的数量是很庞大的。但是，实际上，从古至今，各个时期实际使用的汉字总数与字典的收字量都不是一回事。字典收字总是在前人收字的基础上不断累积。而人们的用字，随着文字交际的范围的扩大和次数的增多，实际用字量并没有那么多。

有个中国古代典籍的用字量的资料显示：宋代通行的四书《大学》《中庸》《论语》《孟子》，总字数56 764个，不重复的字种数也只有2320个。字量很大的《十三经》，字种数也超不过6000个。杜甫1500余首诗作用字4350个。白居易3000余首诗共18万字，用字4600个。魏晋至清代的手写文本（文学、杂记）抽样5 744 000多字，也只得到适用字种12 760个。五六万字之中，除了一万左右字被经常使用外，其余的字基本上都是已经在文字流通领域销声匿迹，只是在字典、文献上"存档"的"死字"。

原本五六万字，经历了时间的洗礼和文字使用环境的历练，目前通用字的数量更加减少。1988年国家语委发布的《现代汉语通用字表》的字量是7000字。1981年国家标准局发布的GB2312-80《信息交换用汉字编码字符·基本集》收字6763个。1983年邮电部编制出版的《标准电码本》（修订本）收字7292个。2013年发布的《通用规范汉字表》的字量是8105字。现在，几十亿现代汉字字符的大规模语料库的字频统计，能够统计出来的全部有效字种已经不足一万字了，绝大多数在6000~8000字。

从以上几个资料的收字量来看，现代通用汉字的数量大约有七八千个。这个数量基本反映了我国当前通用汉字的大致情况。

最值得关注的是，不仅在通用汉字范围内出现了用字量减少的现象，在常用字范围内也发生了同样的变化。

对把覆盖语料99%的字量作为常用字与通用字划分的临界点，在计算语言学界已经没有异议。几个古代汉语的字频统计资料中，覆盖语料99%时，都需要4000字以上。几个现代汉语，即1910年以后的语料占有一定比例的现代汉语语料库的字频统计资料中，覆盖语料达到99%时，还需要2800多字。而以近10年的语料为统计对象的当代汉字的字频统计资料中，覆盖语料99%时，只需要2300~2600字，而不是2800多字。这些数据的变化，有力地说明了"高频趋简"是汉字发展的一条重要规律。

国家语言资源监测与研究中心2009年发布的《中国语言生活状况报告》中

说："2005—2009五年的用字调查显示：覆盖率达到80%、90%、99%的汉字数量，分别在581～602、934～971、2314～2400之间；其占汉字总数的比例分别没有超过7.15%、11.49%、28.47%，也就是说，每一年不超过用字总量30%的高频汉字覆盖了全部语料的99%。"又说，"五个年度的用字调查表明，年度用字表前2500字与一级常用字之间的差异字种数在342～357个之间，前3500字与《现代汉语常用字表》之间的差异字种数在388～401个之间……"①

这些数据有力地说明了：常用字的使用数量有所减少，字种更加趋于稳定。这种情况的出现，是历史发展的必然，更是近半个世纪国家通过普通话和推行规范汉字，积极进行语言文字改革的结果。

2. 汉字的字形日趋规范

汉字在发展的进程中，不仅通用字的数量发生了变化，汉字的字形和字音也发生了变化。这些变化是通用汉字数量减少的原因，也是汉字质量发生变化的标志。

甲骨文、金文铭刻着远古的记忆。秦篆、汉隶都曾经称霸天下，成为古汉字的样板。便于书写、印刷的宋体、楷体字，从魏晋开始在多种字体竞逐中脱颖而出，成为主用字体，至今仍然在公众用字领域独领风骚。

楷体和宋体已经成为当代各种文本的主用字体，成为信息化、数字化文字应用软件的必用字体，成为网络媒体和各种印刷品普遍使用的字体。楷体字更因为字形的规整、美观，也因为它更接近手写体字，已经约定俗成地成为教材印刷和写字教学的规范字体。

大量汉字从繁体变成简体之后，使很多字的字形得以简化，笔画数量大为减少，间架结构的特点得以凸显，字与字的差别更加简单而明确，使认字、写字更加方便、有效。这些变化，为汉字教学的规范化、标准化奠定了基础，也为汉字信息传输数字化奠定了基础，消除了障碍。

3. 汉字的字音空前统一

古代汉字与当代汉字的字音有什么不同，因为没有语音档案，已经无从考据。地域辽阔的中华大地，在长期封闭的社会状态下，有多少种方言，就有多少种字音，却是不争的事实。从20世纪的"老国语"到"新国语"，再到汉语普通话的语音，字音的变化就一直没有停歇过。

通过推广普通话，规范汉字的读音，使字音趋于统一，结束了汉语与汉字长

---

① 国家语言资源监测与研究中心：《2009年中国语言生活状况报告·上编》，北京：商务印书馆，2010年，第8页。

期分离的状态，是一件彪炳史册的壮举。规范字音，不仅大大提高了汉字的使用价值和效能，也为语言文字应用的现代化创造了必要的条件，加速了汉字现代化的步伐。

汉字字音的变化使普通话学习和规范字音的学习统一起来。这样做，不仅统一、规范了字音的标准，巩固了推普的成果，还规范了识字教学的标准，提高了教学效率。

4. 汉字的字义不断丰富

诞生、成长于农耕时代、封闭社会的汉字，走进了信息时代、开放的当代社会。当代交际内容与交际方式的变革，使汉字的字义内涵也发生了变化。汉字的字义也在"现代化"的过程中不断得到充实和转化。社会飞速发展，新事物、新概念层出不穷；新概念的表达，不是通过新造字来实现的，而是不断赋予"旧字"以新义，丰富字义的内涵。

汉字的数量有限，而语言中的词汇无穷，要用有限的文字纪录无穷的词汇，文字的构词范围就必须不断地扩大，不仅仅用于记录本义或相关意思（引申义）的词，而且也以读音为媒介，用于与本义毫不相关的词（假借义）。

在汉语与外语的对译碰撞中，在汉语与民族语言的兼容与磨合中，在方言与"国语"的较量对弈中，在文言、雅语与白话、口语的遴选竞逐中，古老的汉字不断蝉变，原始的字义得以充实和调整。有些汉字的原始意义已经逐渐舍弃或淡化，又被赋予新意。"之、乎、者、也、耶、焉、哉"等古汉语高频常用字，在现代应用中的使用价值已经发生变化。"之、者、也"虽然还有比较高的使用频率，但是，这些字的意义已经不再局限于传统的意义和作用，而是有了当代汉语中的新意义。"焉"和"哉"早已经被排挤出常用字的范围，其他字的使用价值也大大贬值。

字本位的汉字，在开放的语言生活中，越来越受到了外来语言的挑战。表意的汉字受到音译外来词语的挑战，许多汉字为了满足音译地名、人名、机构名等专用词语（言语词）的需要，为了尽量防止误解、误读和避免重复的需要，已经从表义功能为主转化为表音功能为主。有些字因为字音的独特性和字形的简易性，被赋予承担翻译外来文字的表音使命，重新走入高频字的队伍。这些字并不是因为字义的重要性提升了使用价值，而是因为经常在译文中使用，成为与原始意义无关、只在"译名"使用中的高频"拟音"字。

字义，一般是指文字所能够表达的"意思"和在语言表达中能够承担的"义务"。除了名词、动词、代词、形容词等实词具有实实在在的"语用义"，虚词具有抽象的"语法义"之外，现在有许多字成了"同音假借字"，具备了"语音义"或者叫"字音义"。如：表示疑问的语气助词"耶"，在现、当代汉语中，一般不再承担语气词的功能，而是具有了"象声词"一样的"拟音功能"，有了"字音义"。同类的字还有不少，比如：阿、尔、巴、芭、耶、奥、曼、斯、奈、罗、亚、索、非、尼等字，在当代汉语中，主要是以翻译表音的外文的"拟音字"身份出现在"言语词"中。这些字在"言语词"中只有表示语音的"语音义"，没有"言语词"中表达思想内容的"语用义"。

总之，当代汉字的字形，是符合国家关于汉字笔画、笔顺、字形和部件最新规范的字形；字音，是符合普通话语音规范的字音；字义，不仅包括汉字传承的"语用义"和"语法义"，又在当代汉语、汉字的应用中充实了铭刻着改革、开放时代烙印的"语音义"。

当代汉字，是在现代汉语文字应用实践中经过反复锤炼和改造、加工的，更加规范、统一，更加符合信息化、现代化需要的文字。当代汉字与传统汉字的不同，不仅仅表现为繁体字与简体字的简单不同，更重要的是适应时代发展需要的统一、规范的汉字与深刻时代烙印的传统汉字的区别。当代汉字，是文字的工具性得到强化，实用性更加明显的汉字，是汉字文化的精髓得以传承和发展的汉字。规范是当代汉字的突出特点，也是当代汉字教育必须恪守的基本原则。

第二节　信息化对识字教学的挑战

语言文字在交际的实践中诞生，又在交际的实践中发展，是社会发展的产物。社会生活的巨变，科学技术的进步，交际方式的变化，必然不断地催生出新的语言文字现象。新的语言文字现象一经诞生，就不断地与传统的交际规则和交际方式产生矛盾，从而推动语言文字的发展变化。

这种情况下，不仅需要国家管理部门及时地制定新的统一规范，保证语言文字健康、有序的发展；还需要公众自觉、主动地通过交际实践做出适应性学习调整；更需要通过语文教育内容、方式的调整和创新，培养学生适应信息时代生活所需要的语言文字交际能力。

一、汉语和汉字经受着不同的挑战

由于电脑普及、网络发达，语言和文字在信息交际中的地位也在发生变化。通讯设备的随身化、数字化、普及化，使话语交际突显出方便、快捷的优势，更受人们的青睐，挤占了不少文字交际的空间。语言的交际功能得以提升，文字的交际功能逐步弱化。所以，汉语和汉字所面临的挑战是不同的。

在汉语方面，主要是反映新事物的概念、专用词语，如手机、电脑、网络、宇航等井喷式地涌现；大量外来词语，如克隆、拷贝、迷你、的士、模特等，势不可挡地提升使用频率。反映新事物、新科技的词语，纷纷成为现代汉语语汇大家族的成员。对此，字本位的汉字有极大的词汇消化、适应能力，可以从容应对。语汇的增加与调整，基本不会撼动现代汉语的词法、句法、语法体系。至于网络媒体上个别与汉语表达习惯不同的句式，如同所有的时尚事物一样，多是过眼的烟云，动摇不了汉语的根基。因此，汉语所受到的挑战压力除了普及普通话以外，并不是很大。

汉语所受到的挑战主要的并不是来自词汇和语法，而是语音。随着普通话的推广、普及和快捷、方便的交际工具的现代化、智能化程度的飞跃发展，对语音规范化、标准化的要求越来越高。对方言区的汉语教育，在语音的规范方面提出了更高的要求。

对汉语挑战最大的，也许要数对外汉语教育。未来的汉语不仅要有海纳百川的国际视野和开放的胸怀，还要有融入世界的能力和气魄。用传统思维、理念、内容、方式"走出去"的汉语教育，用"文化"取代"工具"的汉字教育，必然无法满足在世界范围交际的热切期待。汉语在走出国门的时候，需要接受英语的教训，不能分化成不同流派的汉语。而要做到这一点，大力推广、普及普通话，规范文字的读音是最有效的办法。

汉字所受到的挑战比较大。这是因为，信息社会的迅速到来，信息数量的海量增加，信息传递速度的日益加快，激励着信息媒介技术的快速发展。信息的传输方式和文字的书写工具也同步发生着日新月异的变化。这些急剧的变化，对古老汉字的交际功能与运用方式不断提出新的挑战，需要我们用创新的理念和方法破解汉字教育面临的一个又一个新课题。

汉字的变化主要表现为两个方面：

1. 对传统汉字的字形提出了挑战

产生于农耕时代的文字要成为信息时代的交际工具，自然要进行脱胎换骨、面目一新的改变。手工"生产"、人眼识读的文字，变为"机械"生产、电脑识读的文字，必然带来文字字形的规范化变化。手工，不能做到统一规范；机读，必须规范、必须标准、必须一致。所以，随着"机写"的增加，字形越发简单、明晰、规范、统一，成为不可逆转的汉字字形发展趋势。

2. 流通总量减少，共用字十分稳定

信息交流要求速度快、内容准、受众广。要做到"快"，就必须用尽可能少的文字，减少篇幅，提高质量。要精练地表达内容，用字就要少而精。要做到"准"，就必须考虑接受者的需要，进行规范、精练地表达，使用通俗、明白的语言，不用生冷、怪僻之字。要做到"广"，就必须积极面对受众多、知识水平不同、接受能力有别的现实，只能采用大众化的语言文字，摒弃脱离受众语言文字水平的语言文字。这样做的结果，就是公共常用字被高频率使用，冷僻字逐渐被排挤出大众交际的语境。

科学技术的发展，改变了传统的语言文字生活；交际内容与方式的巨大变化，推动了文字的变化。语言的规范统一，排斥了和降低了个性化表达，更加约束个人的语言行为，从而减少了方言、雅语和俗语，也减少了用字。语言文字交际工具性的本质特点，使公共交际模式、语法规则、语汇构建越发规范、统一，形成了包容、有序的语言环境、机制，不断排斥差异化倾向，增加了趋同性，不仅保证了交际的顺畅，也能使用字量逐步减少。现代信息交际的需要，使流通的文字量有所减少。减少的是高频字的数量，减少的结果是使流通的汉字的字种更加集中。

汉字的交际功能与运用方式的急剧变化，要求汉字的使用者一方面要不断提高自己的文字规范化水平，另一方面还必须不断学习和提高汉字信息的综合呈现能力。

信息化社会对汉语和汉字的应用提出了不同的挑战，强化了各自的功能。同时，也使它们在交际活动中更加水乳交融般地结合在一起，相互配合，各显神通，产生综合效益。

面对"厚语薄文"与"文语融合"的交际方式变化，我们应当用创新的理念和方法，应对汉语、汉字教育面临的一个又一个新挑战。

二、信息技术进步改变了用字方式

1. 信息时代交际方式的特点

如今，我们已经进入了信息时代，信息海量膨胀，生活节奏加快，交际方式日新月异。由于信息技术的快速发展，信息的传输工具和方式方法也随之发生了很大的变化。这些变化主要表现在以下几个方面。

（1）语音文字分离正被交融代替。

电话、手机的普及和计算机、网络的快速发展，完全改变了人们的交际思维与交际方式。原本语言与文字分离的交际，正被语言和文字的融合替代，甚至兼容了图片、数据、影像、声音、表情等多种符号与信号，成为形式多样、相互关联的信息资源。原本"文对文，语对语"的交际传统，正在被语言与文字混合、交错的方式打破。大量的书信、文件等延时性文字交际，正在被即时、方便的话语、传真性口语交际取代。视频画面与音频信号相互叠加和转换，已经不是难题。文本留言信息变成语言表达，已经没有技术障碍。只要手握一个智能手机，就可以让听、说、读、写各显神通；音频、视频相互补充，方便快捷，随心所欲。

（2）交际的时空隔阂正在消融。

人们丢开笔和纸，用鼠标、键盘和屏幕取而代之，把传统的手写和印刷方式整合在一起。现在已经没有交际时间和空间的限制，人们把数量巨大、内容丰富、形式多样的信息随时储存在网络之中，可以在方便的时间和地点自由地提取和阅读。网络缩小地域的距离，消融了时间的差异。邮筒退役，信纸滞销；电报变样，微信风行；广播衰落，微博得势；文本遇冷，视频走红，所有这一切现象的发生，都是信息化的巨浪对往昔不满、对落后交际方式的否定；都是数字化信息交际工具优势的张扬。

（3）不同语言交际障碍正在消除。

随着科学技术的发展，语言和文字之间，不同语言与不同文字之间的转译技术日渐成熟，人们已经可以轻松地把文字转换变成语言，或者把语言直接变成文字，甚至进行不同语言文字之间的相互转译，使不同语种和文字之间的交际从不可能变为可能。

交际方式和载体的改变，把传统交际的障碍逐一克服。这就要求人们不断适应新的传播技术和交际工具的升级，不断提升自己的语言文字规范化水准和新工具使用技术水平。语文教学是为人们使用语言文字能力服务的，如果教学不关心这些变化，不能满足交际方式与信息载体形态的变化，语文就没有出路。

2. 计算机的普及改变文字的呈现方式

文字是以手写为主要方式进行交际的工具。书写工具和书写材料的变化，是文字发展变化和书写方式改变的物质基础。

没有发明笔之前，以刀代笔，书写之艰难可想而知。造纸术没有发明之前，文字应用和功能发挥受到的限制，不言自明。有了毛笔和纸之后，解决了书写材料和工具之难，文字交际方便了许多。但是，写毛笔字需要研好墨，铺好纸，在桌子上一笔一画地写字，一篇一篇地抄写文章，对书写材料、工具和书写环境的要求都比较苛刻。这就造成了手工书写的文本无法满足数量巨大、内容广泛的需要，文字交际的时效和功能受到很大的局限。

人们需要简洁而方便的书写方式。于是，后来人们又发明了钢笔、铅笔和圆珠笔，书写的环境更加宽松，书写的便利性大大提高。书写工具的变革也不断影响到字形的规范与字形书写的个性化，为书法的形成奠定了基础。

钢笔作为从软笔向硬笔过渡的书写工具，使用起来比毛笔更为方便，还能够利用它富有弹性的笔尖模仿毛笔的书写，取得近于毛笔字的书写效果。可是，随着更加便捷的圆珠笔、碳素笔的出现，钢笔只能被迫逐渐退出历史的舞台。书写工具中缺少了介于毛笔、铅笔和圆珠笔之间的钢笔，原来的"三笔字"教学就剩下了毛笔和铅笔（包括其他硬笔）。使用方便的硬笔成为书写主要工具之后，把毛笔挤进了书法的狭窄天地，面临着即将"下岗"的尴尬境地。

硬笔因为难以表现出笔画的粗细、方圆变化，写不出"挑点"和"撇点"的细微差别，不便区分提与斜横，更没有办法写出"悬针竖"和"垂露竖"……但是，却可以从容地写出近似于印刷字体中的黑体、新宋体和楷体字的笔画特点。这也是为什么这几种字体可以成为国家规范字表和教材、报刊使用的当家的字体的主要原因。这个事例可以充分证明，书写工具的每一次变革，都会对文字的字形、字体演变和写字教学产生重要的影响。

印刷术发明之后，机器印刷的书本可以使文字交际跨越空间和时间进行，文字交际的作用大幅度提升，推动了教育、科学和文化事业的大发展，功不可没。印刷与手写相互配合使用，不仅减轻了手写劳作之苦和字迹不清之烦，还能够做到与不同信息符号的有机结合，提高了交际的效益。但是，印刷是专业性、群体性的工业技术活动，个人无法使用印刷设备。把手写的文本变成印刷的书本需要时间、物质和技术的支持，难以满足交际时间短、速度快和内容广泛的要求。印刷与手写分离和传统传输手段的长期落后，致使文字的交际功能仍然受到严重的局限，没有办法满足人们现代交际的实际需要。

如今使用智能化的计算机软件打字，比手写字清晰、规范、整洁，提高交际信息的准确性的同时，也掩盖了个人写字难看的尴尬。人们丢开笔和纸，用鼠标、键盘和屏幕取而代之，把传统的手写和印刷方式整合在一起。人们可以让数量巨大、内容丰富、形式多样的信息在网络上准确、简单、快捷地进行传递。计算机凭借其在文字"书写"方面快捷、便利、准确的技术优势，以锐不可挡之势占据着文字交际各个领域，有时候计算机还利用其软件独有的功能，帮助你正确选择词语，纠正错别字。随着计算机软件的开发和输入技术的改进，"机写"的智能化水平不断提高，计算机对人们用字的辅助作用也越来越大，优越性也会越来越明显。因此，手书文字的机会不断减少，手写字的功能正在日益弱化。文字的呈现方式正在从手工劳动变成机械操作，从个性化表现变成规范性输出。

计算机的智能在提高交际功能、效率的同时，也使人养成对计算机的依赖，削弱着人们的文字书写能力。对一般的人来说，也许使用手写字最多、最重要的场合，是签字和偶尔做做简单的笔录。使用手写字最多的人，主要是在校学习的学生，无论做作业、记笔记，还是考试都离不开手写字。所以，学生的手写字教育不能忽视，同时也要考虑如何做到把手写与机写字的训练有机结合起来。

3. 网络的发达改变人们的阅读和写作方式

在人类经历过口头、手写、印刷和电子四种传播阶段后，阅读的大环境和阅读方式都已经发生改变。阅读的对象不再局限于文字，而是涵盖了影像、画片、视频等一切传统阅读并不包含的东西。"纸媒"一家独大的局面已经不复存在，"网媒"正以独特的魅力蚕食着信息交际的所有空间。书籍的功能不断在贬值，网络文本已经无孔不入地侵占了原本属于平面文本的地盘。

由于网络的发达，"流媒体""自媒体"的兴起，新闻单位和个人都能够以"视频""图文""组图""直播"等多媒体形式，对新闻信息进行最充分的展示；并且可在每条新闻发出之后，及时跟进、转发、评论；也可一键分享至"微博""微信"等一系列社交媒体，实时参与新闻讨论及互动。这些信息传播方式正在成为移动时代的传播利器，极大地改变着人们的阅读和写作方式。

面对海量的信息和快节奏的生活，阅读方式正在从传统的由面到线再到点的"博览—精读—接受"方式，向由面到线再到点的"检索—比较—选定"方式转变。于是，功利性的、选择性的碎片阅读逐渐成为信息时代最具有应用价值的阅读方式。享受型阅读正在被分享型阅读取代；定制式选择性阅读正在成为

"时尚"。

在文字交际中，有许多时候必须即时回复交际信息，于是便产生了粘贴式的写作和复制式的编辑。这种便捷、有效的文本写作方式正在成为信息获得和输出的基本方式。手工生产的是个性化产品，机械生产的是程式化产品，自动生产线上生产的是同质化产品。当电脑成为文本写作和文字交际呈现工具，就不再具有手工特点，而是具有机械化、自动化的特点。所以，公式化、程式化文本的必然盛行；字字斟酌、句句推敲的写作正在离我们远去。虽然这样做会消磨个性化表达的魅力，却符合信息交际的要求，自然会成为人们选择的"时尚"的文本写作方式。

留恋传统与接受时尚，也许还会有博弈和反复，但是，语言文字生活应用已经发生巨变的事实是不容置疑的，是语文教育界必须深思和积极应对的。如果对语言文字生活的这些变化置若罔闻，无异于自绝社会。陶醉于传统语言文化，而无视，甚至是反对信息时代的汉语、汉字文化的创新，必然受到事实无情的嘲弄。

今后，一个不会使用计算机进行网络文字交际的人，一个不会使用电脑打字的人，一个不会在电脑上写作的人，就是一个现代文盲。这样的人越来越少，机会越来越少，场合越来越少。只会手写字，不能用计算机进行文字交际的人，因为即将失去最重要、最基本的交际和谋生手段，而成为时代的落伍者，逐步被边缘化。生活在信息时代、网络环境的人们，只能适应交际方式的新变化，否则，没有出路。

现在，年轻人写不好字的尴尬，与老年人不会用电脑打字的无奈同时并存。等90后、00后长大之后，在文字应用领域不会有人再奚落写不好字的年轻人，也不会再有"电脑盲"的老年人。交际方式、交际工具的智能化正在改变人们的语言文字生活，改变着世界，也对语言文字教学提出了新的挑战。

第三节 识字教学必须与时俱进

语言学研究和识字教学研究，都必须以语言文字生活的实际为依据。社会的进步，科学技术的发展，都在无时无刻地改变着人们的语言文字生活，促进着汉字的现代化发展。语言文字作为交际工具，也在与时俱进地发生着巨大变化。我们必须正视文字本身和文字应用发生的巨大变化，改变传统理念和思维方式，积极应对信息技术、数字技术影响文字应用给识字教学带来的新挑战。

教育就是人的社会化，是让人认识社会、融入社会、服务社会、发展社会，成为社会的人。语文教育就是人的语言文字社会化教育，是人的语言文字生活规范化、现代化教育。生活在当今的学生，必须学习和使用当代汉字。识字教学必须根据当代汉字的特点，对原有的识字教学内容、重点、要求和策略做出适应性调整，适应和服务于这样的变化。因为，教育是奠基的、是超前的，不能不早有准备。

一、识字教学改革的新使命

识字教学要积极应对信息革命的严峻挑战，破解制约识字教学科学发展的瓶颈，在提高质量和效率上下功夫。

2000年颁布的《国家通用语言文字法》，在我国语言文字发展史上是一个划时代的标志性事件。国家通用语言文字法规定："国家推广普通话，推行规范汉字"，以法令的形式，确定了语言和文字政策，顺应了时代的发展与需要，也为当代的识字教学改革指明了方向。

从提倡"白话"，到推广"普通话"，是汉语言从现代汉语发展为当代汉语的标志。从繁体多样的汉字，到统一、规范的汉字，是文字从现代汉字发展为当代汉字的标志。

规范汉字与普通话的统一、结合，是当代汉语、当代汉字的灵魂，是当代语文教学的出发点和最后归宿，是衡量识字教学质量的基本要求。

当今语文教育与识字教学改革的主题和改革的切入点，都是语言和文字的"现代化"。识字教学"现代化"的基本标志，就是普通话和规范汉字的教育。这就要求当代汉字的教学必须把普通话的语音作为字音教学的统一标准；把符合国家标准、规范的字形作为字形教学的唯一标准。

普通话的字音标准，不仅包括认读时发音标准、音调准确，也包括话语表达中的多音字的字音辨正和变调、轻声等语音规则、技巧的熟练掌握与运用。规范的字形标准，包括笔画的笔型与数量，笔顺的次序与衔接、转换方法，间架结构的比例配置与方位组合关系，部首、偏旁、部件的称谓和书写、变化规则，都符合国家语委发布的最新规范和标准的要求。

努力提高普通话水平和规范汉字的书写能力，是当代语文教学的基本要求。遗憾的是在当前的识字教学中，无论是教学理念、师资水平、教学方法，还是教材体系、评估体系，都与《国家通用语言文字法》的要求还有很大的距离，改革之路任重道远。

语文教学、识字教学如何为语言文字的规范化服务，怎样满足信息时代语言文字生活的新需要，是识字教学改革面临的新课题。我们必须相信：没有规范化，就没有现代化；没有现代化，规范就没有标准。没有标准，就没有质量和效益。用规范化促进现代化，用现代化满足信息化，是汉字教学改革的必然之路。

二、识字教学现代化改革的重点

国家的语言文字改革为识字教学改革提供动力、规范内容、指明方向。识字教学积极、主动参与国家的语言文字改革，实现同步、互动，是巩固国家的语言文字改革大政落实的基本保证，也是今后识字教学科学发展的必然选择。

识字教学，是语文教学的基础。研究识字教学，不能只研究识字教学本身，也应当研究和创新整个语文教学的基础理论。比如，关于语文的概念、语文的性质、语境和语感与识字教学的关系等。也应当研究识字教学与阅读教学的关系、认字与写字的关系、识字与用字的关系。这些问题在后面的几章里都会表达我们的看法。下面先从教学内容和要求等方面谈谈看法。

1. 更新识字教学理念，树立新的识字教学质量观

学什么，学多少，怎么学（先学什么，后学什么），是一门课程内容的核心问题。一门课程如果连这些最重要、最根本的问题都解决不好，怎么可能有教学的高质量、高效益。

过去，识字教学只有字量规定，没有字种限制和字序安排的做法，已经严重地影响了识字教学的质量和效率提高。近年的教材，连课标对字量的规定都没有严格执行，更谈不上正确地处理字种和字序问题。这些年识字教学质量不高广受诟病的原因，与这样的做法不无关系。结束这样的历史，开创识字教学科学发展的新局面，是摆在我们面前的一项重要任务。

在字种、字量和字序三个密切相关的要素中，字种是核心。因为字种决定字量，字序是字种的排序。字种问题解决，字量问题就会迎刃而解，字序安排也就有了实质内容。所以，识字教学科学化的首要问题是明确小学识字教学的字种，同时确定字量。决定识字教学质量和效益的根本，不是识字的数量，而是所识之字的质量。衡量识字教学质量的标准是能不能用、会不会用。字种的选择决定有用与否，决定用途大小，决定教学质量高低！

为此，识字教学内容应当进行下面三个方面的改革：

（1）把调整识字教学的字量和字种作为改革的突破口。

当代汉字在信息化社会的应用中，表现出字量精简、字种稳定的特点。要求我们重新审视传统识字教学的内容是否妥当。字量、字种、字序的统一，可以提高质量，减轻负担。调减字量，优化字种，是识字教学改革的首要任务。

过去，把覆盖率达到99%的3500个汉字叫做"常用字"。而"常用字"是初中和小学的识字教学的内容要求。面对当代汉字常用字的字种比过去减少而稳定的事实，我们需要反思过去小学"认识常用字3000个"的规定是否合理，是否多了些。

前面我们已经引用大量数据说明了当代汉字能够覆盖99%的字量，已经不是3500字，只需要2500左右个字。这还是成人用字的语料统计结果。儿童的常用字不可能比成年人多，只能比成年人少。就是另外考虑汉字认和写知识的教学例字，也不需要学习3000字。如果把小学生的识字量减少500个左右，等于减轻了七分之一的负担，何愁识字教学的质量和效率不能提高？

调减字量，不是直接做减法，而是从字种的审核上入手。只有选择那些对于小学生来说使用价值最高、学习效率最高的字种，作为识字教学的内容，作为先学的内容，才能做到字种的优化。而字种的优化既是减少识字量的依据和办法，又是提高识字教学效率最简单的方法。

要优化字种，就必须对儿童应当学习的字从使用价值——使用度或使用频率，和教学价值——在认字和写字教学中具有典型、示范价值两个维度进行统计、遴选，然后分出等级，排好等级内的顺序（字序），编制成《识字教学基本字等级字表》。把这样一个字种、字量、字序统一的字表，作为小学识字教学依据，就可以结束字量过多、字种不定、字序不清的历史，不但能够大大减轻学习负担，还能明显提高识字教学的质量。

（2）把字形和字音规范作为教学的要求和质量标准。

当代汉字的字音，是以普通话语音为标准的；当代汉字的字形，是以规范汉字的字形为标准的。统一、规范字形与字音的教学标准，把会说普通话、能写规范字作为当代语文教学的要求和标准，在识字教学历史上是一件功德无量的事。如何把这件好事做得更好，是当代识字教学必然努力探讨和严肃执行的重要问题。

把普通话的语音标准，作为字音教学的标准；把规范汉字的字形标准，作为字形教学的标准。这样的教学标准，似乎是一个没有必要强调的问题。因为这是一个不会有人否定的教学要求。但是，我们必须正视的是，在过去的教学文件中，并没有非常鲜明地表达过这样的要求。更重要的是，在语文教学的实践中，由于重视程度和师资等各种原因和困难，这一要求落实得并不好。

普通话讲不好，汉字书写不规范，是影响语言文字交际的最主要原因。提高这方面的要求，不仅是语言文字现代化发展的需要，是语文教学规范化的需要，更是提高识字教学质量的一个重要措施。

规范汉字的字音和字形教学，必然会增加汉字教与学的难度，也需要一个过程。但是，提出并且严格落实这样的要求和标准，是识字教学现代化、规范化改革的方向，没有选择的余地。为此，我们应当充分研究、认识当代汉字的特点，弥补过去的缺憾，采取多种措施，下大力气，按照新的要求和标准搞好字形与字音的教学，构建识字教学发展的良性环境。

我们有理由相信，字音和字形的规范化教学，一定会有力提升全民族的语文素养，从根本上提高识字教学的质量和效益。

（3）把"会用"作为识字教学的终极目标。

过去，把"会认、会写、会讲、会用"这"四会"作为识字教学的标准。这样的标准是多年识字教学的经验产物，并没有错误。但是，在执行和落实过程中出现了机械理解、盲目执行的问题。一刀切、齐步走的做法，使"四会"饱受诟病。当前流行"认写分流"理念，把识字教学的目标机械分解为"会认"与"会写"两个方面。把"四会"变成"两会"的初衷是为了减轻负担。但是，由于过分强调认与写的"分流"，没有注意教学实践中如何解决它们的"统一"问题，不仅使识字教学的目的变得模糊而肤浅，而且产生了忽视字义教学新的弊端。

由于课程标准的编写要落实"认写分流"的教学理念，在教学目标的表述上不仅排斥"会讲"，也没有提"会用"。甚至还把"会写"多少字，作为检验识字教学效果的最终标志。"会写字"，只是对字形"再现"的要求，不是对"会用"的要求。会写一个字，不等于会用这个字；甚至于会写的字，有时还不一定是已经认识的字。不认识的字，只要有人提示基本结构，是可以正确书写的。另外，衡量会不会写的标准，不仅要看结果，还要看过程，更要把国家的有关规范当作衡量书写得是不是正确的标尺。课标的做法，已经为识字教学的科学发展带来了新的困惑。

识字的目的，归根结底是为了用字。用字可以表现为会认读字音，也可以表现为会书写字形。但是，"会认"的本质，不只是能够读出字音，还必须能够领悟字面后面的意思。会写的本质，不只是能够写出字形，而是要求能够写出合乎国家最新规范的字形，还能够用字规范的字形表达出内含的思想。汉字是音形义统一的文字。在音形义三个要素中，字义是本质，是灵魂；字音与字形只是外在的表现形式。如果会写也会认一个字，却不知道这个字的字义，这是只学会了"皮毛"，没有取到"真经"；这个字是不可能准确使用的。不会用的字，不能用的字，没有用的字，学得越多，就越没有质量可谈。

把"会用"作为识字教学的目标，作为识字教学的出发点和第一质量标准，作为识字教学操作中的不能或缺的基本程序，就必须改革识字教学的内容、方法、策略；就必须改革识字教材的编写方法和教材体例；就必须正确处理语言与文字、识字与阅读、识字与识词的关系；就必须处理好认字与写字的分流和统一的关系；就必须创新出"音、形、义"统一的教学方法。

识字教学要全面实施这个要求和标准，可能遇到各种问题。必须研究和采取科学、有效措施，积极应对识字教学要求的变化。如果我们不重视、不研究这些问题，不在识字教学的实践中积极进行探索，识字教学科学化就永远只是一个口号。

2. 重构识字教学的内容、方法和策略新体系

应当充分利用一切语言文字研究的最新科研成果，科学构建"以人为本、以用为本、以字为本"的识字教学内容体系；构建以"为用学、学中用、用中学、学会用"的识字教学方法体系；正确处理识字教学中认字与写字的关系，构建"认写分流"的识字教学的策略体系。

关于如何进行科学识字的理论、内容和方法策略体系的构建问题，我们会在后面的章节里专门介绍。下面只就识字教学改革中，如何处理好以下几个方面关系的问题，扼要地谈点意见。

（1）正确处理语言与文字教学的关系。

语言发展是文字发展的基础。识字要以学生的语言发展为前提，为基础。只有语言与文字的统一，识字教学的质量才有高质量。只有语言和文字的相互促进，协调发展，才能不断提升语文教学的整体效益。

语文素养的全面提高，是识字教学质量提高的基础；高质量的识字教学是语文素养提高的保证。所以，必须正确处理识字教学与阅读、写作教学的关系。识字教学必须摆脱"单纯识字"的惯性思维：把识字与识词、识句结合起来；把识字与语感能力培养、语境把握能力的培养结合起来；构建识字教学与听、说、读、写有效衔接的语文教学新体系。

识字教材的体例也应当跳出拼音识字、阅读识字的框框，开创先集中，后分散；先识字，后阅读；识字与阅读紧密结合的新的教学体系。要通过编写"字从文"与"文从字"统一的教材，正确处理识字与识词、识句的关系，识生字与巩

固识字成果的关系，识字与用字的关系。

（2）正确处理认字与写字的关系。

识字除了前面提到的正确处理认字与用字的关系外，还应当处理好认字与写字的关系。

识字，包括认字和写字；会认字和会写字，不等于会用字；不会用，等于不识字。识字是为了用字。用字的方式是不同的：可以是认读文字，可以是书写文字。不同的用法，有不同的要求。对一个字的认读和书写，可以同步实现，也可以有先有后。所以，一个真正认识的字，应当是既能认读，也能书写，还会准确使用。识字量应当指能认、会写、会用的字的数量之和，不是只指会写字。

认字比写字困难，多认少写，先认后写，是正常的，可以采用"认写分流"的教学策略，达成教学目的。但是，认写分流，不是认写分家；只分不合，只能"两败俱伤"。

在分流过程中，如何进行规范汉字的科学训练，构建一个什么样的科学训练体系。怎样科学地选择例字，有计划地进行写字技能训练，克服"机械抄写"的弊端，追求"以少胜多"的训练效果，是当代汉字教学必须研究和解决的又一个重要问题。

为此，要研究写字教学的特点和规律，构建写字训练的科学体系。通过典范字的学练，把握写字规律，培养写字技能，提高写字教学的质量和效益。

（3）正确处理识字知识学习与识字能力培养的关系。

汉字是理据性很强的文字。了解并掌握汉字的构造特点和规律，对于提高识字效率，培养识字能力，具有重要意义。

首先，识字的重点是字形的辨识和记忆。字形是由不同的笔画或部件，按照一定的间架结构规律组合起来的，了解字的构成规律，可以成批地记忆生字，提高识字的效率。其次，汉字通过象形、会意、指事、形声造字法造出表义文字。了解造字方法，特别是占现代汉字90%以上的形声字中的形旁表义、声旁表音的作用，可以为字的音、形、义的整体把握和记忆提供有效的线索。再次，写字是记忆中的字形在纸上的再现，是用笔画和部件搭建汉字。了解笔顺规则和部件组合规律，才能把字写得"规范、端正、整洁"，甚至漂亮。最后，识字教学不仅是让学生认识汉字的过程，还是培养学生具有独立识字能力的过程。独立识字能力的培养，不仅需要方法的启迪，更需要规律的把握。

了解和运用字理是重要的，如何让学生获取这些知识是需要讲究方法的。字理的获得，对于儿童来说，不能通过讲解的方法，只能通过有意渗透和反复实践的方法。通过对一个一个字的形体的整体辨识、不同笔画、部件和形近字的比较，建立对字的结构个性特征的感性认识；当识字达到一定的量时，根据字的结构特点，归纳、抽象出一类字的字形组合规律，把感性认识上升到理性认识。在写字训练中，通过对字形结构上有代表性的字的书写练习和对比，熟悉并牢固记住一类字的构造特点，就可以在重复运用结构规律的书写实践中"悟"出"门道"，形成技巧。

提高识字效率，提高写字水平，都不能不讲"字理"。这里的"讲"，是讲究的"讲"，不是讲解的"讲"。对刚刚开始学习汉字的儿童，不能采取讲解的方式，而应当在识字的过程中通过生动、通俗、有趣的方式，有目的、有计划地渗透，让儿童在实践中"悟出"其中的道理，并用来指导自己的实践。

学字理，不是学造字方法，而是学习认识每个字的结构方式、结构特点和一类相同的字所反映出来的规律。每一个字都要介绍它是用什么方法造出来的，是怎么演变的，不仅没有必要，也没有可能；把识字课上成"训诂课"，简直是糟蹋识字教学。

第六章　识字教学的理论体系研究

理论来源于实践，并用于指导实践。理论是需要不断创新的，没有理论的创新，就没有科学发展。科学的识字教学理论，是科学的语文教学理论的组成部分。科学的语文教学和识字教学理论，产生于语文教学和语文研究的实践。识字教学理论的每一次、每一方面的创新，都是对过去有关理论在实践中的应用情况反思的结果。

笔者在多年的识字教学研究与试验中，通过对传统教学理念的反思，对教学实验中遇到的问题的解决实践，发现了传统理念存在的问题，也总结出解决这些问题的规律和经验，初步形成了有个人特色的识字教学理论体系。

在本书的第1~3章里，我对语文的概念、性质等一系列重要的基础理论问题都表达了与传统不同的见解。比如，语文与语言文字是不同的概念；语文概念的层次性与语文教学内容的关系；语文的工具性实为交际工具性；人文性的内涵；语文的工具性与人文性统一的说法不是科学的说法；等等。

在识字教学方面，笔者也多次阐明对有关的基础理论问题的看法。比如，识字与认字是不同层次的概念；识字的本质与心理过程；认字和写字的关系与心理特点；识字与用字的关系；识字教学与汉字文化教育的关系；拼音与识字的关系；阅读与识字的关系；识字与识词的关系；识字与字理重视教育的关系；等等。之后，笔者还会在不同的章节里，通过对过去教学理念的反思，继续表达自己的看法。

本章首先要介绍笔者对识字教学基本原则"三为本"理念的解读，然后重点解读"字用规律"的内涵及其与识字教学科学发展的关系。

识字教学的基本原则

保证识字教学科学发展，既离不开科学的理论指导，也需要秉持科学的施教原则。识字教学的基本原则，从不同的角度和不同的阶段出发，可以有多种不同的表述。最主要的是识字教学必须坚持"三为本"的教学原则。

一、识字教学必须坚持"以人为本"

素质教育的实质就是"以人为本"的教育。识字教育应当"以儿童为本""以学生为本",即"以人为本"。

1. 识字教学，为什么要坚持"以人为本"

首先，这是由教育的本质决定的。教育，就是人的社会化；就是把一个自然人造就成一个社会人的过程；就是以个人的文化基因为基础，通过适宜的方法和手段，实现对个体的精神世界的构建，使其融入社会文化之中，分享社会精神文化，为社会的发展做出应有的贡献，实现人生价值。所以，教育就是人的教育，任何教育、学习活动都必须坚持"以人为本"。

其次，这是由文字的性质决定的。文字是重要的交际工具，识字教学的目的，就是要让学生掌握这个交际工具。语言是人的精神生命的载体，每个人都生活在语言中。人类的精神生命和个人的心灵文化的建构都离不开语言。识字教学的本质，不是为了能够解读文本，而是为了帮助儿童完成语言的成长。所以，识字教学活动必须做到"以人为本"。

2. 识字教学，怎样做到"以人为本"

识字教学中的"以人为本"，就是以小学生为本，以儿童的发展为本，就是要做到"基于发展，引领发展，服务发展，成就发展"。具体说来，就是以儿童现有的生理、心理和智力发展，特别是以语言发展的实际水平为基础和出发点；以推动和满足儿童发展的需要，特别是以语言文字发展的需要为手段和动力；以儿童的全面发展，特别是以识字和用字能力的可持续发展和儿童的思维、智力等的全面发展为最后归宿。

识字教学要体现出"以人为本"的教学理念，需要改进和坚持的有很多，主要应当从识字教学的内容和方法两个方面着手。

"以人为本"，是确定识字教学具体内容时必须遵循的原则。为了体现这一原则，就必须做到：根据儿童语言文字交际的实际需要选择儿童急需的字种，确定科学合理的基本字量；根据儿童语言发展需要的轻重缓急次序，安排好识字教学的内容顺序。

要学习多少字、要学习哪些字和按照什么样的顺序来学习，不是由某些专家主观臆断规定的；也不能把成人用字的经验照搬到小学生的识字教学中来；也不能仅仅根据文字学的理论和文字的结构特点，来确定识字教学的内容与顺序。"以成人为本""以经验为本""以知识为本"的做法，是造成识字教学长期字量过多、字种混乱、字序不清的主要原因。

要做到"以人为本"，首先，必须承认儿童与成人用字的不同，了解儿童用字与成人用字的关系。其次，进行儿童用字的调查统计，了解儿童用字的情况与规律。

小学生用字与成年人的相同点和不同点的比较研究，是研究小学生用字特点的又一途径。儿童与成人的共用字，是儿童识字内容的基础，是识字教学的基本字，不能不学。儿童与成人的不同用字，是儿童识字必须进行比较和取舍的字，也是需要调整学习先后顺序的字。科学地确定字量和进行字种干预，合理地安排识字顺序，是识字教学内容科学化的基础工程，也是保证识字教学效率最大化的根本措施。

以识字为重点的小学一、二年级的语文课本，本应当根据儿童需要学习的字编写课文，而不应选什么文章学什么字。遗憾的是，目前大多数教材采用的是随文识字，识哪些字不是由儿童的需要决定，而是由文章的内容决定的。课文内有哪些字就认识哪些字，课文内没有的字，即使是最需要的字，也没有学习的机会。这种既没有统一的计划，也没有数量制约的识字教学，与"以人为本"的要求相去甚远。

识字教学要坚持"以人为本"的理念，还必须在识字教学方法的选择和运用上下功夫。"以人为本"是对人的尊重。对人的尊重自然包括对儿童的尊重。尊重儿童，既是尊重儿童享有受教育的权利，也是尊重教育的基本规律。尊重孩童的教育，不仅需要进行平等的沟通、耐心的启蒙、细心的引导，还必须杜绝教条式灌输和各种明显的、变相的惩罚性行为。要从儿童的年龄特点出发，根据他们的心理发展水平和知识、能力水平，选择恰当的识字教学方法，是完成识字教学任务的重要前提和基本要求。在教学活动中，要善于巧妙地诱发儿童的识字兴趣；采取灵活的措施，保持学生的注意；要让学生在愉快的教学情境中，在游戏与识字的结合中，发展思维、想象能力，发展智力；要结合小学生的语言应用实际，把识字与用字结合起来；要根据小学生的记忆特点，复习和巩固生字的记忆。

二、识字教学必须坚持"以用为本"

识字是为了用字，用字决定识字。这就是识字与用字的关系，也是在研究识字教学内容和方法时必须遵循的原则。但是，在识字教学的实践中，"为识字而识字"的教学方法，"知识本位""阅读中心""字理为序"的主张和以"会认字"或"会写字"的数量指标作为衡量识字教学效果的手段都会影响识字教学的效果。

1. 识字教学，为什么要坚持"以用为本"

这是由识字教学的目的决定的。文字是重要的交际工具，识字的目的，归根结底是为了能够熟练地使用这个交际工具。会使用某一工具，除了了解该工具的特点之外，就是必须在应用的实践中形成使用该工具的能力。

文字是用来记录语言、描述世界的。如果不能使用文字，人们不仅无法记录个体的感受，也无法了解大千世界。文字学习的根本目的，是为了在用字的实践中，建构个体习得的语言体系，重建规范的语言文化，推动语言的进一步丰富和发展。

用字，包括对字音的认读和对字形的书写两种主要的用字方式。但是，这两种方式都是用字时的外在表现，内在的实质是字义的理解和表达。所以，不能把会认和会写作为识字的唯一和最终目的，而必须把理解和表达字义，即用字能力的高低，作为检验识字教学效果的最后标准。会认、会写、会用，都是能力，都是识字教学的目的。既培养识字能力，又培养用字能力，才是识字教学的根本任务。

所以，识字教学，必须坚持"以用为本"。让儿童从会认到会写、再到会用过程中体会到成功的喜悦。

2. 识字教学，怎样做到"以用为本"

用字是识字的出发点，是识字的方法、途径，也是识字的归宿。所以，"以用为本"，就是要具体落实"为用学，用中学，学中用，学会用"的原则（"四学用"原则）。

"为用学"，讲的是识字的起因、目标；"学会用"，说的是识字的归宿、结果。这两点在前面的论述中已经涉及，就不再重复。下面重点谈谈"用中学"和"学中用"。

"用中学"和"学中用"，是要求识字教学中必须坚持学用统一的教学原则。为了做到学与用的统一，一定要处理好以下几个关系：

首先，要处理好字音、字形和字义学习的关系。坚持从字音入手，把字形学习作为重点，把字义的学习当作识字教学活动的核心和落脚点。因为用字的本质是用字义，字音和字形只是字义的载体。

其次，要处理好识字与识词、识句、阅读的关系。识字的核心是掌握字义，而字义的存在与学习又都离不开词汇、句子和文本形成的具体的语境。所以，如何构建识字与用字相结合的课程、教材、教法体系，提高识字教学的综合效益，就显得特别重要。

再次，科学地进行复习。识字的本质，从心理学的视角看，就是记字。记字，不管是记字音、字形还是字义，都离不开科学、有效的重复。重复的最好方法，既不是反反复复地背诵和认读，也不是一遍又一遍机械地抄书和写字，而是有计划、有目的地采用多种儿童喜闻乐见的方法，在文字的应用中进行复习。

三、识字教学必须坚持"以字为本"

识字教学要想取得满意的教学效果，除了坚持"以人为本"和"以用为本"之外，必须尊重汉字的自身特点和学习规律，做到"以字为本"。

1. 识字教学，为什么要坚持"以字为本"

首先，这是由汉字的"字本位"性质决定的。我们认为，汉字是"字本位"的文字，不是"词本位"的文字。"字本位"的汉字与"词本位"的拼音文字是两种不同的文字。两种文字的教学也是完全不同的。"词本位"的教学，因为只有词的概念，没有字的概念，所以自然语言的学习是从词开始的。汉字的词是由字构成的，字是汉语文字表达的最小的、最基本的单位。所以，汉字的识字教学，必须从字开始，要坚持"字本位"的教学理念。

其次，这是由书面语言发展规律决定的。汉语书面语能力的培养和发展，应当遵循"字—词—句—文"的规律，语文教学应当先从识字开始，然后是读写，而不能相反。

字是音、形、义的结合体，现代汉字中大多数字都能独立地表义，一个字就是一个独字词。两个或两个以上的字（独字词）按照多种方式进行组合，便有了许多个多字词。无论汉语书面语的词有几种构成方式，所有的词都是由字构成的。所以，字是汉语书面语的基本单位。句子和篇章，都是语意的集合体，是一个意义"链条"，在这个"链条"中最小的意义单位是词，是词组成了句子，句子组成了篇章。所以，学习词、句、篇都必须从字的认识开始。

识字是为了用字。用字不论是通过读的形式还是写的形式，本质都是文字的应用。阅读的本质是理解，透过文字字形提取字、词的意义信息，了解读物的内容和意义。写作的本质是表达，根据确定的内容和要求选择合适的词、句，按照约定俗成的方式、程序，组成话语、篇章，把情形或意思用文字清楚、明白地记下来。所以，识字是基础，必须先行；读和写是字的运用，必须以识字为前提。识字教学必须坚持"字本位"。

汉字的这些特点和学习规律表明：不论是从书面语学习内容，还是从书面语能力发展的角度看，字都是最重要的、最基本的单位。所以，汉字学习必须坚持"字本位"的理念。

"以字为本"，遵循了汉字的特点和语言发展的规律。"以字为本"，是提高识字教学的质量和效益，正确处理识字教学与人文教育的关系，保证识字教学科学发展的必然选择。

2. 识字教学，怎样做到"以字为本"

识字教学要坚持"以字为本"，就要在"抓住特点，掌握规律，培养能力，提升素质"方面下功夫。

所谓"抓住特点，掌握规律"，就是根据汉字的特点和汉字认知的特点，排除各种干扰，遵循汉字的学习规律，遵循儿童发展的规律，进行识字教学。"以字为本"，不是排斥其他，而是追求"以字为本"的协调发展。为此，必须根据汉字多义性的特点，充分发挥汉字构词能力强的优势，采取识字与识词相结合的方法，做到"随字识词"，在词的积累中领悟字义；在具有不同意义的字组合成的词中扩展字义、积累词汇。一方面激活和矫正儿童心理词典的储备，另一方面紧密联系儿童的生活实际不断扩展词汇的积累量。只有把识字与认识事物结合起来，与阅读结合起来，把增加识字量与积累词汇结合起来，识字才会有高效益。只有处理好识字与阅读的关系、字音与字形和字义的关系、认字与写字的关系，做到统筹兼顾，才能提高识字教学的辐射效应。

所谓"培养能力，提升素质"，就是突出能力和素质培养，提高识字的综合效益。"以字为本"虽然强调字的核心地位，却不是主张为识字而识字，而是把落脚点放在培养学生认字、写字、用字能力和全面提高语文素养上。

关于怎样"培养能力，提升素质"，我们在有关章节已经做过许多论述，不再重复。下面想就落实"以字为本"中存在的问题从另外的角度加以说明。

要落实"以字为本"理念，必须首先要排除对"以字为本"理念的误读。有的人片面地理解"以字为本"，只管字音和字形的学习，忽视字义的学习，把完整的识字教学体系肢解为互不相干的碎片；有的人曲解"以字为本"，只管识字，不管用字，不与识词和阅读结合，不与口语的发展结合，把识字教学变成了有始无终、分散孤立的学习活动；有的人抓住一个字，不厌其烦地讲来源、字理、演变和造字方法，把简单的认字问题复杂化为汉字的知识大全；有的人在识字教学环节践行"阅读中心"理念，把识字教学边缘化；有的教材只顾文质兼美和人文教育，却完全不考虑识字教学对字种、字量和字序的要求。

要做到"培养能力，提升素质"，就必须肃清上述错误理念的干扰，纠正对"以字为本"的误读。

"字用规律"与识字教学

一、"字用规律"产生的背景

多年来，识字教学一直没有走出负担重、质量低的困境。造成这种状况的原因是多层次、多方面的。其中一个重要方面，就是我们在汉字教育的基础理论研究方面，还远远落后于汉字教育的实际需要。

汉字在我国有悠久的历史、丰富的理论研究成果，是我们民族的优秀文化。但是，这些宝贵的教育文化遗产已经难以满足当今社会语言生活和信息传输手段日新月异的变化，也不能为当今的汉字教育的科学发展提供理论和实践的支持。

由于历史的原因，我们对现代汉字研究还基本囿于传统的汉字学框架之内。刚刚起步的现代汉字教育学研究，在内容、方法和手段等方面都还没有形成有特色的理论框架，现代汉字教育学的学科体系构建任务还相当繁重。这两个关系密切学科的研究的滞后，已经严重影响了汉字教育的科学发展。

现代汉字教育学，或者叫识字教学法的科学体系建设，滞后于识字教学实践的需要，既有理论认识滞后的问题，也有研究方法不当的问题。其主要表现有以下三点：

第一，现代汉字学、现代汉字教育学和现代汉字应用学的学科定位、界限和关系还搞不清楚，混为一谈或用汉字学代替汉字教育学的情况时有发生。所以，至今还没有建立起一个严密、适用的现代汉字教育科学发展的理论、内容和方法体系。

最明显的例证就是，一提到提高识字教学的质量，教育主管部门和有关专家就在识字数量的增加和认字与写字的数量比例关系的调整上做文章；而不是从学生用字的实际情况出发，进行科学分级和定量。一提到提高识字教学的效率，就在识字方法上进行花样翻新，在教材的编写体例上进行修补；而不是在字种的选择和字序的安排上寻出路。施教者热衷于对汉字知识的传授和字源、字理、字构的分析，习惯于用多念、多背、多写来应对"危机"；而不善于根据学生的认知特点和规律，选择恰当的识字方法和策略。

第二，受传统汉字理论、汉字教育理论和思维方式的影响，现代汉字教育学在研究方法方面还存在着一些问题，导致现代汉字教育学的学科特色不明显，学术成果缺少创新性。

比如，人们习惯于对汉字进行本体认知研究，但对汉字应用中字际关系的观察与思考不够；习惯于对汉字字音、字形和字义三个要素的静态研究，缺乏对各个要素的变化和它们之间联系的动态规律研究；重视对汉字应用中的本体功能、职能及其变化的评价研究，却忽略了对不同字的使用效能、效度的字际比较研究。

第三，当前的识字教学研究与教学实践，还不能够恰当地处置识字与用字关系，存在着识与用脱节的问题。存在这个问题的原因，首先是对识字教学必须坚持"以生为本"和"以用为本"的教学理念和基本原则缺乏清醒的认识与坚持。其次是把文字理论作为识字教学基础理论，不能正确处理识字与用字的辩证统一关系。最重要的是对字用规律缺乏应有研究和重视。

文字是交际工具，识字的目的是为了用字。用字，必须以识字为前提，不识字就无法用字。检验识字效果的最终标准是会不会用，而不是学没学过。衡量识字教学效果高低的标准，不是学了多少字，而是会使用多少字。"识用结合"是识字教育的一个重要教学原则。

识用结合不应当只停留在口头上、文件中，而应当落实和体现在教材编写和教学实践中。目前的课程标准表述和教材编写的实际情况足以证明，我们还没有找到一个可以对所识、所用之字进行比较判断的标准、依据和方法。除了可以按《现代汉语常用字频表》进行简单的常用与非常用的区分之外，我们还没有办法按照教学的实际进程和学生用字的现实需要，对识字教学的内容和顺序做出更进一步的区分与安排。这样，就没有办法真正做到识与用的统一。

要解决这个问题，仅仅凭个人的用字经验和感觉是不行的，必须通过科学研究做出理论说明，获得科学而具体的数据。必须能够回答和解释，不同地域、不同职业、不同年龄的人，在不同时间和不同用字方式中，都用什么字、用了多少字？这些字中哪些应当先认识，哪些可以后认识？又有哪些字应当先会写，哪些后会写？解决了这些问题，就解决了识字教学的字量、字种和字序问题，也就攻克了阻碍识字教学科学发展的最后一个堡垒。

完成上述研究，在计算机没有普及之前，简直是一件不可思议的事情。因为要对海量的语料进行各种复杂的处理，进行比较精准的数据统计，人工难以保证质量和效率。有了计算机之后，随着统计技术的日渐完善，字频统计就变得非常容易。一个字频表，让人们可以非常容易地了解文字使用价值的高低。有了不同的用字统计资料，我们就可以对它们进行比较研究，从中发现不同语境中的用字差异，了解汉字使用价值的变化规律。

遗憾的是，近年虽然有些人开始通过字频统计资料进行对字的使用价值大小的判断研究，却不善于或者没有能力完成对学生不同用字方式——比如读和写的统计，并且通过不同的字频统计结果进行比较研究，从中发现字际和字群之间使用价值变化的基本规律。这项研究的滞后，自然会延误解决识字教学中不同学段的字种、字量和字序问题。

文字是书面交际工具。由于在交际中每个字所负载的意义和任务的不同而有不同的职能。不同职能的字，在交际活动中所发挥的作用和产生的交际效用也是不同的。这些不同，在字频统计表上就表现为字频高、低的差别；在文字应用中，就表现为常用字与非常用字的区别；在识字教学中，就表现为教学先后顺序的差异。

文字的使用价值是基本稳定的。但是，不同时代、不同地域、不同人群、不同专业（内容）的交际用字的价值，也会随着交际语境的不同而发生某些变化。通过不同的字频统计结果的分析研究，我们可以发现其中的价值变化规律。

通过不同的字频统计资料分析，我们就能够了解字的使用价值及其变化规律。这个规律就是"字用规律"。根据字用规律，合理处置识字教学的字种、字量和字序关系及解决彼此之间存在的纠葛，科学处置教学语境用字与公共语境用字的不同，是识字教学内容改革必须予以特别关注的两个核心问题。

研究字用规律意义重大。它不仅可以为结束识字教学种种乱象、提高汉字教育的质量和效益提供理论支持，还为汉字本身的科学发展，为提高汉字信息处理的技术水平，为国家制定有关汉字应用的各种规范、标准提供理论支持。

二、字义与字用的关系

对字的音、形、义的研究，是静态的本体研究，研究的内容和重点是文字的构成要素及其相互关系。

对字的认知和应用研究，即识字与用字研究，是动态的字际关系研究。研究的重点是识字与用字各自的特点、过程和方法，以及它们之间的区别与联系，探索各自的规律。

在用字研究中，既要研究字的使用方法和规律，还要研究应用之后产生的作用和效益。前者是为了熟悉字法、词法、语法，解决怎么用的问题，属于"用字"研究；后者是为了研究字的使用价值，发现字用规律，解决为什么学、学什么（字种）、学多少（字量）和怎么学（字序）的问题，属于"字用"研究。

1. 识字与用字的核心都是字义

什么是字义？字义，对一个具体的字来说，它是构成文字的基本要素之一，是文字的核心、灵魂、生命。

字义，既包括字面本身所蕴含的基本义，也包括在不同语境中由本义衍生的比喻义、引申义等。广义的字义，除了文字符号所负载的信息意义之外，还包括独体字在合体字的构成中所具有的构字意义，也包括助词、介词、连词、副词等虚词在构词、构句中所具有的语法意义。

（1）字义是文字的灵魂。

每个汉字都是由字音、字形、字义三个缺一不可的要素构成的统一体。字义是字的"生命""灵魂"；字形是字的"形体""面貌"；字音是字的"姓名""称号"。每个字都和人一样，都是一个生命体，都有与众不同的形体和面貌，都有属于自己的姓名或称呼。

汉字是表义文字，在汉字的字音、字形和字义三个要素中，每个字的字形和字音都因为理解和表达意义而产生，都必须依附于字义而存在。它们互为依存，密不可分。字义与字音、字形的关系，实质就像人的生命与形体的关系一样，永远都是不能改变的主与次、里与表、实与名的关系。

（2）识字的核心是识字义。

识字活动一般是从识认字形开始，进而了解它的读音和意义，实现音、形、义的统一。最后达到：会认，见字形，知字音，会认读；会写，听字音，知字形，会书写；会用，或者是用读字音以理解字义，或者是用写字形以表达字义。

在音、形、义三个要素中，字义是核心。可以这样说，识字归根结底是为某种意识、事物或意义，寻找一个可以用语音信号表达的字音、可以用文字符号表达的字形。对字义的认知，是识字的出发点，也是识字的归宿。

检验识字效果的唯一标志，是会不会用。能认读，不理解字义；会书写，不知其义——都是没有价值的识字活动。因为这样的会读、会写，与不认识这个字没有本质的不同。

（3）用字的实质是用字义。

检验字用的效果如何，最重要的就是要看字义的理解和表达是否准确。

语言和文字是人类最重要的交际工具。在语言、文字交际中，不论是采用语音信号传递意义信息的口语交际，还是使用文字符号负载意义信息的书面交际，都是为了传递和表达某个信息的意义内涵。所以，用字的实质就是用字义。

用字和识字虽然有不同的认知过程：一个是由形式到内容，另一个是从内容到形式。但是，用字和识字所追求的目的和检验目的的实现的标准是一致的：识字与用字的核心与本质都是字义。

2."用字"规律与"字用"规律的不同

"字用"，是近年汉字学研究领域开始使用的一个术语。北京师范大学王宁教授在《〈说文解字〉与中国古代文化》一文中说："汉字字用学，就是汉字学中探讨汉字使用职能变化规律的分科。"又在《汉字学概要》一书中说："字用学就是研究在具体的言语作品里汉字字符记录词和词素时职能的分化和转移的。""字用学探讨汉字记录汉语的实际职能，属于训诂学或文献词义学范畴。"

汉字除了因字体（楷体、隶书、行书等）的不同而存在于字样的区别之外，每个规范的字种的字形是固定不变的。但是，一个汉字在不同词、句、文的微观语言环境中，常常会因为职能的不同而产生读音和字义的变化。比如，词性的转变、词义的变迁、词序的颠倒、读音的改变、音调的变化等，这些都可以使某些字的原有职能发生分化或转移。这些变化规律，是每个学习和使用汉字的人都必须了解的。只有把握这些基本属性，才能提高使用汉字的能力和水平。

这是以字形为出发点进行对字的应用职能及其变化规律的研究。这种研究属于语用学的范畴，包括其分支：文字学、语法学、修辞学、逻辑学等。研究的目的是为了把握用字规律，正确地使用语言文字。

笔者认为，研究一个汉字使用职能的变化规律是重要的。同时，研究一个汉字使用效能的变化规律也是重要的。因为我们不仅需要知道怎样使用汉字，还应当弄明白学习哪些字和多少字。

对文字的研究，不能局限于对具体的言语作品中某个字符的使用职能变化情况进行研究，不能仅仅从字义的平台出发对汉字的音、形、义关系进行研究，应当立足于海量的语料库中，通过汉字使用频率统计的平台，对不同字种和字群之间的使用价值、使用效能进行比较研究。

每个汉字除了使用职能（用途）不同之外，还会因为功能（价值）大小的不同而具有不同的使用价值。每个汉字的使用价值，不仅取决于字本身的"本用、兼用和借用"之类的"角色"定位与变换，还要看它的"出场"频率和在全部语料中所占比例（覆盖率）。如果我们能够突破每个汉字所在的微观语境的局限，从所有汉字共存的宏观语境中观察，我们会发现具有多种职能的字，自然具有比较高的使用效能。但是，许多职能单一或较少的字，同样具有比较高的使用价值。

这方面的研究是以字义为出发点，进行对文字的使用价值及其变化规律的研究。这种研究既进行字的个体价值比较，也进行字群的价值判断，属于字用学。研究的目的是为了给学习汉字找到确定字量、字种和字序的科学依据。

总之，汉字与汉字之间既有微观语境中使用职能上的不同，也存在着宏观语境上使用效能的差异。对汉字的研究既需要进行"就字论字"的本体研究，也需要进行"由此及彼"的字际关系研究。研究前者是为了总结"用字"规律，研究后者是为了发现"字用"规律。"用字"规律，会告诉人们怎样正确使用文字；"字用"规律，会告诉人们怎样学好文字。

三、字用规律与识字教学

文字除了字音、字形、字义三个要素之外，还有一个就是"字用"。字用，就是字的使用价值。字与字之间存在着使用价值高低的差异。

文字应用的价值表现与差异可以从字频统计资料中获得。字频统计资料，是以丰富的语料为基础，通过使用频率统计的方式，揭示汉字使用中因为功效不同而具有不同的使用频率的统计资料。字频统计中的"字频"，是"使用频率"的简称。字频，反映的是一个字在社会上的共用度、文本中的复现度、人们的熟悉度，也就是它的功能或效用大小的标志。

一个标准的字频统计资料——字频表，都应当包括字种（汉字）、序号（按频率从高到低排序的代号）、频率（一个字在语料中出现的总次数）、累积频率（一个序号之前所有字的频率合计在全部语料中的百分比）四项内容。有了这样的字频统计表，我们就能直接、方便地了解每个字或一批字的使用价值，并且可以通过不同字频统计的比较分析，了解文字使用功能的变化情况与规律。

在研究探索汉字教育科学化的过程中，笔者搜集了三十多个字频表。这些字频表是不同时间、不同地域、不同专业、不同人群、不同规模的语料的统计结果。尽管这些字频统计资料不是专门为了进行字用规律的研究而设计和统计的，但是，笔者选择用来进行对比研究的字频资料都是由专业部门或专业工作者统计的，都具有语料规模大、专业范围广、统计年代近的特点。通过对它们进行分析和比较，我们可以基本了解汉字使用的价值规律，能够为构建汉字教育的内容体系、方法和策略体系提供科学的理论指导。

周有光先生是我国最早通过字频统计资料解释文字现象的人。他在《中国语文纵横谈》（1992）一文中，提出了"汉字效用递减率"和"汉字声旁的有效表音率"，之后又提出了"常用汉字笔画递增率"。

1. 汉字的使用效能，具有差异性和有序性

每个汉字都有独特的效能，字与字之间都存在着效能差异。这个差异的存在，使汉字可以按照效能进行从高到低的排队，让看似像一团乱麻的万千汉字，规规矩矩地站成一个秩序井然的队列。

当语料库的容量足够大（不大则没有统计的普遍意义）时，不同的字在语料中出现的频次是有差异的。这种情况在高频段表现得尤为明显，几乎每一个字都独占一个属于自己的频率，每个频序号都具有唯一性。

在笔者收集的语料数量在千万字以上的5个现代汉语字频表中，频率最高的前500字中，没有一个频率相同的字。在前1000字中，只有一个字频表出现了两个频率相同的字。在前1500个字中，有两个字频表出现了三个字的频率相同现象。几个字频表中，频序在2500以后都有4个以上频率相同字出现的情况。几个字频表中，频率都是1的字各有300个左右。

这说明，字频越高，频率相同的字越少；字频越低，频率相同的字越多。在高频段，字间频率的差异性和有序性使按照字的使用价值排序成为可能。

这个事实告诉我们：识字是为了用字，用字主要是使用效能高的字。识字教学必须坚持从高频字开始，按字频从高到低的顺序进行通过频序和累积频率的研究，既可以轻松地解决识字教学字种混乱、字序盲目和"识多用少"效率低下的问题，也为按频段划分不同学段的识字教育内容、采用不同的识字方法策略、实行分级识字，提供了理论依据。

2. 汉字的使用效能，具有"高稳低变"的特点

每个汉字的使用效能都是不同的，有的使用效能高，有的使用效能低。其实，高频字和低频字之间没有绝对的界限，在一定的条件下常常会发生互相转化。比如，对不同年代、不同地域、不同专业、不同人群的用字情况统计资料进行分析，就会发现相同频段的字种构成是不同的。

在不同的语境之下，汉字的使用效能是变化的，有的提升，有的下降。但是，不论什么原因，总是字频越高的字变化的几率越小，字频越低的字变化几率越大，呈现出"高稳低变"的特点。

笔者把国家语委2005年发布的《报纸、广播电视、网络用字总表》和1988年公布的《现代汉语常用字表》进行对比研究，发现在这两个相距17年的媒体用字和综合用字的不同统计资料中，字频最高的2500个字里面，只有357字是不同的。经过对这357个字的进一步研究，笔者发现：在字频最高的1000字之内，只有1个字不同；前1500字，有12个字不同；1501~2000字，有81个字不同；2001~2500的有263个字不同。这说明：在不同年代和不同专业的两个字频表中，越是字频高的字，变化越少；越是字频低的字，变化越大。

笔者曾对12个时间相近、专业内容有别的现代汉语字频统计表的共有字情况进行共有字数量统计比较。结果发现：在字频最高的前500、1000、1500、2500字中，12个字表的共有字分别是260、598、994、1872字，7个字表的共有字分别是468、975、1450、2444字。这些数字说明：即便是在不同语料的统计资料中，高频字的字种变化也很小，基本是稳定的。

新加坡国立大学中文系王惠先生在《汉语词汇统计研究》中说：1991—1997年，香港理工大学中文及双语学系历时六载，完成了《中国大陆、台湾、香港汉语词库》。统计结果表明，当代汉语词语虽然存在着地域差异，但"三区域共同词语"在数量上（占90%）、使用频度上（集中于高频段与中频段）、覆盖率上（达到95%）都占了绝对优势。"双区域通用词语"和"单区域独用词语"不到总数的10%，而且大都集中于低频段。"三区域共同词语"的高频率与高覆盖率使得三地的汉语交流90%程度上没有障碍，它依然在当代汉语中占据核心的地位。①

不同的字频统计结果都显示出汉字的使用效用具有"高稳低变"的特点。高频字的字种和使用效能具有稳定性特点的规律告诉我们：识字教育必须遵循字频

---

① 王惠：《汉语词汇统计研究》，论文来源：http://www.docin.com/p-605670350.html.

统计所揭示的字用规律。统一字量、字种和字序，规范不同学段的识字内容，是必须而且可行的。

3. 汉字的表义效用，随字频的降低而递减

汉字是以形表义的文字，因为直接表义而具有效用。汉字的意义效用，是随着字频的降低而递减的。汉字的使用价值和使用频率是成正比的：使用频率越高的汉字，覆盖面越广，效用越高，价值越大；使用频率越低的汉字，覆盖面越窄，效用越低，价值也越小。

字频统计虽然是以一个个字种（字形）为单位进行的，但是，每一个字的频率反映的却是这个字在海量语料中表达不同义项（语素义）时的全部频率，是这个字的意义效用之和。造成汉字同形多义现象的主要原因，是多音字和多义字的大量存在。所以，通过多音、多义字在不同频段的分布，我们可以了解字频与表义效用的关系。

笔者对《现代汉语单字字频列表》[①]进行了多音字统计，结果显示：在字频最高的前100字中，有29个是多音字，其中10个字具有3个以上的读音；前500字中，有94个多音字；501~1000字中，有77个多音字，其中5个字具有3个以上的读音；1001~2000字中，有103个多音字；2001~3000字中，有98个多音字；到了5000字以后，就很少再有多音字了。这些多音字一般都是因为意义不同而产生的，所以可以看作多音多义的现象。

汉字的多义性，不仅表现在多音而多义方面，还表现在同音而多义方面。因为目前笔者没有包括义项统计的字频资料，故暂时无法列举统计数据的例证。但是，我们可以从词频统计中高频字的构词数量上找到例证，还可以从工具书上查到的义项数据来证实。比如，几乎在所有字频表中总是排在前10名左右的"一、大、不、人、有"5个字，每个字的义项和以它们为词头的词都很多。在《现代汉语词典》（1996版）上查找的结果是："一"字，有9个义项，304个词语；"不"字，8个义项，227个词语；"大"字，有9个义项，371个词语；"人"字，有8个义项，141个词语；"有"字，有9个义项，137个词语。这些数字足以证明，字频越高的字，使用的价值也越高。反之，字频越低的字，使用价值也是随着频率的降低而变小的。

汉字中存在大量同形多音、多义现象。由于多音、多义字用途广，使用价值高，是学习汉字的重点和难点。它们主要集中于高频段。先学高频字，后学低频

---

① 笪骏：《现代汉语单字字频列表》，论文来源：http://www.docin.com/p-243702054.html。

字，可以尽早接触和突出汉字教育的重点和难点，把握字形与字音、字义的变化规律，提高识字、用字的效率，取得"事半功倍"的效果。

4. 汉字的结构功效，与字频高低成正比

汉字是结构性文字，独体字由笔画和部件构成，合体字由部件和独体字组成。汉语的词由语素构成，句子需要虚词连接。因此，每个汉字字频的高低与字的结构功效关系密切。有的字因其在构字、构词和构句方面能力强、使用的频率高，而成为高频字；有的字因为这方面能力差，而只能屈居低频字。

笔者对《新编常用汉字认写大全》[1]进行了统计，发现2500个一级字内有独体字243个，合体字2257个，两者比例是10.29∶89.71；1000个二级字中有独体字25个，合体字975个，两者比例是2.6∶99.74。两组数据对比说明：字频越高，独体字所占的比例也越高；字频越低，独体字所占的比例就越低；合体字则正好相反。

《中国语言生活状况报告（2005）》称：调查的7亿字次经过分词软件切分，共得到165万条词，其中绝大部分是使用频次低的专指性词语，而使用频次高的语文词只有11万条，这些词占整个数据的7%。在11万条语文词里，覆盖90%的是1万多条高频词。这1万多条高频词中，包含汉字2463个，而这2463个字中，频次最高的是160次，频次在5以上的有621个字，使用频率只有1次的有635个字。这说明，高频词占全部词汇的数量比例虽然很小，覆盖面却很大；高频词数量虽然巨大，使用的汉字量却不多；越是字频高的字，构词的能力也就越强。

通过对多个现代汉字字频统计表进行分析比较，笔者发现构造词语和句子能力强的字——数词、量词、代词、方位词、能愿动词、趋向动词、判断词、副词、介词、连词、助词和语气词，都因为具有极高的组词、造句能力而稳居在高频段。

笔者对《现代汉语常用字表》（1988）的一级字中上述词类的200个字分析统计的结果显示：字频排序在100以内的有60个，排在101~200之间的有38个，排序在200~500之间的有62个，只有40个字的频序是在500之后的。

能够起到组织句子作用的单、双音虚词数量不多，每一个字、词的义项也极为单纯。但是，就是因为它们有强大构句能力，所以大都居高频段集中于稳定地位，只有极个别的虚词——主要是文言虚词——频序比较低。

识字教育如果先学高频字，也就意味着先学结构效用高的字。这样的识字教

---

[1] 唐松明主编：《新编常用汉字认写大全》，昆明：晨光出版社，1998年。

育既能让学生会认高频字、基本字，也认识和积累了相当数量的高频词，做到识字、学词、学句同步进行，为阅读、写作奠定基础。识字与识词并不矛盾，识字只有与识词、阅读结合，才能提高识字的综合效益，全面发展学生的语文能力。

5. 汉字的笔画数量，随字频的降低而递增

周有光先生曾提出了"笔画递增"规律。就是说，汉字使用频率越高，构成汉字的笔画数越少；汉字使用频率越低，构成汉字的笔画数越多。也就是说，构成汉字的笔画数是同汉字的使用频率密切相关的，字的使用频率和字的笔画数成反比。

贝贵琴、张学涛编的《汉字频度统计表》（6763字）提供的数据显示：使用频率高的前500个最常用字的平均笔画数是7.244；字频在501~1000的常用字平均笔画数是8.710；字频1501~3000的稀用字平均笔画数是10.43666；到了字频在3000以后的冷僻字，平均笔画数是10.541。《现代汉语频率词典》中的《汉字构词能力分析》说："构词数量在200个以上前11个字，'子、不、大、心、人、一、头、气、无、水、地'平均笔画只有3.5画。"可见，构词能力最强的字，不仅使用频率高，也是最简单易学的。

这说明，汉字使用效能越高的字笔画越少，字的构造越简单，学习、记忆和书写的难度也就越小。按字频从高到低进行认字和写字教学，基本上就是按照从笔画简单的字到笔画比较复杂的字的顺序进行的学习活动。这样做，既符合儿童的学习和认知规律，也能兼顾循序渐进的教学原则。这一条规律同时告诉我们，字表的研制和认字、写字实行分流教学的内容、顺序安排，都必须坚持以字频为序的原则。

6. 汉字的识记、书写难度，随字频的降低而变小

汉字有一个重要的特点，就是形声字比例比较大。多数形声字的形旁和声旁都有揭示字音、字义联系的规律，具有"有规律、好记忆"的优势。形声字虽然多是笔画多的合体字，但是，当人们积累了大量独体字书写经验以后，再用组合的方式来写形声字就比较容易了。

多数研究显示，在全部汉字中，合体字大约占全部汉字的95%，其中大约有90%是形声字。在2500个常用字中，有1673个形声字；在1000个次常用字中，有850个形声字，两者合计占72%；在7000个现代汉语通用字中，有5631个形声字，占80.5%。形声字的数量随频率的降低而增加。

邢红兵在他的博士论文《小学语文教材形声字表音情况统计分析及小学生形声字命名的自组织模型》中说："'北京教材'的用字数是3306个，其中形声字

2475 个，占总字数的75%，非形声字只有831个。""高频字中形声字只占51%，而在低频字中形声字的比例将近90%。说明形声字在不同频度等级的分布是不均衡的。"规则形声字和半规则形声字都是随着频度的降低而呈现升高的趋势，不规则字不仅比例低，而且在各频级的变化也不大。

这说明，形声字的数量随着字频的降低而增加，形声字的形旁表意功能和声旁表音功能随着字频的降低而越发明显，识记和书写的难度也随之降低。小学生低年级学习的多是高频字，随着年级的升高，识字量的增加，学习的规则形声字的比例也在增加。形声字的大量学习，培养了学生的形旁意识、声旁意识，增强了对形声字规律的把握，有利于形成独立自主的识字能力和把握写字规律，形成写字技巧。

7. 时间、地域、学科和使用人群的不同，影响低频段字量和字种的构成

通过对不同时期、不同学科、不同使用人群字频统计表的比较分析，可以得出以下结论：字频统计结果受语料文本生成时间、学科专业和使用人群的制约，这些因素能够在很大程度上影响着低频字的数量和字种构成。这种数量增减和字种替换的变化，实际上就是效用的变化。这从另一个角度说明，汉字的使用效用具有"高频稳定、低频多变"的特点。

比如：美国语言学家笪骏先生2004年做的字频统计，《古代汉语单字字频》和《现代汉语单字字频》高频段覆盖60%、80%、90%时的字数，分别是351/224、901/611、1598/1057；而低频段覆盖95%和99%时，则是2433/1566和4433/2838。

古汉语和现代汉语覆盖面相同时字量却不同，越是低频段相差越大。

1998年，笪骏先生统计了1991—1998年华文网络周刊《华夏文摘》上所发文章的全部用字，研制了《华夏文摘单字字频列表》。2005年，国家语委发表了《报纸、广播电视、网络用字字频》。把两个字频表进行比较，结果是：高频段覆盖60%、80%、90%时的字数，分别是230/263、571/591、986/1001；而低频段覆盖95%和99%时，则是1451/1321和2596/2351。

中美两地同是媒体用字的汉字字频表，覆盖面相同而字量不同，高频段只有10~20个字量的差别，低频段则有100~200个字量差别。

同是笪骏先生2004年做的字频统计，《现代汉语文学单字字频》和《现代汉语信息类字频》，高频段覆盖60%、80%、90%时的字数分别是225/232、640/540、1153/907；而低频段覆盖95%和99%时则是1721/1329和3050/2445。

文学与信息的学科不同，覆盖率相同时需要的字量不同，越是低频段字量相差越大。

清华大学的《字频统计表（6763字）》和《430万字的儿童读物字频表》，分别属于社会用字和儿童用字统计，它们覆盖80%和90%的字数分别是533/459和883/845；而低频段覆盖95%和99%时则是1283/1213和2314/1762。

成人与儿童的阅读用字，在低频段字量相差也比较大。

上述几组数量上对比的资料说明：由于所取统计语料样本产生的时间不同、学科不同和使用人群的不同，使得达到同一覆盖率（频段）时，高频与低频字的数量是不同的。高频段数量相差比较小，频段越低，数量相差就越大。资料中并没有同时列举字种的变化情况，那是因为任何数量的变化都必定同时影响到字种的调整。数量的增大，必然是字种的增加。

这些不同的数据，给了我们最重要的启示。那就是：

现在国家层面颁布的各种标准字表，都是以成人用字为语料的字频统计结果，都是适用于全国、全民的通用字表，是国家对文字使用进行整体规范的字表。识字教学，从整体上看是不能游离于这些规范之外的。但是，属于基础教育的小学识字教学，应当从最基础、最简单的内容开始，保持与用字的协调关系，最终实现奠定语言文字应用基础的目的。所以，成人的通用字表不能直接用于小学识字教学。

小学生识字内容的确定，必须尊重儿童的用字特点和规律，坚持"以人为本"的原则。应当从儿童用字的实际需要出发，进行大规模的儿童用字调查统计，另外研制一个规范识字教学的学习字表。这是摆在识字教育工作者面前的一个紧迫的任务。

在儿童学习字表的研制中，尤其需要注意的是不能忽视进行对儿童各种文本写作用字的调查、统计、研究。因为读和写，一个是被动用字，一个是主动用字，需要的字量和字种都有不小的差异。只有通过这样的调查和研究，我们才能找到科学解决识字教育的字种、字量和字序的现实基础和理论依据。

第七章 识字教学的内容体系研究

识字教学要摆脱当前的困境，实现科学化发展，我们必须进行系统的、多层次的理论探索和实践研究，尽快地构建起科学的识字教育的内容和方法体系，排除各种非科学的习惯和观念的干扰，力争在最初的学段最大限度地激发起儿童的识字兴趣，用最贴近儿童需要的字种和最方便、有效的方法和途径，让儿童在尽可能短的时间内，获取尽可能大的识字量和巩固率。

解决识字教学内容方面存在的问题，是识字教学科学化的核心问题。

 科学确定识字教学的字种和字量

小学识字教学的目的，是为阅读和写作积累足够的识字量。识字数量少，阅读、写作有困难；识字量太多，不但增加学生的学习负担，还会因为识而不用被忘掉，从而降低识字的效率。所以，科学、合理确定小学识字的数量和字种，是提高识字教学效率的前提。

在讨论识字量这个问题时，有必要特别指出的是，本书所说的"识字量"不是传统提法的"学习"或"认识"的字量，而是"掌握"或"学会"的字量。研究和确定识字量，并不否定用学习的字量大于学会字量的方式，表述识字教学要求的合理性。因为学习与学会是不同的。学习的是接触的字量；学会的是接触后学会的字量。学与会不统一，学得多、会得少是客观规律。

一、明确字种和字量

小学生应当识多少字、识哪些字，似乎是一个不成问题的问题。因为各个版本的《小学语文教学大纲》和《语文课程标准》中，都有小学"累计认识常用汉字3000个"一类的规定。但是，只要我们认真推敲一下这句话就会知道，这句话并没有准确回答"学什么字"和"学多少字"的问题。

1. 常用字概念模糊，导致字种和字量的不确定

"常用字"是"常用汉字"的简略说法。"常用汉字"这个概念，最早出现在1963年《全日制小学语文教学大纲（草案）》提出的"认识3500个常用汉字"这一条款中。1988年国家语委发布了《现代汉语常用字表》，表中把使用频率最高的2500个汉字，叫作"常用字"；把字频排在2500个字后面的1000个字，叫作"次常用字"。从此，"常用字"这个概念成为语言文字专业范畴内的专业术语。以后的"大纲"和"课标"，都习惯性地沿袭"累计认识常用字多少个"之类的写法，明确识字教学的字种（常用字）和字量（3000个）。

但是，如果我们从专业的角度仔细分析一下这句话的意思，就会让人产生摸不着头脑的感觉。因为根据《现代汉语常用字表》对"常用字"和"次常用字"的划分，前者是2500字，后者是1000字，合计3500字。识字教学的字量确定为3000个字，说它是常用字，多了500字；说它是次常用字，又少了500字。显然，不论从广义的角度还是狭义的角度看，"认识3000个常用字"的说法都是令人费解的。

对于这种不专业的表达，人们只能从不专业的角度去解读：它不是指《现代汉语常用字表》圈定的字种，而是泛指"用得比较多的字"。"用得比较多的字"是一种通俗的说法，也是一种模糊的说法。因为不同时代、不同年龄、不同地域、不同专业的人，在不同的情况下，可以根据个人的感受做出不同的判断。大家对"用得比较多的字"没有统一的判定标准，所指的字种和字量当然是不可能一样的。因此，我们可以肯定地说，课标之类的教学文件上的说法是一个没有具体对象的模糊说法。

由于"常用字"的概念不明确，大纲和《语文课程标准》中的"认识常用汉字3000个"一类的表达方式虽然有具体的字量规定，却没有明确规定和限制具体的字种。所以，这样的规定无法在识字教学中具体落实"认识常用字"的要求。换一种直截了当的说法：课标对识字教学的字种规定既没有办法统一人们的认识，也无法在教学实践中具体落实。

另外，《语文课程标准》中"认识3000个"的字量规定也是有问题的。表面上看，这是对识字数量做出了具体的规定和限制；实际上，这"3000个"字却是个没有数量含义的数字。为什么这样说呢？在讨论识字的字量和字种时，我们首先必须弄清楚，识字教学中的"学什么"（字种）和"学多少"（字量）是什么关系；是先有字量，后有字种，还是先有字种，后有字量。

笔者认为，是"学什么"，决定了"学多少"；先有字种，后有字量。也就

是说，从读、写的基本需要出发确定的识字对象（字种）的多少，决定了不同学习对象和学习时段的识字数量（字量）。识字教学中应当因字定量，而不能因量定字。字种和字量之间是互为依存、高度统一的关系。不是用字量的"篮子"装字种，而是根据字种的多少定制"篮子"。多年来，正是由于在理论和实践上颠倒了"字种"和"字量"的关系，才造成了识字教学的长期混乱与低效。

在搞清楚了字种和字量的关系之后，再看看大纲和课标惯用的表述方式，就会发现它们规定的"字量"虽然是个确切的数字，但因为没有对字种的列举，两者无法统一，所以"字量"的数量价值是不存在的。

因为"常用字"的概念内涵是模糊的，"3000字"的数量规定是没有以具体的字为统计对象的。所以，必然造成识字教学中的字量无法控制：不是超标，就是不达标。字种无法确定，不是超越常用字的范畴，就是丢掉了应当学习的常用字。

在第四章第三节，我们列举了字量严重超标、字种非常不统一的大量事实和数据，历数了识字教材编写中存在的问题。其实，这些问题正好从另一个角度说明了"常用字"的概念模糊造成的字种不清、字量不规范的可怕后果。

了解了这些情况，再看看《语文课程标准》中的规定，我们得出它既没有对识字对象的明确列举，也没有可操作意义的数量规定的论断，是有理有据的。它和过去的大纲一样，因为始终没有说清楚识字教学的字种和字量关系，造成了字种与字量的不统一。

2. 没有字种和字量明确规定的危害

如果一门课程要学习什么，学习多少，都说不清楚，这门课的教材怎么编？老师怎么教？学生怎么学？按什么去考核、评估教学效果？多年来，字种和字量不清的糊涂账，已经给识字教学带来了巨大危害。

那些按着《语文课程标准》要求编写的教材，没有一本能够做出符合《语文课程标准》规定的识字数量安排。其中的一个原因，就是大家对课程标准的规定理解和落实存在困难。

上海师范大学识字教学与教材语料库建设课题组的报告《基于语料库的小学识字教学研究报告》中说：人教版、上海版和苏教版小学语文教材的课文和助读部分分别使用了3953个、3877个和3953个字种。字种量都接近4000个，超过了课程标准规定的会认字的总量。

郭曙纶、张红武、柏亚东合写的《上海市小学语文教材用字的统计与分析》一文中有这样一段话："按照《上海市中小学语文课程标准（试行稿）》的规定，到小学二年级结束时，学生应该认识2000个左右的常用汉字，其中1000个会写，到小学五年级结束时，学生应该累计认识并会写2500个左右的常用汉字。"但是，统计的结果却显示："5个年级的总字种数是3637个，6个年级合计字种数是4013个，都远远高于课程标准中要求的2500个常用汉字。"

因为大纲没有规定学习哪些字，编教材的人就可以按着自己的理解随意选字，只求数量够，不考虑是否应当学。上海师范大学小学教育研究所的顾维萍在《识字教学的现状与分析》一文中，就列举了一个很典型的例子：有两套一年级的语文课本"没有选使用频率非常高，构词能力很强的数十个字，如百、千、万、内、外、左、右、语、文、分、合等，却收了相当数量的比上述这些字的使用频率要低得多的字"。

北京师范大学中文系王元华在他的硕士论文《小学一年级汉字教育的字种、字量、策略、体系研究》中，对1999年全国使用的12种小学一年级第一册语文教科书的用字进行了统计，结果显示，这些教科书共选字2026个，但是大家共同选用的字只有112个。可见各套教材对字种选择的差异非常大。

笔者曾对人民教育出版社按新课标编写的一年级语文（上册）课本进行了一次用字情况统计。课本后面的生字表有生字400个，可是把各课实际出现的生字加起来却是563个，比生字表多出了163个字。可见，《语文课程标准》中的"数量"规定，也没能控制"超标""超纲"情况的出现。

在各种版本的教材编写中，编者都把完成一定的数量当成了唯一的目标，至于具体应当学哪些字，因为大纲没有学习哪些字的规范，也不需要落实，编者就有自由选择的权利，识字教学中选字环节出现混乱情况也就在所难免了。在这样的情况下，教材的编纂者采用"逆向操作"的办法，先定课文内容，然后根据课文随心所欲地确定识字的对象和数量，实属无奈之举。

二、根据"字用规律"解决字种和字量问题

为什么会出现上述情况？笔者以为，就是我们对识字教学的理论研究没有突破性的进展，一些传统的观念和经验束缚着人们的手脚。所以，解决识字教学的内容问题，最重要的是理论和方法上的突破与创新。

多少年来，在人们的意识中，字除了音、形、义的不同外，没有孰高孰低之分别，没有先学后学之必要。所以，识字教学中积淀了学哪个、不学哪个，没有标准可依、没有正误可选的混乱，并且在无奈中形成了"多学总比少学好"的思

维定势，把识字教学导向非科学、非理性的泥潭。

识字的根本目的是为了用字。从文字这个工具的功用性的价值角度去思考，字与字之间实际上存在着很大的差异，那就是有的字使用价值高，用得多；有的字使用价值低，用得少。用得多和用得少的区别，是常用字与次常用字、非常用字的区别，是高频字和低频字的区别，也就是汉字的"质"的区别。能够揭示这一区别的就是以字频统计为基础的"字用规律"。

小学的识字教学，一般分成两个阶段。1~2年级是以识字教学为重点，积累一定的识字量，能进行初步的阅读，为以后的阅读和写作奠定基础。3年级以后，通过阅读和其他途径识字，积累足够的识字量，能进行比较自由的阅读和写作。根据这样的安排，国家各个版本的小学语文教学大纲对总量和低段字量都有明确的规定，语文课本也基本按要求编写。1956年的"大纲"要求认识常用汉字3000~3500个，一、二年级不超过1500字；1963年"大纲"也是3500个，一、二年级掌握半数左右；1978年"大纲"减少为3000个左右，一、二年级掌握1700~2100个；1987年"大纲"要求认识3000个左右，掌握2500个左右，一、二年级认识1700个；1992年的"大纲"和各套教材按照《九年义务教育全日制小学语文教学大纲》的规定识字量是2500个左右，一、二年级的识字量是1250个；2001年的《语文课程标准》有小学阶段"累计认识常用汉字3000个，其中2500左右个会写"，一、二年级"认识1600~1800个，其中800~1000个会写"的规定；2011年的修订版课标总量基本没有调整，把一、二年级的要求改为认识常用汉字1600个左右，其中800个左右会写。

小学识字的总量和低年级的识字量，从1963年开始，经历了"少→多→少"的变化，现在基本稳定在总量3000字，低年级识字量1600字。

因为识字教学划分了两个阶段，所以，对小学识字量的研究应当既研究小学全学程的字种和字量，也研究1~2年级的字种和字量。

因为识字的字种和字量是统一的，识字量的调整是以字种的调整为前提的，所以，下面我们只谈字量的调整，而不再重复前面已经多次论述过的字种调整问题。

1. 小学生应当学会2500字

小学识字教学的总量为什么定为3000字？这样定量科学合理吗？

笔者比较手中的二十几个字频统计表，发现尽管它们都不是为小学识字而专门研制，所采用的语料的多少和统计的时间也不同，但是，累频所达到的覆盖面没有太大的不同。对把覆盖语料99%的字量作为常用字与通用字划分的临界点，在计算语言学界已经没有异议。几个古代汉语的字频统计资料中，覆盖语料99%时，都需要4000字以上。几个1910年以后的语料占有一定比例的现代汉语语料库的字频统计资料中，覆盖语料达到99%时，还需要2800多字。而以近十年的语料为统计对象的当代汉字的字频统计资料中，覆盖语料99%时，只需要2300~2600字。厦门大学国家语言资源监测与研究中心《中国语言生活状况报告》发布的2005—2009年的用字调查显示：覆盖率达到99%的汉字数量，在2314~2400字之间。

这些数据说明：现在常用字的数量和字种与过去有明显的不同了，继续坚持3000字的做法是没有道理的。把小学的识字总量调整为2500个是科学合理的。

据统计，叶圣陶的小说《倪焕之》只用了3039个不同的汉字，老舍的小说《骆驼祥子》只用了2413个不同的汉字，毛泽东的《毛泽东选集》（1~4卷）只用了2891个不同的汉字。几本名著的用字实例足以证明，只要掌握2500个常用字，对于一般人的阅读都不会造成大的障碍，更不要说儿童了。

另外，儿童识字主要是为了阅读和写作。儿童的阅读和成人的阅读是有差别的。如果成人认识的字频最高为2500字，可以读懂任何一篇现代文章99%的内容；儿童认识了同样的字，再去读儿童读物，能够懂的内容肯定不会少于99%。其实，每个人的阅读都不是在所有的字都认识的情况下进行的，连研究识字的专家也会遇到不认识的字。何况文字的认读与文章的阅读根本不是一回事。阅读，除了朗读之外，不需要字音的参与。阅读的本质不在于每个字的认读。阅读经验也告诉我们，即使文章中有少量不认识的字，也不会影响我们的阅读和理解。写作更完全不受文字认识多少的限制。写文章是主动用字，写作者可以避开不会写的字，选择熟悉的字。

总之，不论是儿童还是成人，都不需要、也不可能把覆盖文章百分之百的字都认识以后才去阅读。一个人真正认识了2500个高频字之后，完全可以基本满足阅读和写作用字的需要。把识字量定为2500个是有科学依据的。提高识字教学的质量，不能靠增加数量，而应当靠提高字的质量。

2. 一、二年级应当学会1500字

小学一、二年级把识字作为教学的重点，目的是积累一定的识字量，能进行初步的阅读，为以后的阅读和写作奠定基础。由于儿童阅读的内容、篇幅有限，对字量的需求不但与成人应当掌握的识字量相去甚远，与高年级的自由阅读和写作也是有区别的。所以，对于他们应当储备多少字，不能按成人的标准，也不能按小学高年级的标准。

从前面引用的数据看，一般是把总量的一半左右作为一、二年级的识字量，新修订的课程标准规定为1600字。这1600字与3000字规定的依据是相同的，所以把1600字调整为1500字也同样是有依据的。

1988年，国务院颁布了《扫除文盲工作条例》，条例第七条规定："个人扫盲的标准是：农民识1500个汉字，企业和事业单位职工、城镇居民识2000个汉字；能够看懂浅显通俗的报刊、文章，能够记简单的账目，能够书写简单的应用文。"既然成人认识1500个汉字就可以读报，难道儿童认识1500个汉字读少儿读物还会有问题吗？

笔者翻阅了十多个现代汉语字频表，1500字的覆盖率没有低于95%的；从网上下载了一个儿童读物字频，1500字的覆盖率是96.95%；还下载了900万字的小学生作文，并且进行了字频统计，在这个字频统计资料中，1500字的覆盖率是95.13%。

所以，把能读懂文本95%内容需要的1500个高频字作为1～2年级的识字量，是科学合理的。

3. 科学调减识字量的意义

（1）调减识字量，是"字用规律"的一次具体应用。

课程标准，不能准确地表述识字教学的基本要求；对识字量的规定，超出人们实际用字的数量；常用字概念的内涵，没有形成业界的共识；识字教材的用字，无章可循，无律可限；增加识字量，成为摆脱识字教学困境的救命稻草。以上识字教学的乱象之所以发生，就是因为指导识字教学改革的理念创新落后于识字教学改革的实践。

面对上述情况，笔者提出调减识字量的改革主张，不仅有大量用字事实为依据，也是符合现代汉语发展规律和儿童用字特点的。

语言学的研究，要以社会语言生活的事实为依据。语言是发展的，用字的情况是变化的。不同年代、不同地域、不同年龄、不同专业的人，用字是不同的。文字的不同，除了音形义的不同之外，还有使用价值高低的差异。识字教学的用字研究，必须坚持"以人为本"的理念——以儿童的语言发展为基础，以发展儿童的语言为目标。文字是交际工具。识字少了，不方便使用；识字多了，识了使用价值很低的字，不仅浪费了智力资源，还会因为没用或不用而成为废弃的工具，等于白识字。

恰到好处的字量和对应的字种，是识字教学改革最科学、最简单、最实惠的选择。调减识字量的理论价值是不言而喻的。

（2）落实调减内容，可以有效地提高识字教学质量。

调减识字量只是改革识字教学内容的手段，理清识字教学的内容体系、提高识字教学的质量和效益才是目的。

把识字量从3000字减为2500字，表面上是数字的变化，实际上意味着学习的时间的节约，是识字学程的缩短，是质量的提高。识字总量减少500个以后，等于给整个识字教学减轻了1/6的负担，给学习其他字增加了1/6时间。一减、一增，好处不言自明。

减少500个使用价值不高的字，会给阅读造成不到1%困难，损失1%的读物覆盖率，给阅读的影响几乎可以忽略不计。因为减量与字种的调整是捆绑在一起进行的，被调减的字都是使用价值比较低的字，这些字对提高识字教学质量的影响极其有限。淘汰使用价值低的字，学习使用价值高的字，孰轻孰重无需辩解。

如果我们在调减后的数字前面用"使用价值最高的"一类的词加以限制的话，就不仅规定了识字的数量，而且明确了识字的对象，统一解决了字种和字量两个问题，也为解决字序问题做出了完美的铺垫。以后《语文课程标准》再修订时，只要像阅读篇目那样以附件的形式附上《识字教学基本字等级字表》，"学多少"和"学什么"就变得非常明确。这样，"课程标准"才会成为真正可行的"国家标准"，才可以充分发挥对教学的指导、管理、评价功能，才是名副其实的语文教学的"宪法"。

第二节　科学建序，结束识字教学的无序状态

一、为什么要研究字序

什么是识字教学的序？就是在识字教学过程中，生字出现的先后顺序。

识字教学要想取得比较理想的效益，就要在明确了识字的数量和对象（哪些字）之后，选择一条线索，把那些字组织排列起来，形成一个科学、合理的序列，并且通过教材的架构把构建的结果表现出来，使其成为教学过程中必须经过的途径和必须遵循的原则与方法。

在过去各个版本的大纲和现行的《语文课程标准》中，都没有识字顺序方面的要求。可以说，多年来识字教学一直处在无序状态中。

什么是序？序，就是顺序、次序、序列。科学的排序，应当具有唯一性。即

按同一的标准和规则，只能排出一种先后次序，而不是多种顺序。科学的排序，还应当具有完全性。就是按同一的标准和规则进行排队时，应当把共性与个性统一的事物的全部内容包括进去，而不能个别有例外。

排序具有鲜明的目的性。科学合理的排序应当既方便可行，又能产生良好效益。

1. 什么是科学的字序

有序性是科学性的首要命题。识字教学需要科学、合理地安排顺序。我们现在要讨论的是，以前的识字教学排序是否科学、合理，是否方便、有效。

识字教学有没有序是有具体标准的，不是某个人做出了自己认为合理的学习顺序安排，就是科学、合理的序。笔者认为有的识字教学法是无序的；有的识字法虽然有序，但是不科学。

随文识字，跨越了以识字为重点的识字教学阶段，使识字处于从属地位。它以读写能力的培养和形成为序，从识字教学的角度看，它就是无序的。

拼音识字，按声、韵母的顺序进行教学，把字母文字的排序方法生移过来，进行有音、形、义三个要素的语素文字（汉语）的教学。但笔者觉得它违反了汉字学习的规律，既无科学性可谈，也没有取得倡导者的预期效果，是失败的排序。

有些识字方法用韵语口诀把三四千字串连起来，更是典型的有字无序。这些字之间是有一种音韵上的联系，有方便记忆的作用。但是不同的人可以做不同的编排，没有规律性。它不是排序，而是组合。韵语识字的教材如果只有口诀而没有构成学习要素的其他内容，充其量只是一种诵读材料和记忆方式。

集中识字的很多方法是有序的，有的根据字形排序，有的根据字音排序，有的根据字义排序。这几类排序方法强调的是字的构成规律和特点，是按汉字知识来排序的。这些排序方法有助于对汉字规律的把握和识字能力的形成，识字的速度也比较快。但是，这种把汉语专家、学者抽象出来的理论知识强加给年幼儿童，企图通过识字活动来把握和印证理论知识的做法，是与儿童的语言发展规律和认知特点相背离的。按这几种排序方法编写的识字教材虽然选字"有道理"，可是没有考虑字的用途大小和轻重缓急，有"管学不管用"的弊端，缺乏科学性。

以下几种排序方法都存在着先天的不足。

音序法，不符合汉字的特点，不是科学、合理的选择。退一步说，就算可以排序，也不可能排出方便、有效的序。因为汉字的字虽然多，音节却并不多，只有417个，有效的声调才1362个。音节都读"yi"的字，在《现代汉语通用字表》中就有118个，读四声的字有63个，这其中在2500个常用字范围内的就有"义、意、艺"等13个。这些声调完全相同的字，怎么能排出个先后次序？用音序法是不能对同音字进行排序的。汉字除了具有"一音多字"的现象外，还有"一字多音"的事实。音序法在解决这类字的排序问题上，几乎是无能为力的。

义序法，实际上是一种词语分类排序法。因为许多字是一字多义的，属于不同的词类，如："行"，有"走"的意思，还有"行列"的意思；"好"有"好坏"的"好"和"爱好"的"好"的意思。有不同的意义，就有不同的词类。汉字音、形、义的纠葛和矛盾很多，找不到可以解决这些矛盾的方法。就是找到了一个办法，如何处置各类词语排列的次序和同类词语中不同的字排列的次序，也还是没有标准的，只能由教材的编者主观臆造出一个解决方案。这个方案的任意性，决定了它缺乏科学性。

形序法，形序法实际上就是部首法。如果说部首可以按笔画的多少和笔顺的先后排序，那么笔画和笔顺完全相同的部首，如"工""土"和"士""日"和"曰"，怎么排呢？同一部首的字中有很多笔画、笔顺也相同的字，如"天"和"夫""开"和"井"，又按什么标准区分它们的不同而排出顺序？部首排序和词义排序不能算严格意义上的排序，因为找不出一个可以把全部对象进行比较、区别的标准，只能进行分类、扒堆。分类和排序是不同的概念，硬把分类说成排序是错误的。

因此，我完全同意戴汝潜先生在《我国小学识字教育的现状、分类与科学化问题》一文中说的这句话："我们现在的语文识字教材一般都处于一种无序状态，常常是'东一榔头西一杠子'，谈不上内在联系。反映出对识字规律的认识的肤浅，没有用较为科学的设计思想系统建序的意识。"

2. 以"字用"为序，才是科学的排序

有没有一个既能克服上面几种排序的不足，又能涵盖其优点的排序方法呢？什么样的排序方法既能符合儿童语言发展水平与需要，又能统一字种和字量，协调好两者关系，还具有依据的科学性和操作的便利性？笔者以为，根据文字的使用价值高低排序，即以"字用"为序，才是唯一正确的选择。

以"字用"为序，其实就是以字频为序。

什么是字频？字频，是指一个字在一定数量的语料中使用的次数。按着频率的高低把一个一个汉字排列起来，就形成了字频表。字频表不仅为我们提供每个字的频率和排序位置，还提供一定数量的字在语料总量中的累计频率，即这些字

所占的比例或覆盖面。

字频，是文字在一定的范围内使用价值高低的标志。使用价值高的字，频率就高；使用价值低的字，频率就低。字频高低的实质，是由使用价值的高低决定的。

我们在第六章第二节介绍"字用规律"时说过："汉字与汉字之间，既有微观语境中使用职能上的不同，也存在着宏观语境上使用效能的差异。对汉字的研究，既需要进行'就字论字'的本体研究，也需要进行'由此及彼'的字际关系研究。研究前者是为了总结'用字'规律，研究后者是为了发现'字用'规律。'用字'规律，会告诉人们怎样正确使用文字；"字用"规律，告诉人们文字的价值和怎样学好不同价值的文字。"

"字用规律"的发现和总结归纳是建立在大量的、不同的字频统计资料的数据统计、分析基础之上的，是语言文字发展的反映，是用字规律的反映。它对识字教学的理论指导意义是不容小觑的。

那么，以"字用"为序的可行性和重要性是什么呢？

第一，科学。以字用为序，就是按照字的使用频率来安排学习的顺序，先学高频字，后学低频字。每个字的使用频率不同，存在高低之分，完全可以区别开来，具备排序的特质。每个字在一个字频表中的位置具有唯一性。不论字的音、形、义有什么不同，都不存在多字处于同一位置的情况。所以，以字频为序是识字教学最科学的排序方法。

第二，有效。以字用为序，不仅解决了识字无序的问题，同时也解决了字量和识字对象（字种）的科学化难题——即识字数量的提出没有科学依据和只有识字数量没有具体学习对象两个问题。按字频识字，识字的序号与数量一致，与每个序号代表的字完全一致，实现了字序、字量与字种的完全统一。可以这样讲，除了字频以外，没有哪一个排序方法会产生这样大的综合效益。

第三，实用。以字用为序，是按字的用途大小排序。识字是为了用字，什么字用得多，就先学什么字；什么字用得少，就后学什么字。用得多的字，就是高频字；用得少的字，就是低频字。字频表中自然语言的用字频率与儿童掌握汉字的顺序基本上是对应的，所以，坚持先高频、后低频的原则，是符合儿童学习汉字的规律的。先学高频字，后学低频字，可以使高频字在高频率的复现中被最早、最牢固地记住；如果有遗忘的话，也是后出现的低频字，从而使识字效益达到最大化。所以，以字用为序，是识字教学最实用的排序方法。

第四，可行。建序是理性思维的产物，用序是属于实践层面的东西。序本身不是学习的内容，是学习的程序、途径、方式、方法。就像串糖葫芦的棍不是吃的、串项链的线不是看的一样。但是它和工序、流程是一样的，是保证产品质量、提高生产效率的措施。一个序的建立，除了满足科学性的要求外，还要做到线索简单明晰，便于操作。以字频为序，标准唯一，易于把握；线索单一，没有例外；一线贯之，没有遗漏。所以，优势明显，方便可行。

二、怎样落实以"字用"为序

先学高频字，后学低频字是字用为序的本质。但是，它不是按字频序号一个一个字地进行教学。把以字频为序机械地理解为严格地按频率次序进行教学是不对的。序，是教学的脉络、线索，不是教学本身。它属于方法的范畴，不属于内容的范畴。它是编写、构建教材的方法、思路，而不是教材描述和表现的对象。这和工序不等于产品是一个道理。

1. 把字频顺序和等级顺序结合起来

严格地按频率次序进行教学，没有办法组织起有效的、能激起儿童学习兴趣的教材结构。但是，根据字频表提供的信息，把累计频率达到某一比例的字作为一个"等级"，再把这些"等级"按字频高低排列起来，形成一个层进式的结构框架，是可行的。比如，要编一个学习字频最高的1500字的识字教材，我们可以根据专门研制的儿童识字的字频表提供的科学、准确的信息和标准，把1500个高频字按照覆盖文章75%、85%和95%的要求划分为三个等级，每个等级有500个字。等级之间和等级内字与字之间是根据字频排列的。编写教材时，要尽力按照等级和等内字频的顺序选择字种，按内容比例控制字理，尽可能按照等级用完各个等级的字，努力做到教材不同比例的篇幅内分别用完各级别的字。按照这样设想编写的教材既满足了数量上的要求，落实了学习对象，又体现了按字频高低排序的宗旨，具有操作的可行性和便利性。

这里需要说明的是，纵向的等级划分、排队和横向的分类、扒堆是两种根本不同的方法。前者在等级之间与等级内部有共同的序，是个线性结构；后者在部分之间与部分内部没有共同的序，是个平面结构。

2. 研制专用字表迫在眉睫

科学建序，结束识字教学无序的现状，是识字教学十分紧迫的任务。而要建立以字用为序的教学体系，需要研究和探讨的问题还有很多。其中最重要的是目前还没有一个儿童常用字字频表，这个问题不解决，或者解决得不好，科学建序就只能停留在方案的设计层面，而不能进入教材的编写，无法用于教学实践。

过去，有些人和单位研制了一些识字教学用字的字表。这些字表不是因为时代久远，就是科学性不足，难以参照使用。多年来，以《现代汉语常用字表》作为识字教学的应急措施，因为时代、语料和研制方法的局限，已经成为识字教学内容科学发展的障碍，失去了使用价值。课标（修订稿）附发的字表因为是借用《通用规范汉字表》的一级字，与儿童用字的实际脱节，加上分级简单、字序不明，难以应用。陶本一教授主持研制的《小学教学基础汉字等级字表》是一个非常不错的字表，但是因为它并非专门为识字教学研制，而是面对所有学科，并且语料的采集以课标版教材为主，没有反映学生用字的情况，字量（3060）也比较多，用于识字教学尚存不足之处。

做一个以儿童的用字需要的先后顺序为序的小学识字教学基本字表，需要研究的问题也不少。其中比较重要和难于处理的就是字种的选择，处于多重矛盾之中。比如：识字教学基本字的语料选择的范围、数量；儿童常用字与成人常用字的关系和比例；教学语境与社会语境用字的关系；口语用字与书面语常用字的关系；阅读用字与写作用字的关系；阅读常用字和生活常用字的关系等，都需要进行研究。

另外，识字教学基本字的定义，基本字与常用字的关系，学习字量与学会字量的关系，教材编写中识字与写字的系统和次序、时间安排，识字教学与阅读教学的关系处理，拼音学习的时间和要求，等等，也需要很好地协调。这些问题我们将在第十章"识字教学基本字研究"一章内进行具体的研讨。

第八章　识字教学的方法体系研究

在解决了"教什么"的问题之后，就要研究"怎么教"的问题。怎么教的问题，在教学文件和教材上是"字序"问题；在实现教学目的的教学过程中，主要是教学的模式、方法、策略问题。

教学模式，是指在一定教学思想指导下，通过长期的教学实践探索出来的比较稳定的教学程序。每一种教学模式都有自己的指导思想，具有独特的功能。教学方法，是教师和学生为了完成教学任务，在教学过程中运用的具体方式、方法。教学策略，是为了提高教学效果而特别采取的手段、门道。每种教学策略，都有理论和实践的依据和独特的技巧。每种教学模式，都是由若干个有固定程序的教学方法有机构成的。每种教学策略，都是为提高教学方法的使用效益服务的。所以，在识字教学的模式、方法和策略研究中，对识字方法的研究是识字教学科学发展的又一核心问题。

教学的方法，包括教师教的方法（教授法）和学生学的方法（学习方法）两大方面，是教法与学法的统一。教学方法的选择，要从课程的性质和内容出发。识字教学方法的选择，要符合小学生语文能力的形成和发展的科学程序，要从教材的内容和学生的实际出发，要把启发和培养学生的学法作为归宿。

识字教学方法和识字法不是一码事。识字法，是识字教学问题的总体解决方案，是在一定的教学理念的指导之下，由特别的识字教学内容和独特的教学方法构成的教材编写和教学方法的综合体系。识字教学方法，是实施教材内容所使用的具体方法。

识字教学采用什么样的模式和方法，是由识字教学的内容和教学对象决定的。不同的识字教学理念有不同的内容体系和不同的教材编写方法，要想取得理想的教学效果，就必须有独特的教学方法。人们常说的"教必有法，教无定法"，就是基于这个道理。

本章所介绍的识字教学模式、方法、策略，是笔者十几年来从事"字频识字"教学研究与实验的经验总结。字频识字，是笔者2002年发明的一种识字法。字频识字，就是根据文字的使用价值规律（字用规律）一并确定识字教学的字种、字量和字序，采取高频复现的方式进行识字。

第一节　识字教学的基本模式研究

教学模式是在一定教育思想指导下，围绕一个核心，建立一个比较典型、稳定的教学程序、教学方式。教学模式体现一定的教学规律、教学理念，是教学经验的总结和运用。

140

一、字频识字教学模式的要求

经过多年的实验和探索，在把握识字教学规律的基础上，笔者根据对识字教学本质的认识和理解，提出了一个字频识字课堂教学的基本模式。这个教学模式具有以下三个主要特点：

1. 以记忆规律为核心

汉字是表意文字，它是以形表义、因义而音，字形与字音的关系松散，而多靠形状表示意义。因此我们可以说，汉字的识字就是记字；记字需要记字形，记住字形也就认识了这个字。记忆字形的方法就是识字教学的基本方法。对字形的记忆是识字的核心。识字教学首先就是记字形，然后才是与这个字的声音及其所表示的意义建立联系。

汉字记忆的保持是提高识字效果的核心，要保持就必须防止遗忘，而防止遗忘最有效的方法就是复习。根据这个认识，我们在运用这个课堂教学基本模式时，严格遵循记忆的基本规律，注意记忆的"识记、保持和再现"三个阶段的阶段性与连续性，具体操作上突出"教会识记方法，提供保持条件，创造再现机会"三个方面。既重视强化"记"，又要注重"忆"，用"忆"巩固"记"；"记"为"忆"奠定基础，"忆"使"记"更牢固。

2. 符合儿童的思维与认知的规律和特点

通过学习和实践，我们对儿童的思维特点和认知规律有了比较充分的了解，也对传统的识字教学忽视儿童的思维与认知规律和特点、用成人的思维和认知特点将其取代、严重影响识字教学的效益有了充分的认识。因此，这个课堂教学基本模式应当依据并落实"先记忆后理解、先整体后局部、先认读后写用"的教学原则；坚持把教会儿童记忆字形作为教学重点；坚持把及时、合理的复习作为巩固识字成果的基本措施；使教学模式符合分层分级的教学要求；能发挥教材提供的记忆线索和联想依据、便于快速记忆和检索的优势。

3. 体现科学与艺术的统一

识字教学是科学，科学是有规律的，识字教学要取得高效，必须遵循识字教学的基本规律。记忆的科学规律就是识字教学应当遵守的科学规律。识字教学的科学性，首先表现在符合记忆规律。为了记得牢固，我们必须进行重复和复习。但是，机械、简单的反复令人生厌，激发不起学习的兴趣，因而不会有好的效果。因此，识字教学需要讲究教学艺术。艺术的特点是生动性和多样性。根据儿童的年龄和心理特征，我们把识字放在有趣的活动和游戏中艺术地重复，儿童不但不厌烦，而且始终充满学习的热情。识字就是在教师有意安排和组织的活动与游戏中进行的。

比如，你让儿童抄写生字十遍，儿童会认为是对他的一种惩罚，会很不情愿地抄写。重复不违背学习规律，但是这种机械的重复伤害儿童的自尊，使他们对学习丧失信心和兴趣，也达不到复习的目的。若是采用多种有趣的方式复习，儿童就会兴趣盎然地按教师的要求去做，完成复习任务。你可以让儿童描书、书空，可以在桌子上写一遍，在同学的左手心写一遍，右手心写一遍……可以在十个不同的地方写同一个字。这时儿童不但按老师的要求写了十遍，而且还主动在同学的手背、额头等地方多写几个字。儿童不但完成了老师的要求，而且超过了老师要求的数量，这就是教学艺术产生的魅力和效果。同样道理，让儿童念十次课文，可以采用不同的节奏、语调、组合、音量、音色去念，可以保证儿童兴趣浓厚地参加完成过程。所以，识字应当源于科学，止于艺术。对教学中科学与艺术把握的程度如何，取决于教师的理论修养和经验积累的程度，取决于教师对职业的热爱程度和创新能力。

在教学基本模式的设计和完善中，我们力图体现以上三点，但是在以提纲方式的表述中很难完全做到。希望该模式能起到某些引领作用，为老师们进行创造性教学提供参考。

二、字频识字教学的基本模式

任何一个符合教学规律的模式都是必要的，是保证教学取得理想成果的必要条件。但是，没有一个完全符合所有教学对象和内容的通用模式，也没有一个教学模式必须周而复始的套用。一个优秀教师总能够做到"心中有模式，施教有变通"。希望我们的模式介绍不要成为捆绑老师们教学艺术发挥的绳索。

字频识字的教材按照先学高频后学低频的顺序，把选定的字按照七字一句、四句一课，句句押韵，两课之间的尾句和首句用叶韵顶针的方式编写。教材课文没有重字。每课除了生字之外，还通过读词、读句和读文的练习，使本课新学的生字和其他课学过的字在不同的语境中重复再现，完成巩固记忆的目的。

字频识字教材每四课为一个单元，每个单元后面都有一个单元练习。在单元练习中，通过多种形式的练习，对本单元和前面单元学习过的字进行系统的复习。同时，进行同音字、多音字、近音字、形近字等音形义方面容易混淆的字比较练习，进一步丰富词汇，领悟字义，牢记字形，熟悉句式，培养语感。

在使用字频识字教材的教学实践中，老师们创造了许多教学模式。其中，最主要的是以课（一条口诀14个字）为单位的"四步式"教学模式。下面是一节识字课的示范。

第一步　复习旧课

1. 背口诀（4或12条）

（1）齐背

（2）轮背

（3）提示词语背诵（先提示首字或词，再随意提示字和词）

（4）指名背（检查个别生）

2. 再认字（前两次学的）

（1）原序指读（全部）

（2）变序选读字卡（先基本字、高频字，后常用字、次常用字）

（3）分组认读（按同音、同义、形近——有相同偏旁或部件分组）

（4）组词读或组句读，也可指名读或齐读前几课的读句、读文练习

第二步　学习新课

1. 读口诀（要求：语音准确、语句流畅）

（1）教师范读（或听录音。学生手指字，耳听音；用不同节奏读三遍）

（2）教师领读（学生眼看书，手指字，大声跟读）

（3）学生试读（提示可能误读的音）

（4）学生齐读

2. 背口诀（要求：先个人，后集体，再个人；先慢，后快）

（1）学生试背（先句，后条；由慢而快；自背，互背）

（2）齐背口诀

（3）轮背口诀

（4）指名背口诀（检查个别生）

3. 辨记字形（要求：能分辨字形，牢记字音，音形相对）

（1）辨析字形（轮廓特征辨析、偏旁结构辨析、组字、拆字）

（2）记忆字形（教学重点：特征记忆、形象记忆、想象记忆、分类记忆、比较记忆、部件记忆、形声记忆、会意记忆；多种感官记忆）

（3）说字或写字训练（与记字形相结合。描书、书空——写偏旁部件、写独体字和高频字；心想、口读、眼看、手写相结合）

4. 初识字义——与辨记字形结合进行（要求：讲解部分字的字义；常用字每个字组1~2个词，初记基本意义；反对字字都讲，儿童不易理解的更不要讲）

（1）讲字义（动作法、表演法、情境法、组词法、故事法、图示法等）

（2）组词（先用本课的字组，再用前面学过的字组）

第三步 课上巩固

（要求：从字到词，从局部到整体，突出重点，着眼联系；顺向认读，递向认知，竖向识记，单字熟记；复习巩固新课一般采用游戏的方式进行。）

1. 指读口诀

（1）顺读口诀

（2）跳读口诀（先隔一，再隔二）

（3）倒读口诀（先句，后条）

（4）按频指读（按字频由高到低，以常用字为重点；师读字，生指字）

（5）方位指读（先认一个字，然后让学生指读上、下、左、右方位的字）

2. 认记字卡

（1）字卡排队（让学生把打乱顺序的字卡按口诀顺序排好）

（2）字卡组词（用字条中的字组词或词组、短语）

3. 说字比较

（1）音义联系（师生互考：一方说字的读音，另一方说字的意义，或相反）

（2）形音联系（师生互考：一方说字形特征，另一方说字音，或相反）

（3）比较读卡，指导比字练习（联系学过内容进行同音字、同义字、形近字的辨析）

（4）指导读词练习（注意方式方法的变换）

（5）读句和读文练习（先自读，互读，再齐读或指名读）

第四步　布置预习和作业

第二节　识字教学的基本方法研究

识字教学的基本方法，就是教会学生记忆字的方法。识字教学对教师来说，就是教给学生记住生字的方法；对学生来说，就是学会如何记牢生字。

在字频识字的教学实践中，我们根据"以人为本"和"四学四用"的教学原则，根据字频识字法的特点，还创造了许多科学实用、简捷有效的具体教学方法，后面将一一介绍。下面笔者先从四个方面介绍一下字频识字教学的基本特点。

一、字频识字教学方法的特点

1. 直读成诵、音形对应、直观识字是字频识字法的基本方法

字频识字法根据汉字是平面化图形文字这一特点，结合七言歌诀的教材特点，创造了直读成诵、音形对应、直观识字的识字方法，减少了复杂的识字工序，提高了识字效率。

字频识字是以熟练地背诵口诀为基础的。每个口诀都音义连贯，便于联想，易背易认，规律明显，层次分明。当学生以准确的读音熟练地背诵口诀时，他口里念的是口诀，心里想的是汉字，随时默念，随时联想，口诀背熟了，字形也记住了。这种方法避开了其他识字法费时费力、把简单问题复杂化的做法，使识字工序简单化。

汉字识别的过程实际上是观察字形结构、识别汉字图像、记识汉字字形的过程。儿童的年龄特点决定了他们识别和认知事物的方法是以整体感知为主。他们认记汉字也像照相一样，直观输入，整体保存。因此，字频识字的课堂教学一般是采用先整体后部分的方法，即先以整体板块的形式整体输入口诀，然后再一一认知、理解意义，最后选择恰当方式记忆生字。分析字形也是从整体着眼，然后再用大部件分析字形的细节，最后再强调关键一笔。儿童就在反反复复接触字卡和教材中的字形的过程中自然而然地将字形记住，达到音、形、义的统一，完成识字的任务。

2. 化难为易、分步实施、循序渐进是字频识字的科学安排

根据儿童"先记忆后理解""先整体后部分"以及"非一次性领会"的认识规律，先安排认读，后安排写字，把音、形、义、写、用分步安排，既符合儿童的能力培养规律，也化解了学习的难度，减轻了学生负担，提高了识字教学的效率。

学习是一个不断感知、不断深化认识的过程，人对一个事物的认识是不可能一次完成的，因此，学生一次学不会、记不住是正常现象。字频识字根据"非一次性领会"的认识规律，在课上通过各种方法多次重复相同的学习内容，在课下和以后的课上安排反复的复习活动，提高增加与汉字接触的频度，逐步达到对字的记忆和理解。同时应允许儿童偶尔一次或几次学不会，但要相信他们最后是能学会的。

3. 让学生掌握最基本的记忆方法和技巧是教学方法的重点

记字首先是记字形，建立音、形、义的联系。记忆字形，要根据字形的特点，运用多种方法，遵循记忆规律去记忆。要教会学生根据不同的记忆对象使用不同的方法。如：形象记忆法、歌诀记忆法、趣味记忆法、特征记忆法、理解记忆法、意义记忆法、机械记忆法、联想记忆法、系统记忆法、比较记忆法、对比记忆法、分类记忆法、图表记忆法、时间记忆法、方位记忆法、分散记忆法、重点记忆法等。也要教会学生掌握记忆的方式和技巧。比如，具有明确的记忆目的；识记时注意力高度集中；多种感官并用去记忆；通过变换朗读、默读、默写、背诵、回忆、复述、练习等多种方式去记忆；多种记忆方法相结合去记忆；怀着愉快的心情去记忆；在理解的基础上记忆；在最佳的时间记忆；把记和忆结合起来，适时地进行复习，可以增强记忆效果。

儿童喜欢重复，但不喜欢单调的重复，而喜欢新鲜活泼变化的重复。机械重复对学生是负担，只能产生厌烦情绪；运用多种方式方法艺术地重复，对学生是享受，儿童不但不会感到厌烦，反而会情绪高昂，兴趣倍增。变化的艺术的重复会收到事半功倍的效果。

汉字是多义性文字，在不同的语言环境中复习有利于字义的理解和记忆。编写与所学生字对应的阅读材料，及时复习和运用所学的字，可以有效巩固识字成果。

二、字频识字的分项教学方法

汉字的音、形、义是一个统一体，因此，在具体实施过程中，应当根据音、形、义的不同特点和在字学习环节的独特作用，采用具体的、不同的教学方法。

（一）字音（口诀）教学法

字频识字教材的内容是以韵语口诀的形式编成的。口诀教学是字频识字教学的基础。口诀教学的实质是字音教学。

字频识字从学习字音开始，在没有学习字形和字义之前先学习口诀，让学习的字在口诀中建立起语音上的联系，形成字串，每个字都有自己固定的位置，然后通过音与形的对应，转入字形的教学。

口诀教学的主要方法是听、读和背。听，就是听录音，听教师的范读；读，就是根据教师的教读，自己读；背，就是用准确的读音，熟练地背诵口诀。听是读的基础，读是背的基础，必须一环接一环地进行。

1. 听读法

（1）录音法——学生先不看书，全神贯注地听1~2遍。目的是初步感知，留下口诀内容和字音方面的初步印象。

（2）范读法——要求学生耳听音，眼看书，手指字。教师用清晰、准确的读音进行范读（也可用录音代替）。先一字一字顿读，速度要与学生指字速度一致，再按基本节奏（两字一拍）读一遍。

（3）跟读法——要求学生耳听音，眼看书，手指字，口发声，跟教师（或录音）读。先慢读，再快读；先小声跟读，再大声跟读。

（4）重读法——在学生跟读的过程中发现哪个字的读音不准确，就让学生跟老师反复重点读几遍那个字，然后教师指读，学生认读，再让个别学生读。

（5）辨读法——对口诀中读音和声调相同或接近的字，要进行字的读音和声调对比读，让学生了解不同点，并且会读。

2. 认读法

（1）默读法——学生自己默读。手指字，眼看书，一字一读，小声或不出声。

（2）声读法——不指字，眼看字，大声准确地读口诀。先慢读，后快读。再指名读（检查个别生的情况）。

（3）熟读法——慢速读、快速读、基本节奏读、变换节奏读、韵读——重读押韵、顶针字。

3. 背读法

（1）领背法——由老师或指定学生领大家背。先慢后快，先小声后大声。

（2）试背法——不看书，边想边背。先背句子，后背条；先个人背，再集体背。

（3）轮背法——在接力背的过程中有回忆的时间，是从不熟悉向熟悉过渡的方法。可以用分组轮背、分句轮背、半句接龙等方法轮背。

（4）熟背法——从慢速背，到快速背，越快越好；从按基本节奏背，到变换节奏背；从突出押韵字背，到重读顶针字背。

（5）指名法——用来检查个别学生的背诵情况。对于个别学生或集体读音不准的情况，要及时发现，立刻解决。

（二）字形教学法

字形教学是识字教学的关键。字形教学的实质是教会学生如何记住生字的字形。它是在口诀教学（字音教学）的基础上进行的。通过口诀中的字音和一个个样子不同的字的对应，完成字音与字形的统一。

字形教学的主要方法是指字、析字、记字和说字。指字，是从整体认知到局部认识，初识字；析字，是辨析字的形体特点，在比较中抓特点，区分认知；记字，是利用字形上的特点，加强形象感知，采用多种方法记字形；说字，是述说字的结构，从整体和局部的关系与汉字的结构特点中再现认知。

1. 指读法

通过音形对应的方式，在口诀中识记字的轮廓。

（1）顺读法——先按口诀原文的顺序从头到尾指读句子，再指读整条。目的是为了强化字音与字形的对应，为后面的变序指读创造条件。

（2）跳读法——按口诀原文的顺序跳过其中某些字的读法。它是一种口读与心读交替的读法，目的是为了实现从口诀的整体认读向逐步离开口诀的单字认读过渡。先通过小声读的方式跳过字，再以无声的方式跳过一些字；先以句为单位读，再以条为单位读；先跳过一个字读，再跳过两个字、三个字读。

（3）倒读法——逆序读口诀。倒读是开始向脱离口诀认字过渡，能否正确倒读是检验字的认识与否的标志。先倒读句子，再倒读条；先慢读，再快读。当读不下去时，要引导儿童再正读一遍，然后记住那个字的读音。要有意识地培养儿童遇到不认识的字就背口诀的习惯。这个习惯的养成是口诀类识字法之所以高效的秘诀之一。

（4）倒跳法——从后向前跳读。这种方法是让儿童离开口诀也能记住字的开始。具体方法同顺跳读，要注意速度别太快。

（5）方位法——先选定一个字，然后以它为中心读上、下、左、右的字，中心字不断变换，把全部字读一遍。读不准的字再从另一方位读几遍。这样读时，口诀的作用在淡化，只起参照作用，向离开口诀、独立记字过渡。

（6）随意法——完全不考虑口诀的存在，只把口诀当成两排字，没有规律地指字，让儿童认读，向彻底离开口诀过渡。随意不是乱读，而是要读好重点字，读好易混字，读好高频字。

2. 析字法

通过分析比较字形体上的特点，抓住每个字的特征记忆字形。

（1）笔画法——比较一条口诀中哪个字（或哪几个字）的笔画最少或者最多，在对比中寻找特点，突出和强化对有关字形的记忆。

（2）轮廓法——比较一条口诀中一个字（或几个字）的整体形态，进行整体轮廓记忆。比如：有的字体长、有的字体扁、有的字体方、有的字体近于圆，与在一起的其他字在轮廓上有明显区别。这样有利于通过形体特点记忆这个字。

（3）特征法——比较形近字的不同点，指出关键一笔的不同写法，了解特征，进行特征记忆。如："人"与"入""无"与"元"等。

（4）结构法——指出合体字的组合方法（独体、上下、左右、上中下、左中右、全包围、半包围等7种），各部分的比例关系（上下均等、上大下小、上小下大、左小右大、左大右小等18种）。通过分析结构把握结构特点进行记忆。应当注意的是这种方法不宜在学习开始时使用，应当在渗透了一些字的结构知识以后运用。

3. 记字法

识字就是为了记字，反复背、读是基本方法。记字形一定要与记字义结合起来。记字的主要方法是抓字形的整体或局部的特点，记忆字的结构、形状。

（1）象形法——把字和生活中的实物形状联系起来，用语言加以描绘。比如：日、月、目、水、火、雨。独体字大多可用，但是不主张用造字的原始符号和字体演变中的字体解说。

（2）指事法——指出合体字构成的各个部分的符号指示作用。比如：木——末——本；人（立人）＋木——休。

（3）会意法——指出构成合体字的各部分合成后的意义。比如；人+人——从；三个人是众；草字头+田——苗。

（4）形声法——分别指出形旁和声旁、表义和表声的情况。比如：梨、架、清等。

以上四种方法，是从汉字造字方法上分析字的形体特点，使用中不可使用概念、术语，只能用儿童能够接受和理解的语言和方式去分析。在开始学习阶段尤其应当注意这一点。下面的一些方法是常用的符合儿童认知水平和心理特点的方法。

（5）口诀法——根据字的结构和组合方式编口诀。如："草字儿头，田字底，苗字记心里"；"日字旁，寸字边，时字记心间"；"大字心，口字框，因字记心上"；"堵巳，不堵己，中间起念巳"。

（6）故事法——根据字的构成编故事。如："翔"，可以说："一只小绵羊也想长上带羽毛的翅膀飞起来。""驮"，可以说："一只小马，驮不动东西。长大了，就能驮东西。'马'加'大'，就念'驮'。"

（7）图画法——把字表达的意义画出来，或把画有字的内容的图画资料让儿童看。如："龟"，就画一个和"龟"字相像的龟。

（8）想象法——让儿童根据自己的经验去想象字的图形表达了什么意思。如："首"——像一个小女孩的头，头上有两个小辫子；"进"——是一条小蛇要爬进井里；"坐"——两个人坐在土堆上玩。

（9）字谜法——根据字形和字义编小字谜，可以帮助记忆字的音与形。如：上不去，也下不去——"卡"；"写"字丢了帽子——"与"；上小下大——"尖"。

（10）拆字法——把一个结构复杂的字拆成几部分，先分后合。如："拆"字，就是提手旁加一个斤字，又在斤字的竖上加了一点；"努"字，上面左边是个女字，右边是个又字，下面是个力字，合起来就念"努"。

（11）合字法——把两个独体字合成一个合体字。如："思"字，上面是个田字，下面是个心字；弓长——"张"；木子——"李"；立早——"章"。

（12）去掉法——把已经认识的字去掉一个部件，变成一个新字。"懂得"的"懂"，去掉竖心就是"董老师"的"董"；"欢"字去掉"又"字，就念"欠"；"卖"字去掉上面的"十"字，就是"买"。

（13）添加法——在一个熟悉的字上添加一个部件或笔画，成为一个新字。如："王"字上面加一点，就是"主"；"去"字上面加一撇，就是"丢"。

（14）置换法——用一个熟字或其中的一部分置换出一个熟字的一部分，成为一个新字。如："在"字去掉"土"字，加上"子"字，就是"存"；"载"字去掉"车"字，加上"木"字，就念"栽"，加上一个"田"字和一个"共"字，就念"戴"。

（15）归音法——列举读音相同、意义不同的字，在区别比较中记忆字形。如："她、他、它""长、常""厂、场""气、汽""羊、洋、扬、杨"等。

（16）归义法——列举意义相同或相近、但读音不同的字，在区别比较中记忆字形。如："脚、足""口、嘴""给、赠""美、俊"。

（17）归类法——对学习过的字进行偏旁部首归类，在类比中区别彼此的意义差异和字形特点。如："江、河、湖、海、洋""鸟、鸡、鸭、鹅、鸽""木、林、森、树、根、枝"。

（18）趣记法——在有趣的故事情景中区分字形，并记住字形特点。如："乒乓"，乒乓球是先打过来，后打过去，所以"乒"字下面是撇点，"乓"字下面是捺点。"末"和"未"对话——末说："你上面一横短，未必能成才。"未说："你上面一横长，末日不远了。"

（19）描书法——简单的字可以在老师带领下用手指按着笔顺描书上的字。这是书写的起步，也是通过描摹记忆字形。老师或学生边按笔顺规则说笔画，边在书上用手指描摹字形。如："米"：横—竖—点—点—撇—捺。描书要眼看、手写、口说，多感官参与，增强记忆。

（20）仿书法——眼看口诀的字，用手指在离书有一段距离的桌面上边看边模仿书上的字样进行仿写。边看边写，是从认字形到记字形过渡的一种有效方法。

（21）书空法——在老师带领下，按笔顺在空中书写笔画少的字，进行笔画、笔顺学习，同时以写的方式记住了字。书空时老师要做"镜面"动作，学生要做到"眼看、耳听、口说、手写、心想"多种感官参加活动。如：点—横折钩—横撇—撇—捺——"永"。

4. 说字法

说字就是用口述说字的形和读音。这是记忆的再现活动，如同口写。这个活动有利于对字的记忆和巩固，也是检查记忆是否准确的主要方法，还是学习识字基础知识和做好写字准备的重要活动。

（1）说笔画法——简单的字用说笔画法再现字形。如："两横，上短下长"——"二"；"两横中间有一个竖"——"工"。

（2）说笔顺法——简单的字用说笔顺法再现字形。如："横—横—竖—横"——"王"；"横—撇—捺"——"大"。

（3）说间架法——合体字可以用描述字各部分的组合比例方法说出字的形状来。如：上大下小——上边是一个互相的"相"，下面是心中的"心"——"想"；上下相等——上面是一个"口"，下面是两个"口"——"品"；上小下大——上面一个"口"字，下面一个"贝"字——"员"。

（4）说结构法——合体字可以用描述字各部件的组合关系的方法说出字的形状来。如："左右结构——左边一个三点水，右边是个皮毛的皮"——

"波"；"上中下结构——上面一个草字头，中间一个莫字，下面一个土字"——"墓"；"全包围结构——外面一个口字，里面一个玉字"——"国"。

注意：以上四种说字法要有字的笔画、笔顺和间架结构方面的基础知识作基础，一般在学习一段时间后运用。使用时不要重概念的表达，而应重说得清楚、准确。在使用这几种方法时，可以从字音说到字形，也可以从字形说到字音。

（三）字义教学法

字频识字的重点是认字——记忆字形。汉字是表义文字，字形与意义关系密切。而识字的最终目的是用字，识字不能不了解字的意义，只记字形。但是，如果把意义的记忆放到不适当的位置，就可能增加学习的困难，影响识字的效果。所以，我们坚持以记字形为主。字义好理解的，就介绍；不好理解的，就先不介绍。因为汉语中的许多字都是单音词，所以，字义教学，对单个的字来说，也就是单音词的词义教学。

（1）组词法——把有了解意义的字和另外的字组成一个通俗、易懂的词。如"俗"，通俗的"俗"，风俗的"俗"；"解"，解放的"解"，了解的"解"，解决的"解"。

（2）造句法——造一个句子，其中包括要理解的字。如："很"——"今天我很高兴。""太"——"这里的风景太美了。"

（3）领悟法——凡是儿童目前不易理解的字和词先让他们以不了解的状态储存在头脑中，通过反复读词、读句、读文，在读中联系生活经验和感受，慢慢就可以领悟出其中的意义。——儿童就是这样学习语言的。

（4）画图法——用简笔画把儿童生疏的事物描画出来。如："瓦"，可以画出屋顶瓦的形状；"帆"，可以画一艘帆船，指出哪里是帆。

（5）比较法——对多义字用读或说的方式比较包含不同意义的词或句子，区别不同的意义。如："好学"——"学好"；"银行"——"行走"；"数数"——"算数"；"出差"——"差别"。

（6）替代法——对同义字用同义词置换、代替的方法学习和记忆字的意义。如："棒"，就是"好"；"美"，就是漂亮；"溪"，就是小河。

（7）演示法——用动作和事物演示字的意义。如："扇"——拿出扇子，说这就是扇子的"扇"；再扇一扇扇子，说这个字就是扇风的"扇"。"腰"——让儿童用手摸摸自己的腰，弯一弯，说这个字就是弯腰的"腰"。

（8）举例法——有些字的意义比较抽象，儿童难于理解，就可以用举例法来说明。如，对"最"和"较"的意义解释，就可以说："我有两元钱，你有五元钱，他有十元钱。三个人谁的钱最多，谁的钱较多？"这样一举例，学生对"最"和"较"的意思就领悟了。

（9）分析法——有些字的字形结构上往往透露出意义信息，对这样的字就可以用字形分析法让学生了解并记住字的意思。如"小土为尘"，"日月为明，""双木为林"。此外，分析形声字表意形旁，也可以帮助学生了解和推断字义。如知道"三点水"旁的字义大多与水有关，就可以大体知道主要意象。

（10）注释法——教师用熟字和熟词来解释不知道意义的字。主要是用儿童已经熟悉的同义字（词）或反义字（词）来注释比较好，对儿童一般不使用近义词注释，防止解释不准确、形成误解。

（11）反义法——通过列举反义字（词）的方法，在对比中让儿童把握字义。所选的反义字或词一定是已经学习过的，或者是儿童口语中已经熟练应用的，防止越解释越糊涂。

上面介绍的方法基本涵盖了主要的识字教学方法，在使用中既可以单独使用，也可以综合使用，一切从实际出发，不能为用方法而用方法。

第三节 识字教学的策略体系研究

教学策略，是为了增强教学模式和教学方法的效用，更加有效地提高识字教学的质量和效益而特别采取的、非常规的、巧妙解决各种难题的诀窍。

教学策略，有的是宏观策略，是专门为处理识字教学中各种难题、各种关系从宏观上采取的谋略。如识字教学中，如何做到突出字形这个重点，同音、同义、形近等难点；如何处理音形义之间的关系，识字与阅读的关系，识字与写字的关系，识字与拼音的关系；等等。

教学策略，也有的是微观策略，是指专门为了更加有效地实施教学、做到"锦上添花"而使用的妙招。比如，怎样调动学生的情绪、兴趣，如何让学生保持注意，怎样增强记忆效果，如何活跃课堂气氛，等等。教学上的微观策略，人们习惯地称之为"教学艺术"。为了区别两种教学策略，我们对后者使用"教学艺术"的提法。

一、识字教学的教学策略

1. 教学内容"三突出"

（1）全课内容突出口诀——切不可把比字、读词、读句、读文当重点。

（2）字义教学突出领悟——不能把口诀和练习的内容进行具体分析、讲解，意义主要靠在读（确切地说是念）中领悟。

（3）练习方式突出反复——练习不是作业，是集体学习的材料，要在课上进行反反复复地念，运用各种方式念。

2. 识字教学"三策略"

（1）重字形——看准大轮廓，关注关键一笔，用恰当方法辨析字的结构特点。但是不能用教师的分析代替儿童的认识；教会记忆方法。

（2）轻字义——少讲或不讲字义。只讲能够理解的，回避难理解的。

（3）后写字——初期不写，中后期渗透写字基础知识和技能训练，也应只求对，不求好。

3. 识字教学"三妙招"

（1）有意与无意的默契——教师根据教学内容有意识地安排、设计教学过程和游戏，儿童无意识地跟着教师多次反复识别、记忆要学习的字。有意的教与无意的学默契、和谐，儿童没有负担，学得轻松。

（2）科学与艺术的统一——识字必须遵循识字教学的科学规律，必须讲究教学的艺术技巧。识字需记字，必须符合记忆的基本规律，要想把字记得牢就必须重复，这就是识字教学必须遵守的规律。但是机械重复效果不好，用多种方式、方法进行艺术的重复效果最好。

（3）学习与游戏的结合——学习是艰苦的脑力劳动，游戏是没有负担的活动；儿童喜欢游戏。让儿童把字卡当玩具，在反复玩字卡的游戏中学习汉字，就学得轻松、愉快。幼儿识字必须做到"学中玩，玩中学"。

4. 提高质量"三窍门"

（1）字不变形——初期不板书，各项活动一律使用楷体字卡。后期可以板书，但是必须写规范的楷体字。

（2）多种感官参与——听、看、说、写（指）多种感官并用，学习记忆效果最好。

（3）大信息量——课堂要讲效率，话要少而精；语速要逐步加快；巧妙安排活动，让所有人都有事干。想办法加大信息量。

5. 组织教学"三妙法"

（1）口令法——让儿童干什么、怎么干，常常使用一些"1、2、3"或师生接话："我……""我就………""我的……""你的……"；还可以把固定的要求编成口诀："身……腰……"等。

（2）激励法——用集体夸奖的口号和动作代替肯定的语言，有利于肯定正确和进步，也起到集中注意力、组织教学的作用，同时营造了活跃、轻松的课堂气氛。如"棒、棒，你最棒""棒、棒，我们会比你们棒"……

（3）诱导法——教师用赞美、期待、激励的语言组织教学可以起到良好的效果。如"你们真棒！""老师相信你们一定能够……""老师想看谁的眼睛最亮""老师想听谁的声音最美"……

6. 复习巩固"三讲究"

（1）讲究原则——遗忘是记忆的大敌，同遗忘作斗争的基本方法是复习。不伴有反复复习的学习就不能说是真正的学习。

（2）讲究方式——完全重复优于相似重复，间隔重复优于集中重复，多种方式重复优于单纯的重复。一下子复习十遍，不如在十天里每天复习一遍。

（3）讲究艺术——机械地重复对学生是折磨，艺术地重复对学生是享受。每一次复习都应当有明确的目的。在不同的语言环境中复习优于单一语境复习。

7. 识字游戏"三必须"

（1）游戏必须活泼有趣——学习是有负担的活动，而游戏是没有负担的娱乐。无趣不能吸引儿童，无趣不能快乐。

（2）游戏必须简单易行——游戏是手段，不能占用太多时间；游戏规则要简单明确；好的游戏可以反复进行。

（3）游戏必须全员参与——只有全员参与，才有好的效益、教学氛围和秩序。

8. 能力发展"三结合"

（1）识字与阅读结合——识字是为了阅读；阅读可以巩固识字，要把读词、读句、读文作为巩固识字效果和培养阅读能力的机会和手段。

（2）识字与学话结合——口头语言是书面语言的基础；书面语言可以促进口头语言的发展。识字教学中应当把培养清晰、准确、规范、流畅的口语表达作为重要内容。通过重复老师的话，纠正不规范的话，提高口语水平。

（3）认字与写字结合——初期不写，不等于永远不写。在中后期可以按照识字教学的规律进行初步的写字练习，为以后的学习打下基础。一般是通过描书、书空等方法，从基本笔画、笔顺起练习写偏旁部首、独体字，以及不同结构的有代表性的合体字，但是不可多写。

二、识字教学的教学艺术

教学既是一门科学，也是一门艺术。识字教学既要讲究方法，也要讲究艺术。教学方法和教学艺术的关系，其实质就是教学的科学性和艺术性之间的关系。教学方法本身就是教学理论的组成部分，它具有科学性，其中蕴含着教学艺术；教学艺术是在综合利用各种教学方法的过程中，在日常的教学工作实践中，感悟、提炼和升华出来的。教学艺术体现在各种教学方法和教学手段之中，是教学方法灵活而巧妙的运用。换句话说，教学的艺术性是教学科学性的升华，是以教学的科学性为前提和基础的。

教学艺术通过教学程序安排、教学环节控制、教学气氛调动、教学语言运用，以及教师的语言艺术和体态艺术等表现出来。具有教学艺术修养的人，能够变枯燥为有趣，变抽象为具象，变教条为灵活，变紧张为轻松，变严肃为幽默……

采用什么样的教学艺术，不仅决定于教师的艺术修养，也要看教学内容和教学对象。识字教学面对的是6~7岁的儿童，根据儿童的天性和识字教学的特点，为了"轻负担"以提高质量，应当采用生动有趣、学玩结合的方法，快乐识字。

（一）快乐识字的重要性

学习和游戏是两种不同的活动。学习是一种艰苦的脑力劳动；游戏则是在体、智共同娱乐中促进儿童身心的发展。学习是有负担的活动，而游戏是没有负担的娱乐。喜欢游戏是儿童的天性，没有孩子拒绝游戏。因此，游戏中的学习不是负担，而是享受；没有痛苦，只有欢乐。字频识字是让孩子把汉字当成玩具来游戏，在反复的玩中与汉字成为好朋友，像喜欢布娃娃一样喜欢汉字，久而久之就学会了汉字，学会了阅读。

每天让6~7岁的儿童认识十几个汉字，不能说不是一个艰巨的任务。怎样才能既让儿童学习好又不累不烦？我们选择的是游戏，根据儿童爱玩爱动和喜欢竞赛的心理特点，设计科学的游戏，使全体儿童（而不是个别人活动）在教师有意设计的具有趣味性、竞赛性、教育性、益智性的游戏中，最大限度地提高学生识字的兴趣，让儿童动手、动脑、动口，多次无意识地反复识别、记忆所要掌握的汉字，做到教者有心、学者无意、玩中有学、学中有玩，使儿童在生动有趣和欢快轻松的氛围中学习，真正做到"寓教于乐"，取得最佳的识字效果。

字频识字课上的游戏全用"字卡"当玩具。摘"苹果"、采"蘑菇"、分"桃子"、拔"萝卜""钓鱼""投篮"，每一个字卡就是一个水果、蔬菜、鱼和球的名字，摘的、采的、分的、拔的、钓的、投的都是字卡；过"石桥"、搬"石头"，这"石"全是由字卡来充当；"找朋友""救宝宝""抓小鸡"，这"朋友""宝宝"和"小鸡"的名字也是字卡上的字；射击、射箭、投弹，击中的全是字卡；开火车、坐飞机、排座位，要按字卡上的字去对号入座；望远镜、照相机，看到的是字卡，读出的也是字卡；丢手绢、击鼓传花，失误要背口诀、读字卡；卖花、买糖果，买卖双方给的是字卡，付"钱"就是读认字卡；接龙、打扑克，用字卡排队；搬家、找邻居，是通过字卡移动记忆口诀和词语；捉迷藏、抓坏蛋，找的是字卡；竞赛游戏，比赛的内容全与认字、记字、用字有关，失败者要罚认字，胜利者有权考认字；讲故事、做表演、编口诀，全为记住字卡上的字；另外还有师生互相考字，互相猜字。总之，识字游戏玩的全是字卡。不论是学习新字，还是复习学过的字，都在游戏中进行，用游戏把教与学统一起来。

（二）识字艺术举例

为了调动儿童的学习积极性，活跃课堂气氛，识字教学可把基本方法与游戏结合起来。常用的方法有：

1. 变读法

适用于口诀教学和口诀复习。

（1）变重音——重读句首字、重读句尾字、重读单数字、重读双数字、重读押韵字。

（2）变节奏——一字一拍顿读，两字一拍顿读；两字、两字和三字断句读；四字和三字断句读……

（3）变语速——先慢后快加速读，先快后慢减速读；一句慢读，一句快读。

（4）变语调——细声读、粗声读；尖声读、哑声读。

（5）变音量——小声读、大声读；大小声交替读。

2. 趣读法

（1）拟声读——学老爷爷声读，学老奶奶声读；学小猫声读，学小鸟声读。模仿声音也要发音准确，读得连贯。

（2）击掌读——老师用手掌打击节奏，学生边模仿节奏，边按节拍读口诀。节奏要不断变化。

（3）歌唱读——选一个儿童熟悉的，可以把四句口诀填进去的曲子，用唱歌代替读。

（4）快板读——用数快板的方式读。

（5）律动读——放律动音乐，儿童自己边背口诀边做动作。或者老师先教好动作，儿童随着音乐边做动作边背口诀。

（6）闪示读——老师快速闪示字卡，儿童快看抢读。

（7）猜抢读——节奏出示字卡时，用另一个字卡的反面挡住字，慢慢下拉，逐渐露出字，儿童可以边看边推测，边抢读。

3. 赛读法

（1）领读——以小组为单位，指定一个人带领大家读，他读一句，大家跟一句。老师评论领读人读得是否准确，跟读人是否及时，声音是否洪亮。

（2）接龙——字接龙、句接龙、条接龙；按座位接龙、按性别接龙。接龙既可进行集体比赛，又可进行个人比赛，主要是比熟练、比反应快慢。接龙也要有讲评。

（3）轮读——男女轮读、小组轮读、分行轮读、前后轮读；轮读句子、轮读一条、轮读一个单元。轮读是齐读，是集体比赛项目，可以比准确、比音量。轮读也要进行讲评。

4. 玩读法

（1）照相——双手搭方框，做持照相机状。看字，口念：照完"×"字，照"×"字；照完"×"字，照"×"字……直到读完为止。

（2）望远镜——双手拇指和食指成圆形，做持望远镜状。边看字，边移动位置，口念：看见了"×"字，看见了"×"字……直到读完为止。

（3）打靶——双手做握枪瞄准状。边看字，边移动枪口位置，口念：打掉了"×"字，打掉了"×"字……直到读完为止。还可用手枪、自动步枪和冲锋枪，发射点发、双发和连发读字、词和短句。

（4）投弹——右手做投弹状。边看字，边移动位置，口念：一颗手榴弹投过去，"×"字开了花；两颗手榴弹投过去，"×"字开了花……直到读完为止。

（5）搬石头——手拿字卡，摆成一字形、方形、圆形，边摆边说："×"字在这里，"×"字紧挨着，"×"字别着急，你的位置在这里；"×"字挨着"×"字，"×"字挨着"×"字……直到摆完为止。

（6）排队——把字编号，然后边说号，边念字。"×"字1号是排头，2号"×"字紧跟着，3号"×"字别掉队，4号"×"字要站稳……直到读完为止。

这些方法既是教学方法，也是教学艺术，具有明显的趣味性，常常与游戏结合进行。小学低年级的识字教学就应当做到寓教于乐——玩中学，学中玩。让孩子把汉字当成玩具来游戏，在反复的玩中与汉字成为好朋友，久而久之，就学会了汉字，学会了阅读。识字游戏应当具有教育性、趣味性、竞争性，还要全员参与，简单易行。我们已经开发创编了近60个儿童识字游戏。如果掌握了这些方法和游戏，并且能够做到紧密结合，就可以取得更加优异的教学成果。

第九章　字频识字的理论与实践研究

第一节　字频识字的基本理念

字频识字，是一种识字教学理念，也是对识字教学内容的一种规定，又是一套识字教材的名称，还是一种识字方法的称呼。

以字用规律为指导，以字频统计为依托，落实"以生为本""以用为本"和"以字为本"的教育原则，体现"为有学，学中用，用中学，学会用"教学要求的字频识字，是在识字教学科学发展的路途上，追求教育内容科学化、教学方法简单化和教学效益最大化别无旁贷的选择。

一、字频识字理念提出的背景

为了寻找提高识字教学的效能，笔者进行了多年研究和探索，先后研究了二十多种识字法的理论构想和教材，研读了十几部有关识字教学基础理论和相关知识的专著，阅读了几百万字的报刊文章和信息。这些学习活动极大地提高了笔者的理论水平，更新了教育观念，增强了改革识字教学的决心和信心。

从2000年开始，笔者从学习阶段进入实践研究阶段。当时，正是识字法发明井喷的时代，面对千奇百怪的名称、眼花缭乱的宣传，笔者开始从欣喜地崇拜转为冷静地思索，开始了反思与探索相结合的识字教学科学化探索的路程。

首先，笔者选择了自认为是比较好的识字教材——《炳人识字》，在小学学前班进行快速识字实验。经过一年的实验，我们在5~6岁儿童中取得了一年平均识字2800多个的优异成绩。实验证明了幼儿快速、大量识字是可以做到的。但是，教材存在一个明显的缺点：字数太多——3920字，为了完成这个指标，我们花费的时间比较多，几乎每天上三节课，一年用去近500课时。识字量虽大，花费的时间也太多，这样的经验没有实用和推广的价值。

为了解决识字量偏大的问题，笔者按照《炳人识字》教材的编写方法，编写了一部2800字的《韵语口诀识字》教材，完全按着学校的课程安排上课，每周8节课。我们在前一年实验的基础上研究出一套高效、愉快的教学方法，结果取得了平均每人会认2500左右个字的成绩。

但是我们发现，儿童学了字以后，阅读仍然不理想，半年后测巩固率，没有达到80%。这引发了我们的深思，发现这部教材仍然存在着许多问题，应当改进。一是字量还是偏大；二是由于教材只有韵语口诀，没有作为教材应当具备的复习、巩固元素，识字的巩固率较低；三是字的出现顺序不合理，常用字不能先学，阅读就不能同步进行，影响了识字的积极性。

于是，笔者选择了当时在全国有比较大影响的教材、教法进行比较研究。结果发现：在20种识字法中，除了5种明确是幼儿识字法且字数少于2500外，其余15种识字法字数最多是8000，最少的是2500。其中4000字以上的有3种，3000~4000字的有5种，2500~3000字的有7种。这些识字法和"炳人识字法"有着许多相同的优点和不足。

在困惑中，笔者又搜集到几套根据"新课标"的理念和要求编写的实验教材，希望通过对它们的研究寻找破解办法和教材编写经验。可是，结果却让我们大失所望。这些由顶级的出版机构编写的教材，也同样存在民间版教材的问题，并且有过之而无不及。有的教材连什么是生字都没有搞清楚。有些教材置"课标"的要求于不顾，识字量、会认字、会写字的安排不仅没有头绪，甚至连规定的数量指标都没有理会。更主要的是，从教材的结构和内容中可以明显地察觉出识字教育理念的陈旧和方法的低效，还有它们对传统经验和群众的创造性的蔑视与排斥。

从这样的学习和研究中，笔者知道了识字教学追求"大字量"的原因，也看到了陈腐的识字教育观念对识字教育的深刻影响。于是，开始进行识字教育科学化的理论探索，并且想自己动手编写一套具有全新科学教育理念的识字教材。

正当不知如何下手的时候，笔者读到了人民教育出版社小语室郑宇写的文章《有关识字的一点思考》。她在文章中说："花了不少时间，费了不少劲，学了一些不常用的字，对儿童阅读和写作的帮助作用却并不明显，这样的识字教学是低耗的。识字教学的重点或许是应该放在如何根据汉字规律和儿童认知发展水平，选择最恰当的字、安排最适合的顺序和最科学的方式教儿童识字上来……"这一段话像一盏明灯，照亮了笔者的研究、实验路程。于是，笔者开始进行"常用字"的解读研究，开始了对用字规律的思索，开始学习陌生的计算语言学知识，也开始对识字教学为什么久居困境而不能自拔的原因进行反思与探索。字频识字理念的提出和实验教材的编写，就是在这样的背景下产生的。

二、字频识字理念的内涵

1. 字频和累频

字频，就是一个字的使用频率，也就是一个字在一定的语料范围内的使用次数。字频能够反映出一个字的社会认知度、熟悉度和社会应用价值。一个字频高的字，就是认识和使用的人数多、使用次数多的字，比其他字具有更高的应用价值。低频字则恰恰相反。

字的使用频率来自字频统计的结果。进行字频统计，首先要根据统计的目的选择相应年代、学科的大量文字资料，构建语料库。然后，用计算机逐个（字形）进行使用次数的统计和排序。在一个语料库内，每个字被重复使用的次数就是那个字的频率。哪个字使用的频率高，那个字就是高频字。

累频，是累积频率或累计频率的简称。累频，就是一个汉字的频率和比它频率高的字的频率总和。我们通常也把累频叫做覆盖面、覆盖率。

字频统计中统计累积频率的好处是，我们在字频统计表中任选一个字时，就能知道这个字和字频比它高的所有字在全部语料中所占的比例。例如，我们一看到字频表中频序是500个的字的累频是76.59，就可以知道，学会了它和它前面的499个高频字，就可以认识一般文章中76%以上的字。如果我们想知道读懂一篇文章的百分之九十的内容需要多少字和哪些字，就可以直接从字频表中找到累频达到90%时的那个字及频序号，然后从频序号可以知道需要认识多少字，再从这个字往频率比它高的方向查阅，就知道应当认识的字是哪些字，同时也知道了要认识它们的最好顺序。

2. 什么是字频识字

为了研究探索字频与识字教学的关系，笔者曾经搜集了40多个不同范畴和年代的字频表。通过字频表的研究，发现了识字和字频的多种关系，找到了解决识字的字种、字量和字序问题的理论依据。于是，就把探索字频识字理念的表达、字频识字教材的编写，以及对字频识字方法的实验探索作为识字教育科学化的理论体系、内容体系和方法体系的研究的起步工程。

2002年，笔者提出了"字频识字"的识字教学理念：字频识字，就是根据字频统计资料提供的字频高低顺序（频序）和覆盖率数据，来确定不同学段识字教学的字种、字量，并且安排字序。然后，通过让高频字在学习过程中高频率复现的方式编写识字教材，在教学中有意强化生字在不同语境中的重复，从而提高识字教学的质量和效益。用一句简单的话说：字频识字，就是根据字频从高到低选定字种、确定字量、安排字序，通过高频复现的方式识字。

在进一步的理论研究和教材编写的实践中，在海外与国内人们用字的考察比较中，在阅读用字与写作用字的思索研讨中，在不同年代语料字频统计资料的统计比较中，特别是在对成人用字与儿童用字的研究比较中，笔者发现了七条"字用规律"。

"字用规律"是不是笔者的发明，另当别论。把它系统地表述出来用于识字教学的实践，成为规定识字教学内容和识字教学方法选择的依据，则是笔者第一个在国内和国际两个识字教学专题研讨会上用论文表达过的主张。

"字用规律"的发现，让笔者懂得了用"字频"两个字来定义一种教学理念、内容和方法，既表达得不够明确，容易发生误解，又显得过于生僻、拘谨。字频是什么？字频的本质，就是字的使用价值规律的反映。所以，"字频识字"，也就是"字用识字"；"根据字频"，就是"根据字用规律"。所以，字频识字的理念内涵也可以这样表述：字频识字，就是根据字用规律选择字种、确定字量、安排字序，通过高频复现的方式识字。

鉴于"字频识字"的名字已有十多年的历史，以及人们对"字用规律"提法的理解尚需时日的现实，"字频识字"不更名"字用识字"也在情理之中。不论叫什么名字，笔者相信，这种根据汉字本身的特点和儿童学习汉字的基本规律，在继承传统识字教学经验、吸纳各种优秀识字方法精华的基础上，通过多年的探索和实验创造出来的一种快速高效的集中识字方法，一定可以让儿童在最有效的年龄段、用最短的时间和最简单的方法，学会使用价值最高的字，并且获得最高的巩固率，从而实现识字教育科学化。

3. 为什么要根据字频选字排序

"根据字频确定识字的字种、字量和字序"，讲的是识字教学内容确定的依据。

字频，反映的是一个字在一个语料统计资料中出现的频次，也是一个字使用价值高低的标志。识字是为了用字，使用价值高的字最有用，必须先学习；使用价值低的字，可以后学。只有这样做才是科学识字，才能取得以少胜多的效果，实现识字效益的最大化。

按字用规律识字，不仅解决了字序问题，也一并解决了字种和字量。在识字教育科学化的探索中，一举攻克三个息息相关的三个难点是前所未有的。以"字用规律"为核心的识字教学理念，是识字理念的创新，是对传统识字理念的颠覆，对识字教学科学发展具有开创性的贡献。

按字频识字，不仅是儿童识字的科学理念，也是其他人群识字的理论依据。字频统计因语料的不同，可以有不同的结果。儿童识字，必须以儿童语料为统计对象；成人识字，则应当以社会用字语料为统计对象。不同人群用字不同，对同一个字会有不同的价值判断。所以为了科学确定不同人群的识字内容，应当首先进行相关的用字调查。用字调查不仅应当调查阅读用字，还应当调查书写用字。只有根据不同人群调查的科学取样语料进行统计，其结果才具有使用的价值。

当然，情况是会发生变化的，儿童也会长成大人，外国人也可能长期在中国生活，对字的价值判断也会不断变化。但是，学生最初的识字必须是儿童的高频字，只有如此，才能体现"以生为本"，才是尊重字用规律，才具有科学的使用价值。

字频统计资料进行的是对所有字种的频率排序，从某一频段字群的累积频率数据可以知道各个频段所有字的组合价值。因此，可以按它们的使用价值进行分群，每一个字群就是一个等级。等级划分有利于具体落实按字频进行识字的理念。因为任何人都不可能绝对按照字频的原始顺序逐字进行教学，也没有办法编成方便、适用的教材。所以，进行分级，用分级识字体现字频顺序是必须而科学的选择。

比如，根据字频表的覆盖率达到80%、90%、95%、99%和99%以上，对应划分出五个等级。再根据识字的对象、目的和基础确定不同识字等级的字量和字种，制定按字频排序的等级字表，作为不同识字教材编写的选字依据。五级的累计字量的参考值分别是500、1000、1500、2000、2500个。

初识字的儿童应当从尝试级起步，完成基础级的识字任务，即先高度集中地认识儿童字频最高的500字，而后达到1000字。当儿童认识儿童字频最高的500字以后，就可以认识少儿读物中80%的文字，大体了解文本内容。这能使儿童初步尝试到识字的乐趣，满足其对识字的渴求，激发其识字的强烈愿望，也熟悉了识字的基本方式与方法。

在这个基础上再学习500字，使识字量达到1000个。认识基础级的1000字后，就能够认识儿童读物文本中90%以上的字，基本能够读懂主要内容，完成了识字的奠基任务。这就是字频识字理论的应用，也是小学一年级识字课和各种起步阶段识字教材的编写要求与模式。

学完1000个最高频字以后，可以结合阅读起步训练采取相对集中的多种识字方法，保持快速识字的态势，增强对识字能力的培养，同时开始按着汉字的特点和写字训练的规律进行写字训练。

这样来选定字量、字种和字序，结束了识字教育字种选择凭着感觉走、字序安排无序的历史。这样开创性的字种、字量和字序安排，是保证识字效益最大化的根本措施，是识字教育科学化的重要前提。

4. 为什么采用"高频复现"的方式识字

"通过高频复现的方式识字"，讲的是字频识字的识字方式、方法。

识字是为了用字。用字，不论是读还是写，都以了解字义为基础，以记住字音和字形为前提。对于母语是汉语的人来说，识字最关键的是记忆字形。可以说，识字就是记字。儿童识字的过程就是观察字形结构、识别汉字图像、识记汉字字形的过程。

记字必须遵循记忆规律。记忆规律有"识记—保持—再现（再认）"三个连续和重复的环节。从心理学的角度讲，人的识记过程的"再认"和"再现"是有区别的，记忆深刻的可以"再现"，记忆模糊的需要"再认"，重复的"再认"可以进而达到"再现"。

从学习心理学的角度讲，学习是过程，是经历，过程和经历都不可能是一次性的。没有复习的学习不是完整的学习，也不可能达到预期的学习效果。所以，识字要想取得好的效果，不能不在学习的各个环节中尽可能多地、科学地、艺术地重复。

"高频复现"包含三层意思：

首先是高频字的重复。识字中要重复，首先要保证和安排高频字的重复。先学高频字，为高频字重复提供了基础和可能，但是，在教材练习编写和教学的课上、课后环节还要有计划、有意识地安排重复。

其次是高频率的重复。重复地再现和再认，是认识字、记住字的保证。这种重复越多，记忆保持的效果越好，字记忆的清晰度、牢固度就越高。在有限的时间里，重复的次数永远会和识字的效果成正比。这里说的高频率重复，不能理解成教学过程和内容的简单反复，绝不是机械地死记硬背。

最后是多语境重复。重复不仅讲究对象、次数，还应当注意方式。在字频识字教学中，我们通过用已经学过的字编写的练习的方式进行多语境重复，让儿童在初识字之后就进行无文字障碍的同步阅读，使儿童在比字、读词、读句和读文练习的多种语言环境中，与字、词、句、文进行频繁接触。这样高频率的反复再现和再认，不仅巩固了儿童对字音与字形的记忆，还不断丰富字义，积累了词汇，熟悉了句式、文体，培养了语感，全面提升了语文素养，并在阅读中学习了知识，陶冶了情操，发展了智力，实现识字教学与识字教育的科学发展和识字的综合效益最大化。

第二节 字频识字教材的研制

在对传统和当时识字教学存在问题的反思的基础之上，笔者确定了字频识字的基本理念。于是，笔者开始研究如何编写一套既能弘扬传统识字教学的经验，又吸纳先进教育理念的与众不同的识字教材。

一、《字频识字》教材的编写

根据字频识字的基本理念，笔者在2004年编写了第一本《字频识字》教材。

首先，从《现代汉语常用字表》中选择了2000个高频字。然后，借鉴《炳人识字》教材的韵语口诀编写技巧，编成七言一行、两句一条的125条没有重字的口诀，使用了1750个高频字。

吸取《炳人识字》只有认字、没有识词、字义学习存在困难的教训，在每一条口诀（也是一课）的后面，都设计了"比字""读词""读句""读文"的练习。练习用口诀中已经学过的字编写，使生字在练习中以尽可能高的频率重复出现在不同的语境之中，落实了"高频复现"的字频识字理念和识字方法。

教材采用对字音、字形、字义的全面学习、领悟，字、词、句、文的系统学习、提高，认识汉字、学习知识、培养能力、启发智慧、陶冶性情的紧密结合，识记、保持、再认或再现的科学安排。这样的教材结构模式，使识字教学彻底跳出"单纯识字"的怪圈。

"字频识字"坚持首先通过学口诀、背口诀、指读口诀，对字音、认字形、悟字义，再通过用已经学过的字编写的练习进行无文字障碍的同步阅读，使儿童在多种语言环境中与字、词、句、文频繁接触，落实了高频复现的识字方法。

这套教材出版后，开始在唐山市几个幼儿园大班和学前班进行教学实验，后来又推广到北京、辽宁、河南、黑龙江等地。实验取得了明显的成功，教师教得顺手，儿童学得轻松，识字率和巩固率都很高，平均识字在1500字左右，识字后能够进行一般儿童读物的阅读。

《字频识字》出版后，受到了有关部门和专家的充分肯定和关注。2005年，笔者按着同样的思路，考虑到海外华人的用字与国内的不同，又调整了字种和个别字的字序，为马来西亚编写了一本马来西亚版的《字频识字》，在试用中也取得了令人满意的效果。

这两套教材虽然不错，但是因为受到当时政策的限制不能进入小学课堂，所以没有办法检验它在小学一年级使用的效果如何。

二、《字频千字文》的研制

1. 对《字频识字》的反思

不同版本《字频识字》教材的编写和教学实验都取得了满意的效果，不仅验证了字频识字教学理念的正确性、识字方法的科学性，还在识字教学的理论体系和教学内容、方法体系的构建方面积累了不少经验。但是在实践中还存在着几个应当改进的问题。

首先是选字的效果不能令人满意。《字频识字》的用字是从成人用字的字频统计资料中选取的，忽视了成人与儿童用字的不同。其次是口诀的编写和排序过分强调字序和受每句的字数、押韵、顶真等形式上的制约，与儿童的口语发展和用字需要不能相互适应。

2. 关于儿童用字表的思索

几年来，笔者搜集了40多个字频表。这些字频表有的统计于20年前，时间久远，不适应今天语言学习和应用实际的需要；有的分科统计过于专业化，不适合语文教学需要；有的语料量和字种比较少，缺乏科学性；有的只有字和频率，没有序号和累频统计，使用不方便；有的《小学语文用字表》是以当时的小学语文教材为统计对象，不能发现和解决小学识字教学中已经存在的问题。更为重要的是，这些字表都是社会通用字表，也就是成人字表。因为成人用字与儿童用字有很大的不同，所以，把成人字表作为儿童识字的依据是一种非常错误的选择。

当时，人们谈论和确定识字对象、数量的依据，主要是《现代汉语常用字表》。笔者初期编写的字频识字教材也是以该表的字频资料为依据的。随着研究的深入，发现这个字表早已过时，脱离了当今的语言实际。一个连成人的用字规律都不能正确反映的字表，却成为儿童识字的唯一标准，不但不能推动识字教学内容的科学发展，反而会产生负面效应。因此，笔者产生了对儿童用字进行调查、整理、统计，研制《儿童用字字频表》，进而研制《儿童等级识字量表》的想法。

笔者尝试着研制《儿童等级识字量表》，并以此表的字频统计为依据，编写学前儿童识字教材，在可行的范围内继续探索字频识字的教材编写程序和内容模式，为后来的研究与实验提供经验。

3.《儿童等级识字量表》的研制

2005年，笔者从"CCF精品技术论坛"网上下载了一个名为《统计40余本儿童读物430万字得出汉字出现频率排序》的字频表（以下简称"430字表"）。这个字频表以40本（套）儿童读物为统计对象，其中包括《成语故事》《儿童诗歌》《一千零一夜故事集》《伊索寓言》《安徒生童话故事集》《格林童话集》《中国童话百篇》《中国五十年儿童文学名家作品选》《中国寓言故事》等中外著名的儿童作品。全部语料有430多万汉字，包括5003个字种。这是目前笔者所见到的唯一的以儿童读物为统计对象的字频表。

根据多年研究字频识字的经验，笔者对这个字频表进行了分析，发现若以此表为依据进行儿童识字字种选择、字量确定和字序安排，存在一些困难。但是它毕竟是第一个以儿童读物为统计对象的字频表。经过仔细考查，它作为一个儿童字表的基本要素是完备的，和其他权威机构发表的字频表比较没有什么明显的偏误，还具有反映儿童阅读用字的优势。于是我们根据这个字频表提供的频率数据统计出累计频率，并把这个数据和另外三个字频表进行对比分析，开始研制《儿童等级识字量表》。

进行比较的三个字频表分别是：清华大学2004年研制的6763字的字频表（简称"清华表"），是近年使用最普遍的字频表；美国华人语言学家笪骏2004年统计的《现代汉语信息类文本单字列表》（简称"笪骏表"），是对汉字进行字频统计种类最多的专家统计的字频表；国家语言文字工作委员会2006年统计发布的2005年《报纸、广播电视、网络用字总表》（简称"语委表"），这是最新、最权威的信息类字频表。经过分析比较研究发现，这四个字频表既有共同点，也有不同点；既反映了儿童与成人用字的不同，也反映了信息类字频和非信息类字频的不同。根据这些不同点，以"430字表"的频序为基础，参照其他三个字表的字频进行补充和调整，我们研制出《儿童等级识字量表》。

《儿童等级识字量表》前三级研制完成后，用统计和对比的方法对字表的科学性、适用性进行验证。结果证明，这1300字在"430字表"中的覆盖率达到96%以上，在三个成人字表中也有接近95%的覆盖率，说明用此表提供的字频信息来编写儿童识字教材是合理的。

《儿童等级识字量表》研制完成后，便按照频序和级序选字、定量，开始了《字频千字文》的编写工作。

4.《字频识字》与《字频千字文》的不同

《字频识字》与《字频千字文》都延续了根据"字用规律"选字、定量、排序、确定教学内容的基本理念，都采用了"通过高频复现的方式识字"的识字方法，都采用了同样的教材结构和编写模式。它们的不同主要有以下几点：

一是字量不同。《字频识字》是1800字（含练习中的50字），《字频千字文》是1000字。

二是使用对象不同。《字频识字》是为小学1~2年级编写的，《字频千字文》是为学龄前儿童编写的。

三是选字依据不同。《字频识字》是根据《现代汉语常用字表》选字，《字频千字文》是根据笔者研制的《儿童等级识字量表》选字。

四是课文内容的排序不同。《字频识字》过于强调字序，致使各个口诀之间、各课之间、各单元之间没有必然的、逻辑的联系，与学生的用字需要联系不紧密。《字频千字文》根据儿童的生活经验和认知发展水平，采用由近及远、由浅入深、由具体到抽象的方式和顺序，围绕儿童的活动组建课本的内容单元。单元内容分别是识字、学校、上学、放学、我家、亲人、少年、农村、市场、抓虫、答题、动物、治病、电脑、战斗、工作、生活等。这种把学生的生活需要和识字动机紧密结合的方式安排各课和单元学习顺序的做法，使识字与用字紧密结合，还与阅读结合起来，为儿童的全面发展提供实实在在的文化基础。

五是练习的难度不同。《字频识字》的练习主要是复习性质的，内容少，要求低。《字频千字文》课内和单元练习的容量和要求都提高了。比如，为了让儿童了解有关文字的结构知识，练习中安排有38个主要偏旁的认知，6大类15种不同的间架结构的认识、分析，介绍了形声字中形旁、声旁与字音、字义关系中的5个类型，还安排了90个多音字的多义性体验练习，以及30组61个同音字的比较练习。安排这些练习的目的是为了让儿童了解和把握汉字规律，破解识字难点，也为培养儿童的自我识字能力奠定了基础。

六是教材编写手段不同。《字频识字》是纯手工编写的，《字频千字文》是计算机参与研制的。编写《字频识字》时，由于没有找到合适的办法，书中常常出现生字被编入练习的情况，也不能保证所有的字都能够有效地进行多次重复。编写《字频千字文》时，因计算机的参与，开创了一个全新的识字教材编写模式（或叫工序、流程）。这个程序是：

第一步，从儿童用字调查开始，经过语料收集、统计字频，再研制分级识字量表；

第二步，根据等级字表选定字种和字量，安排识字顺序；

第三步，根据儿童生活和学习的用字实际设计单元内容，编写没有重字的韵语口诀；

第四步，用口诀中的字编写课内的字、词、句、文练习和单元练习；

第五步，用计算机对用字、用词和重复次数等情况进行随机控制，对初稿随时修订；

第六步，根据教学内容和儿童特点制定教具和学具（字卡）；

第七步，吸收教学实验经验、成果，编写教学手册，培训教师。

这样的识字教材的研制程序，保证了字频识字教学理念和内容的落实，为识字方法的运用提供了基础条件，大大提升了教材科学化水准。

由此可见，《字频千字文》通过编制方式的改革，实现了对教材结构的优化，保障了独创的教学模式的优势得以充分发挥。

《字频千字文》创新性地复制了字频识字的教学理念，在教材的建设上又有新的突破。这种突破不仅表现在教材的制作程序的独特性和科学性上，还表现在内容、结构、体例的升级上。更重要的是，教材把字频识字理念进一步充实和发展了，使识字教学做到了识字与阅读同步；做到了识字与识词、学句、读文兼顾；体现了"字从文"与"文从字"的统一，教材与学材的统一，教法与学法的统一，教学与教育的统一，识字与发展语言的统一，识字与开发智力的统一，传统经验与现代理念的融合。这种全新的识字教材编写模式和教材结构，是古代和现代识字教材中不曾有的。可以说，《字频千字文》是升级版的《字频识字》。

第三节　字频识字教材的结构

字频识字的教材是组合式教材。它包括教学用的教本（口诀）、学本、小字卡、大字卡（教师用）、口诀录音，还有教师培训和教学指导手册。

一、课本的结构

课本，是教学内容的载体，是教学活动的"剧本"。识字教材，是为认识生字和巩固识字而编写的。为认识生字而编的是口诀；它是以教师为主导，以学生为主体进行的教学活动的主体，笔者称之为教本。为巩固和扩展识字成果而编的是练习；它是在教师指导下，学生进行复习、巩固学习活动的规定与范例，笔者称之为学本。所以，字频识字课本包括教本和学本两部分。在已经使用的教材中，有的版本把教本和学本合二为一，有的版本分印两册。

1. 教本

教本包括口诀、单元和口诀读音表。

（1）口诀：课本的一条口诀就是识字教材的一课。

口诀采用七言的形式。记忆科学家在对记忆材料进行研究时发现，七个信息单位的记忆材料是短期记忆的一个生理极限，超过七个数字就不得不以分类、群、组的方法记忆。有人对儿童读物和小学课本进行统计研究，得出小学生经常使用的句子长度是14个字左右。两个七言句子在内容和音韵方面连贯起来表达一个比较完整的意思，更接近现代汉语的实际和儿童的语言习惯。所以，口诀采用七言句式，除了考虑歌谣的特点外，也是考虑了它在记忆方面的优势。

口诀采用句句押韵的歌谣形式。记忆科学家在对30多种记忆材料进行实验后得出结论：歌谣是众多记忆材料中记忆效果最好的。歌谣的特点一是句子短小，二是合辙押韵，三是节奏鲜明。所以，口诀采用合辙押韵七言歌谣句式把每个需要认识的字组织在一个韵语歌谣之中，通过背诵歌谣达到整体保存记忆，应用时再通过定位联想，检索出个别的字。

口诀之间采用顶真叶韵方式连接。我们把口诀作为儿童记忆生字的线索。为了保持记忆线索的连贯，我们在上下条转换时采用了一种起粘连作用的同韵顶真、叶韵接龙的方式，让条与条之间的连接更紧密，保持记忆的线索不断。如：开头"九月十日星期四，小朋友们来识字。自己不会问老师，很快可以读故事。世界童话我先讲，中国儿歌你后唱"。"四"和"字""师"和"事"押韵；"字"和"自"以及"事"和"世"的声、韵、调相同，与汉语修辞中的"顶真"类似（不是同字重复）；而第6条的尾字"习"与第7条的首字"细"字是声、韵相同而声调不同的字，笔者把它称之为"叶韵接龙"。全部口诀就用这两种方式把上、下条紧紧连接在一起，在背诵时起一种像演戏提词的提示作用，使口诀长久地记忆在心里，同时也巧妙地解决了汉字同音字多、不易区分这个教学难点和重点。

口诀没有重字。这样的安排减少了口诀的数量，去掉了冗余的信息，可以大大减少记忆的内容，提高学习的效率。但是，这样做的结果必然造成有些句子的拗口、不流畅，甚至让人感到别扭。这是字频识字唯一的缺点，也是很难逾越的困难。为了顾及全局，我们只能留存这个"先天不足"的遗憾。

字频识字的几套教材，不管字数多少，口诀的编写方法都是一样的。口诀都是七字一句，十四字一条，句句押韵，条条叶韵接龙，没有重字。

（2）单元：教本采用单元式的编排体系。每四条口诀围绕一个中心意思，组成一个意义单元。

单元的划分采用语义集合方式，即把意义相关的字尽可能多地组织在一个单元里。每个单元都有一个中心意思，即单元的名称。如家具名和称呼，组织在"我家"和"亲人"两个单元中；把和医疗有关的字，组织在"医疗"单元中；把购物有关的字，组织在"购物"单元中；把与动物和植物有关的字，组织在"动物"和"植物"单元中。在把语义相关的字组成单元时，尽可能组成有一定情节的事件或故事、场景，使内容具有知识性、教育性、趣味性，使本书能够成为儿童认识社会、学习知识、修养品德的教材。

单元的排列采用儿童认识事物的顺序。从自身到家庭，到学校，到社会，到自然界；从具体的事物到抽象的事物；从单一事物到复杂事物。

各单元的字除了坚持高频字先学的原则外，也根据儿童认识规律，尽可能做到先学名词、代词、量词、动词，然后学习形容词；先学独体字，后学合体字；先学笔画少的字，后学笔画多的字。

（3）口诀读音表：以附录的形式附在教本后面。它不是识字课学生应当学习的内容，只是为教师和家长提供口诀的读音标准。它上面的拼音更不是学习的内容。

口诀读音表把一册中的所有口诀集中在一起，虽然不是教学内容，但是可以用作连续读口诀的材料，也可以用作教师和家长验证儿童读、背口诀的标准，还可以作为检验识字效果的试卷。

2．学本

学本包括课内练习和单元练习。

（1）课内练习：每一条口诀后面都有比字和读词、读句、读文练习，这些都是在学完口诀后进行练习的材料。但是，不能把它们理解成作业，而应当当作口诀学习的延伸和补充，也是在识字，并且是识字环节中不可或缺的重要内容。

课内练习与口诀的学习是不同的。它只能在口诀学习后进行，主要是通过反复背、读、说的方式进行，是有组织、有计划进行的语言习得活动。它的主要任务是用来复习、巩固所学的生字。同时，也是在练习所营造的语言环境中，在反复与字见面的过程中学习语言，领悟字义，积累词汇，培养语感，学习口语表达，全面提升儿童的语文素养。儿童的认知能力有限，但是儿童对语言的学习十分敏感且有无穷的潜力。他们学习语言不是靠讲解，而是靠在语言实践中领悟自然"习得"。

课内练习包括比字、读词、读句和读文四部分。

比字，是把这一课出现的字与前面学习过的字形相近的字进行比较。识字的重点是字形的辨识和记忆。字形辨识的主要方法是比较，通过对一个一个字的形体的整体辨识，不同笔画、不同形状部件、同一部件在字的不同位置的比较，形近字的比较，建立儿童对字的结构个性特征的感性认识，从而达到区别字形、记忆字形的目的。

读词，是用本课学习的字与以前学习过的字组成常用的、儿童能理解运用的词，一般是30个左右。读的词一般不包括口诀中已经有的词、读句中使用过的词，也尽量不与读文练习中的词重复，体现"重字不重词"的编写原则。

读词练习的首要目的，是在读词中再认或再现口诀中学过的生字，达到复习、巩固记忆字形的目的。其次，读词也能够起到扩展字义、积累词汇的作用。这些词是供儿童读的，不是供老师讲的，不能逐个讲词的意义。一般只用反复读（不是语文教育学中阅读的简称，而是口语中念的意思）的方式进行。如果儿童问起它们的意思，可以用他们能接受的方式进行浅显的解释。

读句，是用本课学习的字与以前学习过的字组成简单的、短小的、通顺的、儿童能理解的句子，一般是五句左右。编写中仍然坚持"重字不重词"的原则，即尽量不使用口诀和读词中已经出现的词，目的是扩大词的选择范围，增加积累词汇的量。

读句练习除了继续完成读词练习的任务外，还有学习句子类型、习得句法、练习朗读的任务。这些句子也是供儿童读和模仿的，目的在于培养儿童规范的口语表达能力和对汉语的感知能力。这些句子内容浅显、直白，不需要老师讲，一般只进行范读。

要注意的是，读词，重在认字的同时积累词汇；读句，重在认字的同时学习表达。读词，强调读准字音；读句，强调读得流畅，儿童从一字一顿的"指读"向连贯的、以句子为单位的"口读"过渡，培养初步的朗读能力。

读文，每一课都有一篇用口诀的字和以前学过的字采用"大造句式"的方式编写的文章。在词语的使用上尽量避开读词和读句中已经出现的词语，以求更能体现"重字不重词"的编写原则。实在用不上的字和词，也要在下面学习的课中和下一个单元练习中用上，以达到复习的目的。这些文章的篇幅从开始的20多字到后来的400~500左右个字。文章的内容一般与口诀的内容相呼应，有的为了多用一些词语而另有主题。文字尽量简洁、流畅、有趣、有教育和认识意义。文章的体裁尽量多样化，有儿歌、童话、散文、故事、说明等儿童常接触的文体。

读文练习也是用读的方式进行的。首要的目的是为了在不同的语言环境中继续通过反复再认和再现的方式复习、巩固生字。其次是继续增加词汇积累和学习句子表达，也能够学到文章内容提供的知识，受到思想、道德的教育。

读文练习要注意的是不要把儿童的注意力重点放在文字的内容上，而应当放在文字上。这文章是供"念"的，不能像阅读课文那样去讲解、分析。所以，不能把流利、速度和有感情作为追求目标，而必须把字的认知作为主要目标。因此，读文的速度不要快，不妨先用指读的方式进行试读。

课后四种练习内容是有层次区分的，但是练习的主要目的一致，都是为了体现和落实"高频复现的方式"的识字方法，让文字在不同的语境中尽可能多地重复出现。

为了保持记忆的一致性，教材用字一律用楷体字印刷。为了在练习中突出重复出现的字和引起对多音字字义变化的注意，练习分别采用红、黑、蓝三种颜色的字混合印刷。口诀的字一律用黑色大号字印刷在"田字格"内，突出字形的结构特征。口诀中的字（生字）出现在本课练习和单元练习中时，一律用红字印刷，引起特别的关注；出现在以后各课的练习中时，恢复黑字（熟字）印刷。练习中出现与口诀读音不同的情况时，用蓝字提醒注意。

（2）单元练习：每四课有一个单元综合练习。单元练习并非只复习本单元的内容，而是关照本单元前面的所有单元的内容。设置单元练习的目的，一是为了比较系统地复习前面学习的内容；二是为了进行知识和规律的纵向连接，达到扩展知识、提高识字能力的目的。

每个单元练习都有"背背""说说"和"读读"的内容，有的还有"比比"的内容。

背背，是复习口诀的内容。复习的方式是背诵，有按原来的顺序背和按提示的字、词背两种。背口诀就是为了不断复现作为记忆链的口诀以巩固记忆。每次背的不仅是本单元的内容，还连带以前学过的。练习上规定的次数只是个参考量，教师可以根据学生的情况决定背的条数和遍数、方法。

说说，练习的是字的基础知识方面的内容。

识字的最终目的是培养和形成识字能力。汉字是理据性很强的文字。当识字达到一定的量时，根据字的结构特点归纳、抽象出一类字的字形组合规律，由感性认识上升到理性认识。让儿童了解并掌握汉字的构造特点和规律，对于提高识字效率具有重要意义。

字理的获得方法对于刚刚开始学习汉字的儿童而言，不能采取讲解的方式，而应当在练习中进行有计划地渗透，让儿童在读和说的实践中"悟出"其中的道理，形成语感，并用来指导自己的语言实践。

读读，主要安排的是对多音字和同音字的辨析练习。多音字和同音字对儿童来说学起来有点困难，安排的目的是为了让儿童知道，而不是必须学会、记住。

比比，主要是进行对形近字的辨析、比较。通过比较增强对字形的辨识能力，强化和丰富音形义的联系记忆。

如果说课内练习是通过字的再认和再现达到复习、巩固识字效果的目的，单元练习则重在系统渗透字理知识、提高识字能力。

二、教具和学具

1. 字卡

字卡分为大字卡和小字卡两种。

（1）大字卡：是供课堂上教师和学生使用的教具。

大字卡的规格：15 cm×10.5 cm；字体：楷体；字大：长10 cm，高8 cm；字的颜色：白色；制法：厚纸竖印，字的下面印字卡代号，代号由两个数字组成，前一个是字条的代号，后一个是字在条中的序号。如："字"字，是第1条第14个字，它的代号就是1-14。

大字卡的作用：一是代替板书。字卡标准，板书容易造成字形的变化，影响记忆，所以，课上教师一般不要板书，后期可以适当写一些，主要是进行字的笔画、偏旁和结构的演示，但是书写必须是规范的楷体字。二是以卡代字。在课堂上老师和学生都养成举卡片代替说话的习惯，比如，排字卡连句、拿字卡组词、举字卡背口诀、换字卡比较字形，这样可以增加接触字的频率，有利于字的记忆。三是当玩具。识字课有许多游戏，游戏使用的"玩具"就是字卡。

（2）小字卡：是儿童在课上和家里使用的学具。

小字卡的规格：5.75 cm×4.25 cm。字大：长2.5 cm，高2 cm。其他要求和制法与大字卡相同。小字卡采取了两个措施：第一，用彩色厚卡片纸印刷，每册用2~4种不同的浅颜色印刷，各册用的颜色必须区别开；第二，用割角或其他方式在卡片纸的外形上进行区分，这样把小字卡从纸色和外形处理上进行区分，使用起来就方便很多了。

小字卡的作用：一是同学之间互考、互问用；二是回答老师问题用；三是回家复习和与家长做游戏用。

2. 口诀录音

每册课本都配有口诀录音，录音以光盘和磁带的形式提供，包括两个内容。

（1）听读。老师读，学生听。以清晰、准确、规范的普通话语音一字一字读清楚，目的是让儿童听清、学会每个字的读音。录音采用慢读和字字顿读的方式。上课时无论教师的发音是否准确，都至少听一遍录音。

（2）跟读。录制的是一个人领读，一个人跟读的录音。老师领读，学生跟读。以句子为单位，除了语音的准确外，还要读出句子的内容，读出句子的节奏、情感、音韵（重音、变调、押韵、顶真）。目的是让儿童听清字音，学会读句子，学会用语音、句调等声音技巧表达思想内容，培养语感。跟读的录音速度比较快，注重句子的整体感受，节奏感比较强，突现歌谣的韵律和音乐感。课上老师可以用它代替自己领读。

此外，笔者还编写了一本《教师手册》。《字频识字教师手册》是培训字频识字教师的教材，是教师学习识字教育的基础理论、知识和方法的参考书，也是教育部门领导和家长了解字频识字的翔实资料。

手册全文14万字，包括汉字、儿童识字和字频识字的基础知识、基本理论；字频识字的理论基础、价值和特点；字频识字教材的内容和结构；字频识字的教学原则和模式、教学方法和策略、教学经验；识字游戏、实验单位及个人的教学经验、总结。

第十章　小学识字教学基本字研究

识字教学基市字表研究的现实思考

自从提出字频识字的教学理念以来，笔者一直在通过各种方式呼吁研制一个服务于小学识字教学的等级字表，也做了一些理论和实践的探索。

社会上的有识之士、语文教育工作者，都对研究适用于小学识字教学的字表表达了强烈关切，并且表明了基本看法。国家语言文字监测与研究中心教材语言分中心的苏新春先生，就在《小学生汉字使用调查与阅读能力的发展》一文中呼吁："现在还没有完全反映中小学生用字规律的学习型用字表，解决这个问题应该是当务之急。"还说："小学生有自己的认知心理、认知需求、认知规律；小学生的汉字教学应该遵循其认知规律来进行；小学生的汉字学习不仅是识字，也是对汉民族语义系统、知识系统的掌握；面向学生的学习用字表，不应该套用面向社会一般的通用型字表。学习用字表还有多方面需要我们注意的地方，比如说小学生课外读物、小学生的用字状况如作文等，都是值得我们考察的。"

为了满足大家对识字教学用表的期待，新修订的课标附发了《识字、写字基本字表》和《义务教育语文课程常用字表》两个字表。遗憾的是，由于存在着先天的不足（在本书第四章第三节已经论述过），无法在教学实践中具体使用。

所以，目前还没有一个包括字种、字量和字序内容的、适用的小学识字等级字表。研究一个适用的小学识字教学基本字等级字表，就成了一件迫在眉睫的事情。

一、过去的识字用表存在的问题

时至今日，还没有一个现成的字表可以直接拿来作为小学识字教学的字表。虽然过去也有人研制了一些小学识字用的字表，但是现在可以使用的几乎没有。

这是因为：

首先，这些字表只有字种和字量，是用笔画、部首或者拼音排序的，一般是用来检验和评估学生的识字成绩，不能对分年级和学段安排识字教学内容的排序发挥指导作用。

其次，这些字表的制定依据大多数是根据个人的用字和教学经验，或者从当时的教材中汇集，不是从小学生用字的实际调查、统计而来。过去和现行教材的用字统计对研制识字教学用字表有重要参考价值，但是都不能成为今后识字教学的用字依据。因为那些教材的用字一直存在着不符合识字教学规律的弊端，没有办法依据它们科学地确定字种、字量。

再次，受当时条件的限制，这些字表的产生方法不是基于对大量儿童用字的语料进行统计得到的结果。因此，这些字表不能反映儿童的用字规律，科学价值不高。

最后，最重要的是，这些字表产生的年代都比较久远，当时的社会用字和儿童用字与现在比较，不论是字种还是字量都发生了巨大变化。那些字表根本不具备对现今识字教学的指导作用。

二、《现代汉语常用字表》已经过时

1988年以前的教学文件，在识字教学内容方面几乎没有出现过"常用字"这个概念，识字教学学哪些字一直是模糊的。1988年以后的教学文件在识字教学的内容方面，都明确地提出了"认识常用字"的要求。

出现这种变化的原因，就是国家语委于1988年发布了《现代汉语常用字表》。表中有3500个现代汉语常用字，其中有2500个常用字和1000个次常用字。字表的公布使常用字的概念和内涵被人们了解和接受，结束了过去识字教学内容笼统、模糊的尴尬，教学评价无依无据的无奈。《现代汉语常用字表》对识字教学的改革提高了识字教学的质量，提供了理论与实际的支持，为语文教学改革做出了贡献，功不可没。

但是，当我们研讨今天以至今后识字教学改革发展的时候，不得不说，《现代汉语常用字表》已经不再适宜做小学识字教学的依据了。

首先，我们必须承认，在当时的具体条件下，在研制《现代汉语常用字表》的语料选择和研制方法方面，都存在着今天可以轻易做到、当时却难以避免的缺憾。它并不是建立在海量的语料统计基础之上的，而是根据从1928年到1988年形成的20个字频统计资料，再考虑"构字、构词能力"和"语意功能"斟酌取舍而研制的。它加进了研制者的主观经验和感受，在科学性上存在着先天不足。

其次，语言文字是发展变化的，特别是进入21世纪的信息时代后，语言文字发生的变化更大。所以，用一个过时的资料来检验和指导当今的识字教学改革是不合适的；误把认识价值当作实用价值也是不恰当的。

再次，最重要的是，《现代汉语常用字表》并不是专门为儿童识字而研制的字表，根本就不应当在小学识字教育的范围内使用。

儿童与成人有不同的语言文字生活，儿童用字与成人用字有很大不同。儿童识字的字种、字序的安排与成人、通用类字频统计的字频高低顺序不可能完全吻合。儿童识字，应当从儿童常用字开始，应当服从和服务于认字与写字的不同教学需要。

在过去的20年里，我们已经习惯把揭示社会用字规律的《现代汉语常用字表》作为小学语文教学大纲和课程标准制订的依据，作为识字教学选字的规范和检查、评价识字教学效果的标准，却从来没有考虑它的科学性和时效性。这是语文教育界专家们共同犯的一个幼稚的教条主义错误。

三、 一般字频表不能直接成为识字用表

近些年，由于计算机技术的提高，出现了根据不同目的统计的多种多样的字频统计表。字频统计表根据文字使用频率的高低，把不同的字排列起来，使字种、字量、字序统一在一个字频表之中，具备了识字教学用表的基本要求。

但是，任何一个字频统计表都不能直接拿来作为识字教学用的字表。识字教学用的字表需要从小学生的用字特点出发，以小学生的用字统计资料为参照进行研制。

1. 字频表不等于识字用表

目前我们能够看到的字频统计表，很少是以儿童用字语料为统计对象的。那些以社会公共用字为语料进行的字频统计是不能反映儿童用字规律的。因为儿童与成年人既有共同的语言文字生活，又有由他们的年龄特点决定的独特的语言文字生活。成人与儿童用字是不同的，成人字表不适宜用作儿童识字的依据。诚然，儿童终究会成为成年人，但这是一个渐进的过程，就算是读完小学6年，也还是12岁的小孩子。

小学识字教学的内容应当符合儿童日常生活的语言实际，但不能等同于学生

的语言实际，否则识字教学会严重制约学生的语言发展。如果不把刚刚入学儿童的语言文字运用于实际，作为儿童识字教学起点的用字，识字教学和儿童的语言发展就成了无源之水、无本之木。

识字教学对理论上是"零"起点的儿童来说，一定要遵循儿童的用字规律，一定要适应儿童的年龄、生理、心理的发展水平。这是识字起始阶段特别应当恪守的基本原则，也是研制儿童识字用表的基本要求。

所以，成人用字的字频统计不能直接拿来作为儿童识字字种、字量和字序确定的依据。下面，笔者从四个方面进行分析与介绍：

（1）字频表还不是公众用字的全面反映。

字频表，是对语料库中的字进行统计得到的结果。字频统计结果与语料库的构成关系密切。语料的数量多少、年份分布、学科类别等不同，字频统计的结果也不会相同。

现在我们所能够见到的字频统计表，都是以有关单位组织专业工作、研究者专门收集的语料为统计对象，语料中的用字主要是专业的、媒体的、名家的文本语言。这些文本语言都不是"原生态"的，都是"吃文字饭"的作家、编辑、记者、教师等群体的人，经过构思、起草和反复修改后的文字作品。所以，这些语料都是专业人士用字情况的反映，不是一般人用字情况的反映，更不能反映识字起始时期儿童的用字情况。与人们日常生活相关的"柴米油盐茶、吃喝拉撒睡"的日常生活用字，很难有机会成为字频比较高的常用字。

通用字表反映的是一般性的用字规律，要满足社会各行各业的普遍需要，是成年人的用字规律，不能反映儿童成长过程中的用字规律。所以，这些并非为了了解儿童用字情况而统计的字表，不能直接拿来作为指导儿童识字教学的依据。

（2）字频表的语料存在很大的片面性。

人们用字，不是只限于被称作"文章"的字量庞大、成篇成章的"大文本"，也应当包括随处可见、不能不读、不能不用的与人们生活关系非常密切的几个字、百多字的实用"小文本"，如广告、海报、商标、标签、标牌、封面、匾额、题字、票据、说明、介绍、通知、便条、凭证、字幕、标语、条幅、对联、题跋、警语、留言，以及书信、电报、短信、微博、网聊、私信，等等。这些无处不在的小文本，实际上是人们的语言文字生活中的最重要的组成部分。这些实用"小文本"的用字与人们的日常生活的关系最密切，无论是成年人还是儿童，都是人们用字最重要、最多，使用频率最高的领域。遗憾的是这些零零碎碎的语料目前都不被收入语料库，也难以收入。

（3）字频统计手段还不尽完美。

现在的字频统计软件是以字种为统计单元的，还不能很好处理、区别错别字、异体字和不规范字的问题。电脑打字可以输入正确的字形，却不敢保证不出错别字。当前所有的语料都是电脑录入的标准字形，不能反映错字、别字、漏字（不会写空格）和用拼音代替文字等情况。文本中出现了同一个字的繁体和简体，有时计算机会当作两个不同的字种来统计。文本中存在着废除的异体字，或者是误用了"别字"，计算机会把它当成正确的字进行统计。

可见，字频统计普遍存在误差。尽管这样的误差对大规模的语料统计产生的影响是有限的，但是至少说明这样的字频统计资料是不完美的。所以，即便是当前最权威部门统计、发布的字频统计资料，都没有真实而全面地反映人们的用字情况，只具有文字使用和研究的参考价值。它不能成为小学生识字的依据。

（4）识字用表必须包含写字方面的内容。

用字，是识字的目的。用字，既有"眼看—口读"——理解的形式，也有"心想—手写"——表达的形式。所以，用字的前提是会认与会写。但是，会认与会写能力的获得途径是不同的。会认字，主要是通过对字形的辨析和再现，完成字形知识的积累；会写字，主要是通过对典范字的反复练习，完成写字技能的培养。前者以量的积累为标志，后者以质的提升为标志，相同点在于都必须遵循循序渐进的规律。认字和写字的关系极为密切，却又有不同的教学策略。所以，完全从认字的角度来考虑识字教学的字量是不行的。

汉字是结构文字。有些由独体字构成的合体字，虽然是使用频率比较低的字，但在写字教学中却具有举足轻重的作用。这样的字，不能不列入识字教学的内容。

2. 字频表是研究识字用表的基础

任何一个建立在大规模语料统计基础之上的字频统计，一般来说都是该语料范围内对用字情况真实而科学的反映，能够揭示字用规律，在相关领域具有很高的理论价值和科学价值。

但是，规模再大的语料库，也无法囊括不同时期、不同专业、不同地域、不同年龄的人们的语料；在语料库建立过程中，无论采用什么方法处置语料的抽样和平衡问题，都难以避免片面性；现有的字频统计软件的处理文字能力和智能化水平离科学、准确还有很大的差距，统计结果的科学性还不能令人满意。因此，随便、简单地把一个字频统计表拿来作为识字教学的依据的做法，都是不对的。

尽管一个字频统计资料从不同的视角看也许存在着不尽科学、不尽合理的问题，不能真实而全面地反映出用字的情况与规律。但是，如果把许多字符量足够多、语料的平衡度比较好的字频统计放在一起进行综合比较、科学研究，我们就会发现汉字的字用规律。

字用规律的发现，使我们找到了困惑汉字识字教学多年的字量、字种、字序等问题的科学答案。可见，字频统计表的理论价值远远大于实用价值。

多个不同的字频统计资料能够反映社会上公共用字的情况。只有掌握公共用字，才能够在公共语境中规范地使用文字。数量巨大的社会公共用字是每个人都必须掌握的。在不同的字频统计资料中总有相当多的字是相同的，越是使用频率高的字，公共用字的比例越大。

儿童用字与成人用字是不同的，但是，这个不同的数量是十分有限的，字种主要分布在低频段，高频段的差异不大。随着年龄的增长和融入社会大语境的程度的加深，儿童与成人的共用字逐渐增多，日趋一致。

所以，尽管一般的字频统计资料不能直接拿来用作小学识字教学的字表，但是，它揭示的字用规律和提供的共同用字，在研制识字教学用表中具有决定性的、不可取代的作用。

 ## 基本字等级字表研究的理性探讨

编制一个科学、适用的小学识字教学特别使用的字表，必须确定识字的字种、字量和字序。怎样确定字种、字量和字序，为什么那样确定，都必须有充分的理论和事实依据。

通过对过往的识字教学存在问题的溯源反思，对传统教学理念的重新解读，以及对文字的性质和用字规律的论证，了解并掌握儿童语言文字的使用现状和规律，寻找基本字研究和基本字表研制的理论支撑和方法启示。

一、基本字和识字教学基本字

1. 什么是基本字

基本字，是个用于区分汉字使用价值的概念。过去，人们习惯于按文字使用价值的大小，使用"常用字""通用字""罕用字"三个有梯度差别的概念。如果再对"常用字"按照使用价值的高低进行再一次划分的话，不妨分成"常用字"和"基本字"。所以，基本字，就是常用字中的常用字。

常用字，是个动态的概念，比较的概念。常用字中每个文字的使用价值的高低是不同的，把其中使用价值高的字叫做"基本字"是合情合理的。

过去和现在，都有人在使用"基本字"或"基础字"这样的概念，强调某些字与其他字比较时的重要性和特殊性，只是没有特别指出是常用字中的常用字。

基本字除了使用价值比较高的特点之外，还具有很高的相对稳定性。它们之间的绝大多数，不论汉字怎么发展变化，不论使用者和使用的语境有什么不同，总是必须首先被学会使用的字。识字教学，必须以基本字为核心和起点。

2. 什么是识字教学基本字

"识字教学基本字"是个特有概念，不是从文字的使用价值的角度定义的，而是从识字教学价值的角度来定义。不是通常意义上的"常用字中的常用字"，而是"教学常用字中的常用字"。

识字教学面对的是6~8岁儿童进行的识字教学活动。由于成人与儿童有不同的语言文字生活，所以，儿童的用字与成人的用字是不同的；成人识字与儿童识字也是不同的。

这种不同，主要不是数量的不同，而是字序特别是字种的不同。所以，在识字教学基本字中，绝大多数还是常用字中的常用字，也包括一定数量的具有比较高的教学价值的"非常用字"。识字教学基本字的字种选择与排序，必须坚持使用价值和教学价值统筹兼顾的原则。

这种不同，还表现在教学要求上。所谓教学要求的不同，是指在识字教学实践中，从教学的特点和要求出发，对"识字教学基本字"中的"基本"二字，具有只求"基本"、不求"完美"的意思在里面。那就是指字形（不是各种变体）"基本"规范，字音（不是全部读音）"基本"标准，字义（不是全部意义）"基本"把握。所以，"基本"二字同时包含着对识字教学应当达到的要求的规定。

3. 基本字与识字教学基本字的区别

"基本字"和"识字教学基本字"，是分别属于语用学和语文教育学范畴的两个既相互关联又各有内涵与功能的概念。

"基本字"，是指常用字中的常用字，是识字教学内容的核心和重点。"识字教学基本字"，是指常用字中兼有比较高的使用价值和教学价值的字，显示着识字教学的内容和特点。

它们都具有高频应用、长期稳定、结构力强和简单好学的特点。但是，因为识字教学基本字是从文字的教学价值的角度来定义的，所以对于什么是识字教学基本字，它有自己的标准和要求。

一个适用于小学识字教学的基本字表，在用字的选择上，一定要包含以下三个层级的内容和要求：

一是社会语境的共用基本字。包括不同交际语境、各种文本中基本稳定的共用高频字。这些字是识字教学的主体、核心。

二是儿童语境的独用基本字。包括儿童语言文字现实生活语境和虚拟生活语境（阅读），也包括教育和教学语境的专用高频字。这些字是识字教学应当特别突出的重点。

三是汉字教学的特用例字、范字。包括独体字、偏旁字、部首字、部件字等，最能体现汉字结构特点和认字、写字教学规律的教学典范字。这些字是识字教学应当特别留意的群体。

二、基本字是客观存在的事实

1. 基本字的客观存在，是由字用规律决定的

字用规律告诉我们，所有的字和不同字群都存在着使用价值的差异。根据文字使用价值的高低来排定字序和划分不同的等级，是个没有争议的话题。

为了识字教学的方便和规范，把基本字从常用字中剥离出来、凸显出来，是构建识字教学科学发展的内容体系不可或缺的一件工作。

提出基本字的概念，并非理论上的创新，只是把一个明明白白摆着的事实通过细分的办法加以明确和突显出来，为识字教学的用字研究开辟了一条新的路径。

2. 基本字的客观存在，是由文字的交际工具性质决定的

交际工具的本质，是共同使用，互交互动。文字交际中，只有交际双方都使用能够被对方认识和理解的文字，才能达成交际目的。

交际常常是在不同地域和不同人群之间进行。这就要求每个参与交际的人除了要储备在公共交际平台上进行交际必备的共用文字之外，还必须具有适应不同语境、不同交际对象差异化的文字储备。这些共同用字在常用字中永远占有绝对的数量优势，以其稳固的使用价值活跃于不同的语境之中，成为一种维持语言生命永恒的、中坚的力量。差异化用字的数量只占很小的比例，主要是在个别化语境交际时，在与共用字协调配合中大显身手。

如果我们把这两种文字储备都叫常用字的话，那么共同用字则是常用字的常

用字。如果我们把常用字作为识字教学的对象的话，那么常用字中的常用字——基本字，则是识字教学首先必须学会的基础字、核心字。

文字的交际工具性，决定了用字与识字关系的两个特点。一个是为了满足公共语境和个别语境交际的共同需要，识字的数量要大于用字的数量；另一个是为了保证不同语境交际的顺利进行，识字的字种要满足不同用字的字种需要。

字量的包含关系和字种的统一关系决定了识字教学应当学习的字量，要大于应当学会的字量；应当学会的字种，要和学习的字种统一起来。

搞清楚这两个特点，辩证地处理识字与用字的字种、字量和字序关系，是识字教学内容科学化的核心问题。充分利用学习与学会（识字与用字）的规律，也是研制识字教学基本字等级字表的理论基础。

3. 基本字的客观存在，是被大量字频统计数据证实的

笔者曾经对不同的字频统计资料进行统计、分析，大量数据表明，文字不管在什么年代、什么领域和人群之间，使用的价值发生了怎样的变化，总有80%左右的字仍然保持着很高的使用价值，成为应对文字发展变化的稳定因素，成为常用字中的常用字。说明了常用字中存在着基本字的事实。

笔者曾经选择在7个成人字表和4个儿童字表中分类频序在3000（常用字）之内的字，对其进行共用字统计比较。7个当代（2005年前后的）成人汉字字频字表是：（1）北京大学的《CCL现代汉语语料库字频》；（2）清华大学的《汉字频度表》；（3）上海交通大学郭曙纶的《网络汉字频率》；（4）国家语委的《报纸广播电视网络用字总表》；（5）美国笪骏的《信息类文本单字列表》；（6）美国笪骏的《华夏文摘单字字频列表》；（7）（作者不详）《网络小说字频》。这7个字频表，有国家权威机构统计的，有著名高校统计的，有计算语言学专家统计的，还有华裔教授统计的。其中有平衡·综合语料，有信息类语料，有文学类语料，有华文报刊语料。这些字频统计资料具有广泛性和代表性。

4个儿童字表是：（1）上海交通大学郭曙纶的《全国小学生作文大赛字频》；（2）董兆杰的《网络小学生作文字频》；（3）和（4）分别是上海市基础教育教材语言资源的建设和应用课题组研制的《上海小学其他学科字频统计》和《上海小学课外阅读字频统计》。这4个字频表，有小学生作文、读物字频，也有不同学科教材的字频，涵盖了小学生主动用字、被动用字和教学用字几个方面。

对两组字表进行共用字的统计比较，结果显示如下表。

表10-1　成人与儿童类字频表不同频段共用字比较表

字频类别	500	1000	1500	2000	2500	3000	备注
成人7表	292	672	1094	1534	1985	2421	
儿童4表	291	645	1052	1496	1891	2366	
两类表字数差	0	27	42	38	94	55	
4表+7表平均	292	659	1073	1515	1938	2394	
11表共有字	233	533	905	1326	1700	2151	
两类表字量差	59	126	168	189	238	243	

从上表可知：

（1）成人7个字表频率最高的3000字内的共用字是2421个，占80.7%；4个儿童字表3000字内的共用字是2366个，占78.9%。这说明，不论是成人还是儿童字频统计，共用字，也就是常用字中的基本字都是大量存在的，数量都在80%左右。

（2）把成人与儿童的字频一并统计，11个字表的共用字是2151个，占3000字的71.7%。这说明，在不同的字频统计资料中，共用字的数量也在70%以上。

上述统计数据表明：常用字中有70%~80%的字，不论在什么语境中，它们的使用价值都是比较高的。它们始终处于稳固地位处在高频段，成为常用字的中坚力量，支撑着文字交际的顺利进行。

这个事实说明了在常用字之中，还有更常用、更公用的字。这些共用字就是人们常说的"基本字"。这证明了"基本字"是个客观存在的事实。

三、基本字表的定量、定字、分级是有据可依的

研究识字教学基本字等级字表，除了需要理论的支撑之外，还需要找到研究方法的依据，用以完成字表定量、定字和分级工作。

在上面的字频表统计比较的研究中，除了证明基本字是客观存在的事实之外，还有以下几个方面对识字教学基本字研究具有指导意义。

1. 找到了基本字表的字种选定方法

11个字频表的统计数据表明，成人共用字与儿童共用字在数量上差别很小，

只有55个字；在字种上的差别比较大，大约有10%左右。从而证明了儿童与成人用字的不同，主要不是表现在字量上，而是在字种上。这些相同的字种，就是成人与儿童都必须掌握的基本字；而不同的字种，则分别属于成人或儿童的常用字。

这种情况，为我们研制识字教学基本字表的字种选定提供了一条明确的操作思路。那就是先把儿童与成人共用字定下来，作为基本字表的核心字；再根据识字教学基本字的内涵和事先研究确定的调整、干预原则和方法，从儿童用字统计和相关资料中，根据国家有关标准和规范，按照需要和字频的高低顺序，遴选其余的字。基本字表的字种就应当由这两大部分组成，使其能够做到成人用字与儿童用字、生活用字与教学用字的统筹兼顾。

2. 找到了字表等级划分的方法

11个字频表的统计数据还表明：不论是成人还是儿童的字频统计，覆盖率不同的各个频段的平均用字量都是非常接近的。

覆盖语料80%、90%、95%、98%和99%的字量，7个成人字表与4个儿童字表的平均数量比分别是：566:526；964:954；1409:1410；2035:2032；2520:2445。字数差最多的是66个字，最少的只有1个字。

这些字表的平均数据显示：不仅不同频段的用字量基本相等，而且频段与字量呈规律性分布——覆盖语料80%、90%、95%、98%、99%的字量，分别是500、1000、1500、2000、2500左右个字。

这种频段字量与覆盖率的对应规律，是依据当代汉字按字频表的累计频率进行分级和把500字定为各级字量的基本依据。按儿童用字频率高低，以500字为一个等次，不仅体现了按照文字的频率（使用价值）的高低从高频到低频安排识字的顺序的理念，也为不同年级（学段）分配学习内容（字量和字种）提供了方便。

3. 找到了确定基本字表字量的方法

为了寻找确定基本字表字量的依据，笔者选择了9个成人字表和4个儿童字表，进行了不同频段用字量和覆盖文本99%的用字量统计研究。

9个成人字表除了前面的7个外，另外2个分别是：美国笪骏的《华夏文摘单字字频列表》和《网络小说字频》（网上下载，作者不详）。9个字频表中，有2个是现代汉字权威性字频；3个是当代汉字综合性字频；2个是当代信息字频；1个是海外华人汉字字频；1个是当代文学字频。这样的组合做到了现、当代兼顾，以当代为主；权威研制与专家研制兼顾，以权威为主；综合与专业兼顾，以综合为主；传统用字方式与当今用字方式兼顾，突出信息化特点；国内与国外兼顾，以国内为主。所以，这一组字频表的组合方式和比例是比较理想的。成人字频表覆盖文本99%的用字量，对确定等级字表的总字量具有参考价值。

4个儿童字表属于儿童用字的3个类型。其中，2个是反映小学生主动用字的作文字频；2个是反映小学生专业用字的语文教材字频；2个是反映小学生被动用字的阅读和其他学科教材用字的字频。它们的组合能够比较全面反映小学生的用字情况，反映小学生主动用字（写作）和被动用字（阅读）的字频表，在基本字研制中，对确定基本字等级字表的字量具有重要参考价值。

统计结果显示：覆盖现代汉字99%的平均字量是2837字；覆盖当代汉字99%的平均字量是2520字；覆盖儿童字频99%的平均字量是2454字。

如果我们把覆盖率语料99%的字量作为划分常用字与非常用字的临界点和确定字量的依据的话，那么上面三个数据就能表明，现代汉字、当代汉字和儿童识字用字呈现出了逐项减少的规律。

据此，把小学识字教学基本字的字量定为2500个字是科学而合理的。

第三节　基本字等级字表的研制过程与方法

研究识字教学基本字是为了编制《小学识字教学基本字等级字表》。为了行文的简便，这个字表可以简称为"基本字等级字表"或"等级字表"。

一、《基本字等级字表》研制的前期准备

除了前面的现实思考与理性探讨、对字表研制的务虚准备之外，还要进行具体操作层面的准备。主要是选择和准备基础字频统计资料，研究字表的字量和等级划分方法。

基本字表研制之前，笔者用四五年的时间进行了多方面的资料准备和理论探索，还进行过两种不同研制方案的实验研究。在诸多准备工作中，最重要的有以下四项。

一是按"近期的、权威的、规范的、完整的"要求，对所收集的几十个字频统计资料进行遴选。最后选定了9个现代、当代成人字频和6个小学生用字的字频统计。通过对这两大类字表不同角度地统计、比较研究，寻找研制识字教学基本字等级字表的理论依据，探寻研制路径与方法。

二是为了弥补儿童用字资料贫乏和语料选择不够全面的现实，自行研制了一个《网上小学生作文字频表》，作为《识字教学基本字等级字表》研制的基本参照。

网上作文语料囊括了小学生作文涉及的各种体裁、题材和写作方式、方法的作文。据不完全统计，一共有十多个类别，确定的搜索关键词共有200多个。语料几乎涵盖了小学生使用文字的各个方面，并且注意了语料的地区和年级的平衡度。

笔者下载了900多万字的语料，经过整理和统计完成了800多万字的《网上小学生作文字频表》。为了验证这个字频表的科学性，我们选择了语料库语言学方面的专家郭曙纶先生基于《全国中小学生作文大赛作文语料库》研制的小学生作文大赛甲组（1~3年级）和乙组（4~6年级）作文的字频统计资料（以下简称"作文大赛字频"或"大赛字频"）进行对比验证。结果证明：网络作文字频，是一个真实地反映了小学生写作实际情况和规律的字频统计资料。

三是以多篇论文的形式，系统地阐述了围绕识字教学基本字研究进行的理论探索与思考，进行理论准备。主要内容是：搞清楚了"字用规律"与识字教学的关系，找到了解决识字教学字种不定、字量模糊、字序不清的理论基础和具体办法；弄明白了语言文字的交际工具性特点在识字教学中的理论指导作用；归纳出了文字改革、规范和信息化浪潮对识字教学改革挑战的内容与应对策略；阐释了"认写分流"理念的科学性，提出了写字教学理论、内容和方法科学体系构建的系列主张；弄懂了课程标准与识字教学实践存在着哪些明显的矛盾；还厘清了常用字和基本字、基本字与识字教学基本字、识字与用字、会用字和会写字与会认字都存在着怎样的关系。

四是设计了2500个识字教学基本字的研制方案，论证了把基本字定为2500字和500字为一个等级的理由，找到了字表研制过程中人工干预的依据，搞清楚了等级字表研制的重点、程序、原则和等外字表的作用、收字原则等。

二、《基本字等级字表》研制的过程

《小学识字教学等级字表》的研制，按照研制基本字等级字表的"字种表"——选定字种、"频序表"——排定字序、"等级表"——分出等级、"等外字表"——确定机动字这样四个环节，分步实施。

1.《基本字等级字表·字种表》的研制

首先，分别进行7个成人字表和4个儿童字表字频最高的3000个字的共有字统计。结果是：成人7表，共有字是2421字；儿童4表，共有字是2366个。

其次，合并统计11个字表，得到儿童与成人共用的字2151个。把这2151个成人与儿童的共用字定为基本字表初稿的核心字。核心字在初稿不进行干预，后续也尽量不动，保持其永久稳定。

再次，从4个儿童字表3000字的共有字剩余的字中，按照"先高频后低频、先共有后独有、先儿童后成人、先教学后教育"的干预原则，进行初次干预。

所谓"先高频后低频"，就是把字的使用价值高低作为入选字表的字种的基本原则和最高标准。

所谓"先共有后独有"，就是在处理频率基本相同的字时，首选多数表共有字，后选少数表共有字，最后再选个别表独有字。这是面对一个字在不同的字频表中有不同频序时的干预原则。

以上两点是为了保证字表的公共性，使字表能够既反映成人（一般）的用字需要，也反映儿童（特殊）的用字需要。

所谓"先儿童后成人"，就是在字种的选择比较中，要优先考虑入选儿童日常用字，其次考虑成人常用字。这是使研制的字表比较好地体现儿童用字的特点、区别于成人字表的主要措施。

所谓"先教学后教育"，就是在字种的选择比较中，要有意识地选择与小学生的教育和教学相关的字种。在这类字的选择中，要优先考虑教学用字，特别是与识字教学有关的字种。因为教育用字与日常生活用字的区别并不明显，而识字教学用字的专业性特点十分明显。

以上两项干预原则是为了凸显字表的专业性特点，满足儿童识字的特殊需要。

根据上述干预原则，我们从4个儿童字表去掉2151个共有字之后余下的215个共有字中，选择了199个字，使字种表的累计字量达到2350个字。

最后，将初稿的2350字与网上作文字频的3000字进行比较。再从网上作文字频表没有入选字表初稿的字中，仍然按照干预原则和范围选择150个字，组成2500字的识字教学基本字等级字表的字种表。

基本字字种表初稿形成后，对字种初稿和几个有代表性的成人与儿童字表进行以下两项验证。

一是把字种初稿和北大现汉、清华字频、网络字频、媒体字频4个成人字表的2500字进行比较。共有字分别是2271、2204、2285、2198个，平均2240个。

二是把字种初稿和网络作文、大赛作文、2011版语文课标附发的字表、小学教学语料库字频4个教学专用字字频表的2500字进行共有字统计、比较。共有字分别是2232、2221、2238、2301个，平均2248个。

验证结果显示，初稿所选择的字种与儿童用字表和成人用字表的共用字数量基本相等。这说明，初稿兼顾了成人与儿童用字的比例，保证了基本字的核心地位。

2.《基本字等级字表·频序表》的研制

2500个识字教学基本字字种确定之后，经过多项验证，说明字种的选择达到了预想目的。但是，这个只有字量和字种的表没有按文字的使用价值排出高低的顺序，无法实现按使用价值分级、按分级安排识字教学顺序的研制目的。

于是，笔者以网络小学生作文的频序为基础，采用按照每个字在网上作文字频表中的频次多少排序的方法，重新排列出2500字的顺序，形成一个《小学识字教学基本字·频序表》。

在编制基本字字频序表的过程中，对于字号与字种统一者，采用序号保留的方法；对有号无字的字，采取依次递补的办法；对有字无号（3500以内）的字，采用后移等外字表的方法重新排定字频顺序。

排序，实际上是对每个字都按照基本字等级字表的构想和干预原则，再一次进行审视、推敲。在排序过程中，对初稿进行了第二次干预、修订。

这次干预、修订的主要工作包括：把网络作文字频3500字内都没有的9个罕用字列入等外字表的备选字。这些字都是独体字和偏旁部首字。对于最先确定为基本字的字中，又发现了在网络作文字频表中的频次在3000之后的15个字，也列入等外字表备选字。然后，从早已准备好的与识字、写字教学关系紧密的独体字、偏旁部首字、部件字资料中选择了初稿没有收录的24个字，填补了这次干预出现的序号空缺。同时把其余的字定为等外字表的备选字。（具体情况请参阅等外字表研制部分。）在完成上述程序后，形成了一个以网上小学生作文字频的顺序为基本字序的《小学识字教学基本字频序表》。

排序中，原来字频最高的1500字内，只有16个字有变化；字频最高的2000字内，有80字出现变化；2500字范围内，有159字有变化。总共有245个网络作文字频中的字，改变原来的频序或者没有入选基本字表。其中，大部分没有入选基本字表2500字范围之内的字，成为了等外字表的成员。

3.《基本字等级字表·等级表》的研制

频序表出来之后，就按字数与频序的对应关系，采取500字为一个等级的做法，把2500字分成了五级。分级时主要考虑两点：一是识字教学的字种、字量安排要与学生用字的需要相互配合；二是有利于改革现在内容安排上无序、低效的现状。

学完频序号是1~500的一级字，等于认识覆盖语料80%的字；学完1~1000的二级字，就能够读懂任何文本90%的内容，培养初步阅读的兴趣；学完1~1500的三级字，可以认识常用字中95%的字，阅读已经没有太大的困难，并且为进入写作学习做好了文字储备；学完1~2000的四级字，遇到一篇文章可以认识其中98%的字，为阅读和写作奠定了良好的基础；学好1~2500的五级字，应用中遇到的生字不会超过1%，可以自由地进行文字交际，为语文能力的全面发展奠定了坚实的基础。

这五级字表的字序安排，不仅反映了文字的使用价值规律，也符合小学生的识字与用字规律。这样的分级，还为分年级安排识字教学的具体内容提供了依据和方便条件。

等级字表研制后，笔者对各级字表中的字种安排是否合适的问题进行了一次对比研究。笔者把等级字表的各个级别的字与作文大赛甲组（小学1~3年级学生）的字频资料中的对应频段进行共有字统计。因为小学1~3年级学生的用字更能够显示出小学起始阶段儿童用字的字种需求和字序特点。结果显示：1~500的共有字是426个，1~1000的共有字是818个，1~1500的共有字是1371个，1~2000的共有字是1812个，1~2500的共有字是2206个。两个字表各个频段的字种有将近90%的字是一致的。这样大的比例，在其他字频表之间是没有的，说明等级字表的分级方法是恰当的。

4.《基本字等外字表》的研制与作用

（1）设置等外字表的意义。

等外字表的设置，不单单是为了解决某些字的学习顺序安排问题，也是识字教学规律的必然要求。识字和其他学习一样，都是量的积累和质的提升的变化过程，都必须循序渐进地进行。以一个学段的时间节点来看，从文字的音、形、义的统一和认、写、用的统一的实现的角度看，学习与学会是不可能同步、统一的。现实生活中，的的确确存在着某些字会读不会写，会写不会读，基本会用却说不出准确的道理等复杂情况。

另外，等级字表的选字和分级都是从识字教学的角度来考虑的。这种考虑对识字教学的教材编写和教材审定、教学评估是非常必要的。但是，这样刻板的规定会给3年级以后的语文教材编写带来困难，对处理不同方言区的识字教学用字也不方便。有了等外字表，既为处理好上述问题提供了方便，也可以进行适度的限制。

面对识字教学中音形义不统一的事实，就必须选择一个方法来处置文字学习和应用中的这些矛盾。如果规定基本字表的字是必须学会的字，等外字表的字是可以慢慢学会的字，那么，让等外字作为等级字的补充，就可以方便地处理和理解识字教学中的各种不统一现象。等外字表的设置，也为解决学习的字量和学会的字量不可能完全统一的问题提供了解决的办法和规定。

（2）等外字表的收字原则。

在基本字表的排序和分级的操作过程中，笔者又对每个字都根据识字教学基本字的定义和内涵进行了一次严格的逐字审定。结果发现，初稿中有些字不太符合识字教学基本字的选字要求。但是，这些字对儿童的学习和应用来说，却不是可有可无的字。主要表现是：

①有些字虽然在当代字频统计中具有比较高的使用频率，但是这些字的使用价值并不是由这些字的用途广泛决定的，而是因为它们能够频繁充当外来词语、名词的音译任务，在大量的"言语词"中以"拟音"字的身份频频出现，故造成了单一的使用价值却有高使用频率的假象。比如：莎、茉、莱、菲、耶、琪、玛、柯等。

②对于大量儿童常用的语气词、象声词，成人使用机会极少，而这些字都属于形旁与声旁表义、示音效果非常明显的形声字。这些字又都是由使用频率非常高的独体字构成，认读与书写都十分容易，可以不列入基本字。比如：啰、哎、叮、咚、咦、咪、喵、呱、咧、喔、嘟、嗯、嗨、嘭等。

③儿童读物中有许多可爱的小动物，它们的名字也是儿童用字统计中使用频率很高的字。但是，这些字对于年龄大一点的学生来说就成了低频字和罕用字。另外，这些字的用途比较单一，况且构成这些字的独体字都是早已熟悉的高频字。所以，这样的字都比较好认、好记、好写，也可以不列入基本字，而列入等外字。比如：蜈蚣、蝌蚪、蚯蚓、蜻蜓、蝈、蛐等。

④为了满足识字教学专用字的需要，我们入选了绝大多数独体字、部件字、偏旁部首字。但是，由于有些字本体的使用价值极低，不属于儿童常用字，比如：戊、函、亨、矢、皿、臼、酉、刁、巳、兮、壬、卯等字，在构字能力方面和等级字表所选的字中也不具有明显的示范效应，所以入选等级字表只能增加学习负担。

⑤天干、地支、大写数字、计量单位用字，还有些人名、地名、机构名专用

字。如淑、萍、茜、蕾和沪、赣、闽、皖等字，使用的范围相对狭小，不具有广泛学习的必要性。

为了处置实际需要和文字本身使用价值不高的矛盾，以及用途单一却使用频率比较高的矛盾，笔者经过反复统计、对比、研究，采取了一个"两全其美"的办法，就是在2500字之外再研制一个"等外字表"。

（3）等外字表的作用和特点。

①等外字表是识字教学内容的重要组成部分。

基本字等级字表5级共收字2500个，等外字表收字500个，合计3000字。2500字对应识字教学要求中应当学会的字种和字量；3000字对应全学程应当学习的累计字量与字种，使认识3000字的识字目标有了具体内容。

这样有分有合、有先有后、有主有次的安排，使识字教学内容安排具有科学、有序的特点。这样做有利于发挥字表在教材编写、评价和学习成绩考核评估中的作用，能够保证识字教学的高质量。

②等外字表是基本字表内容的补充。

在基本字表研制中，严格执行经过科学论证的选字程序和干预原则，保证了收字的质量。但是，有些儿童高频字恰恰是成人的低频字，甚至连常用字都不是，不得不被排斥在基本字之外。有了等外字表，这些字就可以重新收回来，列入等外字表，满足小学生对某些常用字的学习和实际需要。

③等外字表的绝大多数字比较好学。

在干预基本字表的过程中，我们就特别留意把那些与基本字表内的字有明显字音与字义联系的形声字预留在等外字表。所以，那些字的学习、记忆和书写都是比较容易的，等学生掌握了一定的自我识字能力和写字能力之后，自学都能够学好。

④等外字表还具有备用和机动功能。

今后一旦发现等级字表收字存在问题，需要修订，就可以在等级表和等外表之间调整、置换，为实践检验后发现问题的解决提供了方便。

第四节　基本字等级字表和等外字表的验证

等级字表和等外字表研制成功之后，笔者进行了一系列的验证，通过对等级字表和等外字表与相关的字频统计资料进行比较，来验证两个字表的科学性。

验证分为共有字比较、独有字比较、覆盖率比较、专用字收录比较四个方面。笔者还将两个字表与课程标准附发的字表和上海师范大学的《小学教学基础汉字等级字表》进行了共有字和独有字的比较验证。

一、共有字比较

共有字比较验证，是指通过基本字等级字表和等外字表选入的字种在不同的成人、儿童字表中的共有字的数量统计、比较，用以验证字种的选择，注意了不同字表的平衡问题和核心字收入的数量、比例，是符合字用规律的，是科学、合理的。

通过将3个儿童教学专用字表和3个成人通用字表与小学识字教学基本字等级字表和等外字表进行共有字比较验证，证明了基本字表和等外字表的科学性。结果如下表：

表10-2　小学识字教学基本字等级字表和等外字表与6个字频表的共有字比较

序号	字表简称	2500字（等级表）		3000字（包括等外表）	
		共有字／个	百分比／%	共有字／个	百分比／%
1	大赛作文	2227	89.08	2722	90.73
2	网络作文	2241	89.645	2761	92.03
3	读物字频	2220	88.8	2619	89.66
	平均	2229	89.17	2700	90.80
4	北大现汉	2273	90.92	2680	89.3
5	清华字频	2207	88.28	2638	87.93
6	网络字频	2290	91.6	2693	89.76
	平均	2257	90.44	2671	89

共有字，就是基本字表与等外字表和其他字表中都有的字。进行共有字比较，就是要比较基本字表和等外字表从其他字表中选入的字种数量和入选比例。

统计数据表明，在不同字表的2500字中，儿童字表入选基本字表的数量和百分比都比成人字表低。但是，在3000字中则相反，儿童字表入选的数量和百分比都比成人字表高。

儿童字表选字之所以比成人字表平均少选28个字，是因为在基本字表的2500

字中，包含了3个成人字表有而3个儿童字表无的部分识字教学专用字。在3000字中，从儿童字表入选的字反而比成人字表平均多选了29个字，也是因为在研制过程中，为了突显识字教学专用字表的特点而进行干预的结果。

上表中的相关数据说明，在基本字表和等外字表的研制过程中，在保证共有字基本上全部入选的前提下，人工干预适度提高了从儿童字表中选字的数量比例。这样的字表既保证了成人与儿童的共有字成为基本字表的核心字，也突显出了儿童用字和教学专业用字的特点，做到了统筹兼顾、科学合理。

二、独有字比较

独有字验证，是指通过字表没有入选的独有字的字种的数量统计、比较，用以验证字种的选择。这是符合小学生的字用规律的，是科学、合理的。

笔者选择了两个字表，一个是关于网络作文字频的字表，另一个是关于网络字频的字表。之所以选择它们，是因为它们在成人与儿童用字统计资料中具有代表性。

网络作文字频是小学生作文用字的反映，由于语料收集的时间集中、作文内容题材丰富、作文的体裁多样、写作方式方法全面，是当前反映小学生用字的最理想的字频统计资料。

关于网络字频的字表，是目前语料量最大（14亿）的字表；语料采集的时间恰当（2002—2004年）；语料的范围包括主要的专业门户网站，还有文学网站和报纸网站。这是对当代汉字使用情况最好的反映。

验证的方法是把基本字表与等外字表的3000字与网络字频和网络作文字频字频最高的3000字进行独有字比较。独有字对被验证的基本字表与等外字表来说，就是别的字表没有而它们有的字；对验证字表来说，则正好相反。进行独有字比较，可以看出不同字表的字种是不同的。不同的字种反映出不同的用字特点和规律。

经过统计比较，笔者发现基本字表与等外字表的3000字，与网络作文字频的频率最高的3000字有2761个共有字、239个独有字；与网络字频频率最高的3000字有2693个共有字、307个独有字。

仔细分析两组对比字表的独有字字种会发现它们之间的不同，主要是因为基本字表和等外字表收录的与识字教学有关的独体字和部件字的数量比较多，收入的与儿童日常生活有关的动物、植物、器物、食物等名称的用字也比较多。这种情况在与网络字频教学的独有字的比较中更为明显。网络字频多于网络作文字频的独有字有68个。可见，我们研制的字表选字与网络作文的字种更接近，与反映成人用字情况的网络字频的字种差别较大。

上述事实说明，在基本字表和等外字表研制的过程中，由于着意对识字教学的专业用字进行干预，比较多地收入了与小学生的日常生活用字和学校环境中的教育、教学用字，所以即使加大了与其他字表的字种不同，也还是把满足教学需要的特点凸显出来了。

三、覆盖率比较

覆盖率验证，是指通过字表入选的字种在不同字表中占有覆盖率的统计、比较，用以验证字表入选的字种，即使用价值高的字。学习这样的字，可以保证教学的高质量。

覆盖率比较，就是把基本字表和等外字表的字放到某一字表中去，统计共有的字种在该表中的累计频率的数据，然后进行覆盖率大小的比较。覆盖率比较的实质，是对入选字种的整体质量（使用价值高低）进行比较、分析。结果如下表：

表10-3　小学识字教学基本字等级字表和等外字表与4个字频表的覆盖率比较

序号	字表名称	总字数	覆盖99%的字数	2500个基本字的覆盖率	500个等外字的覆盖率	3000个基本字及等外字覆盖率
1	大赛作文	9674	2544	98.33	0.82	99.15
2	网络作文	5313	2566	98.23	0.97	99.20
1~2	平均		2555	98.28	0.895	99.175
3	北大现汉	9711	2679	98.19	0.29	98.48
4	网络字频	6932	2613	98.32	0.61	98.93
3~4	平均		2646	98.255	0.45	98.705

从上表覆盖率的统计数据可以知道，等级字表的2500字在2个儿童字表里的覆盖率分别是98.33%和98.23%，平均达到98.28%；在2个成人字表里的覆盖率分别是98.19%和98.32%，平均达到98.255%。

基本字表的字在儿童字频中仅仅高于成人字频0.025%的事实，说明基本字表入选的字既关照了儿童与成人用字的相同，又兼顾了儿童与成人用字的适度差异。基本字的主体是成人与儿童共用的高频字。

等级字表和等外字表的3000字，在2个儿童字表里的覆盖率均超过99%，平均达到99.175%；在2个成人字表里的覆盖率平均达到98.705%。

虽然这3000字的累计频率在儿童字表中比在成人字表中仅仅高出了0.47%，但是在上述两个字频统计的资料中，累计频率从98.53%到99%时都需要300多字，说明字种的差别较大。

这样的验证结果表明，基本字表和等外字表中的字，尤其是儿童使用的高频字入选字种的质量是比较高的。把这样的字表作为小学识字教学的依据是很适宜的。

覆盖率的验证结果表明，小学识字教学等级字表和等外字表，无论是在成人字表，还是儿童字表中，都有比较高的覆盖率。在字表研制的过程中，不论是在字量确定、字种选择，还是在高频字的控制和等级划分方面，不仅符合"高频稳定、低频多变"的字用规律，也突显出儿童用字的特点。两组数据相互关联，有力地佐证了基本字表和等外字表在字种的选择上是科学、合理的，入选的字种对小学生来说都是使用价值较高的高频字。

四、教学专用字入选情况

专用字验证，是指通过字表选字中儿童常用和教育、教学专用字的收字情况统计、比较，用以验证字表的专业性是否得到凸显。

（1）教育部、国家语委于2009年3月24日发布的《现代常用独体字规范》（CF 0013—2009），一共包含256个独体字。基本字等级字表和等外字表收录了其中的246个，还有卤、臼、吏、卤、羌、冉、乍、夭、囱、柬等10个字没有收进。

语文课标2011版的附录4是识字、写字教学基本字表，一共300字，其中独体字122个，等级表已经收全。

（2）《新华字典》里共有189个部首。其中成字部首144个，不成字部首44个。基本字等级字表和等外字表共收入128个常用部首，还有缶、疋、耒、卤、艮、豸、聿、臼、豸、彳、殳、黾、隹、幺、丬、彡16个罕用的部首没有收进。

（3）《信息处理用GB 13000·1 字符集汉字部件规范·汉字基础部件表》中

有393组基础部件，其中包括的主形部件和附形部件一共560个。有关专家认为在560个部件中，有310个是成字部件（部件字）。基本字等级字表和等外字表共收入301个常用部件字，只有夭、囱、熏、吏、卤、臼、冉、乍、東等9个字没有收入。

（4）用于计时的10个天干和12个地支用字，10个大写数字，还有全国省、市名称及简称用字，被基本字等级字表和等外字表全部收齐。

（5）在2010和2011两个年度的《中国语言生活状况报告》中，列举了两年人数最多的"百家姓"，共有106个不重复的姓，被基本字等级字表和等外字表全部收齐。

（1）～（3）项是与小学生的学习生活关系密切的字。这些字是汉字构字的基础，是识字教学经常用到的内容。在研制字表的过程中，笔者对其予以特别的关照，使用频率比较高的绝大部分字已经被收入字表。这些字单独使用的价值也许不高，但是它们在汉字家族里面却不是可有可无的字。

另外一些字由于在汉字的日常应用中很少使用，只是承担少量或少用的字的偏旁部首任务，或者在不太常用的字中承担构字任务，所以，等外字表也没有收入。

（4）～（5）项属于人们日常生活的专用字，即便不是人人、时时都用，也是每个学习汉字的人应当学习和储备的字。所以我们已经全部收齐。

基本字表和等外字表对专用字的收入全面及数量巨大，是其他任何一个字频表都不能比的。这有力地证明了字表的专用性优势。

五、与课标字表收字的比较

为了验证基本字等级字表和等外字表的收字情况是否符合研制的目的和要求，也为了验证它们的字种构成是否具有科学性和合理性，笔者将其与课标附表的表2和表3，即2013年6月发布的《通用规范汉字表》的3500个一级字进行共有字及独有字比较。结果是：

用课程标准附表的2500字与等级字表的2500字比较，两表的共有字是2286字，只有214个不同。共有字所占的比例是91.44%。

用课标附表2的2500字与等级字表加上等外字的3000字进行共有字比较。它们的共有字是2409个，只有91个字是课标字表没有的。2409个共有字在2500个基本字中，占有96.36%的高比例；2409个共有字在基本字加上等外字的3000个中，占有80.3%的比例。可见两个字表的共有字所占的比例是比较高的。

用课程标准的3500字与等级字表和等外字表的3000字进行比较，它们的共有字是2905个，课标的两个字表（即通用规范字表的3500个一级字）因为字量多于基本字两个字表500个，所以有595个独有字。基本字表和等外字表只有95个独有字。这表明，基本字两个字表的字种与课标两个字表的字种重合度还是很高的。

共有字数量，即字种的重合度很高的事实说明：识字教学基本字等级字表与等外字表与国家新公布的《通用规范汉字表》的收字既有非常高的吻合度，也存在着一定比例的字种的不同。共有字数量所占比例很大，说明基本字两个字表的选字完全符合汉字的使用价值规律（字用规律）。少量字种不同，主要是由成人用字与儿童和教学用字对字种要求的不同决定的。

六、与《小学教学基础汉字等级字表》的比较

用陶本一教授主编的《小学教学基础汉字等级字表》（简称"基础字表"）的3060字与基本字表和等外字表的3000字进行了共有字比较。

基础字表，是一个采用"使用度"统计和排序方法研制的字表。从字表名称、基础语料的专业范围和研制的目的来看，这并不是专门为小学识字教学研制的专用字表。它是个既"为识字教学的科学化提供参考"，也"为小学其他学科教材的用字提供参考"的字表。基础字表的字量和分级方法与基本字表不同。但是基础字表的字种选择具有儿童用字特点和教学用字的特点，这是一个难得的、适宜小学各科教学参照使用的字表。

基本字表的2500字与基础字表1~3级使用度最高的2500字比较，共有字是2303个，独有字是197个。与1~3级的2525字比较，共有字是2329个，独有字是171个。相同的2329字占基本字表用字的93.16%。

基本字表加等外字表的3000字与基础字表1~4级的3060字进行比较，共有字是2732个，3000字中只有268个字不同。相同的2732字占基本字表和等外字表收字的90.06%。

基础字表的收字与等级字表、等外字表的字种重合度达到90%~93%以上，比其他字表之间的共有字比例都高。

基础字表是为小学各个学科的用字提供依据的，基本字表是专门为小学识字教学提供依据的，两个字表研制的基础资料不同，结果自然有别。但是，字种的选择是如此接近，说明两个字表的研制在理念与方法上是十分接近的，是可以相

互印证的。

第五节　基本字和等级字表研究的价值

一、基本字等级字表的教学应用

小学识字教学基本字等级字表和等外字表，不仅明确了字量、确定了字种，还以等级划分和等外字表的形式安排了字序，为识字教学内容改革提高了科学的、具体的依据。

这两个字表与小学识字教学的内容要求相对应。等级字表的2500个字是应当学会的字（不只是会写的字）；等外字表的500字加上2500字就是小学识字教学的全部字种。

在字表具体应用时，必须处理好字种、字量和字序的关系。在全学程和不同学段安排落实教学的具体内容时，要注意以下三点：

第一，语文教材的用字总量不能突破3000个常用的汉字。

第二，衡量识字教学效果的主要标志是学会2500个基本字。

第三，识字的顺序要做到年级、学期和字的等级顺序紧密配合。

但是，不能机械地理解识字的字频顺序和等级顺序，要从学生、地域和社会用字的实际出发，做到既要坚持原则，也要从教学和教材编写实际需要出发，根据需要进行适当的微调。

多年来，课程文件和语文教育界已经习惯于用"学习量"和"学会量"分开的方式，即用"累计认识多少常用字，学会其中多少字"之类的句式来表述识字教学的内容要求。如果把学会2500个基本字作为小学识字教学的要求，还可以把学习的字量定为3000个。学习的常用字是3000个，学会的基本字是2500个。可以把课标的表述方式改为："小学阶段累计学习常用字3000左右个，学会其中的2500个基本字。"这种安排和表述与过往的大纲和新修订的课程标准是不同的。因为本研究的初衷不是为了落实课标，而是在检讨课标不足的前提下表明并验证自己的主张。

这个表述与课标的表述在使用概念方面有三点不同。课标是"认识"，这里是"学习"；课标是"会写"，这里是"会用"；课标是"常用字"，这里是"常用的汉字"和"基本字"。这样改的好处有三个：

一是更符合识字教学的特点和儿童识字的规律，也能正确落实"认写分流"的教学策略。二是以文件规定的方式，保证了基本字等级字表在识字教学中的合法地位，及它在构建识字教学科学体系中的关键、核心地位，也让研制等外字表的目的得以落实，很好发挥作用。三是解决了课标对识字教学字种、字量和字序规定的模糊缺憾，以及把会写字作为识字教学的最终目标的误导。

如果小学识字教学的全学程的教学要求做出如此改动，第一学段的教学要求也应当同时修改。究竟要怎么改尚待讨论，但是，只要求会写"其中800左右个"常用字的说法既没有理论依据，也无法满足小学生用字的实际需要。这种"减轻负担"的设计，只能收获"入不敷出"的尴尬。

二、基本字等级字表的其他应用价值

小学识字教学基本字等级字表除了可以作为小学语文课标修订、教材编写、教材评价、教学效果评估的依据之外，还对研究制定对外汉字教学、少数民族汉字教学和扫盲工作具有基础性的参考价值，并且可以成为各种汉字教材的编写、评价的依据和参考标准，以及针对儿童的各种读物、教辅材料用字的参考。

笔者建议组织专家鉴定基本字表，总结经验，扩展研究的范围。如果基本字表得到权威性认可，就可以借鉴此项研究的经验进行一系列类似的研究。包括组织力量专门研究、编制针对华裔的《华文基本字等级字表》，研制针对母语是非汉语的外国人学习汉字的《中文基本字等级字表》，研究、编写《少数民族汉字学习基本字等级字表》，也包括修订各种汉字考核字表的内容。

为了便于各方面使用，本书还附录笔画序字表。

笔者也将与写字课教师合作，准备以这个基本字等级字表为基础，按照"认写分流"体系建设的构想，研制一个《小学写字教学示范字表》。并计划从等级字表中选出字形具有典型示范意义的800左右个范字，按照写字训练的规律和方法设计训练程序，为小学写字教材的编写提供参照。

三、基本字研究的理论价值

1. 验证了"字用规律"的重要理论价值

通过大量的字频统计数据分析，笔者提出了"字用"和"字用规律"的概念，并且归纳、总结出几条主要的字用规律。

字用规律是基本字研究的核心理论。遵循字用规律，提出了"基本字""识字教学基本字"的概念，搞清楚了它们的关系；遵循字用规律，找到了识字教学内容构成中处理儿童与成人用字不同的方法；遵循字用规律，解决了如何科学确定基本字的字种、字量、字序的问题；遵循字用规律，发现了汉字的覆盖率与其对应的字种量存在着等比例数量对应关系，找到了等级字表的定量、分级方法和等外字表设置的理由。

这一切都说明，字用规律是识字教学的基础理论，具有很高的理论和运用价值。

2. 提出了"当代汉字"的概念

根据不同时期语料字频统计的数据变化和我国文字改革、规范化工作的最新情况反映，笔者提出并且验证了1910年以来的现代汉字已经发生了巨大变化。这个变化的主要标志是汉字的使用数量趋减和字种趋稳。这个变化的节点是2000年国家颁布的语言文字法。

在大量证据面前，笔者提出并且在本研究中大量使用了"当代汉字"的概念，明确提出小学识字教学就是当代汉字的教学，学习的重点和核心就是"识字教学基本字"。

3. 提出并解释了"基本字"和"识字教学基本字"的联系与区别

传统的汉字研究常常按使用价值把汉字分为常用字、通用字和罕用字三种，又把常用字分为常用字和次常用字。笔者主张按文字的使用价值把常用字与次常用字分开，把常用字中的常用字叫做基本字，使用基本字、常用字、通用字和罕用字四个不同层次的概念区分文字的使用价值，力主把识字教学的内容（字种、字量）和顺序首先放在基本字的学习上。

对基本字的学习也要从小学生的实际出发，提出基本要求。那就是要学好基本字的规范字形和最基本的字音、字义，做到基本会认读、基本会书写、基本会使用。

"基本字"和"识字教学基本字"并不完全相同。基本字，是指识字教学的核心、重点内容，但是识字教学不能仅限于一般意义上的基本字，还必须学好儿童日常应用的基本字，包括儿童参与教育、教学活动的专用基本字。

4. 提出用等级字与等外字的办法，解决识字教学中的具体问题

本研究中使用了两个相关的概念——"等级字"与"等外字"。等级字，对应2500个基本字；等外字，对应2500字之外的500个常用的汉字。两个数据和两个字群相互照应，使识字教学的目标和要求得以准确表达。

等级字，是应当学会的字；是既会认，也会写，还会用的字。等外字，是还没有完全学好的字，是音、形、义还没有实现统一的字，是等待将来基本学会的字。

由于文字的音、形、义之间存在着复杂的关系，全面把握需要时间，也需要反复的实践。等级字与等外字的存在和相互补充、转换，都是不可避免的。

由于地域的语言差异和教育水平发展的不均衡，以及语文教学的丰富内涵的要求和教材选编存在着各种实际困难，等外字表存在的意义是不容置疑的。

基本字表与等外字表的配套，是解决各种矛盾和实际问题的最好办法之一。

参考文献

［1］贝贵琴、张学涛. 汉字频度统计. 北京：电子工业出版社，1988.

［2］笪骏. 现代汉语单字字频列表. http://www.docin.com/p-243702054.html.

［3］戴汝潜. 我国小学识字教育的现状、分类与科学化问题. 转引自现代小学识字教育科学化研究. 北京：北京科学技术出版社，1994.

［4］戴汝潜. 大成全语文教育. 北京：机械工业出版社，2003.

［5］佟乐泉、张一清. 小学识字教学研究. 广州：广东教育出版社，1999.

［6］谷锦屏. 听读识字研究. 济南：山东教育出版社，1997.

［7］郭曙纶. 中小学作文用字与新课标字表的比较统计. 第4届全国教育教材语言年会论文集，夏中华主编：教育教材语言的研究与应用，北京：中国社会科学出版社，2014：49-59.

［8］郭曙纶、张红武、柏亚东. 上海市小学语文教材用字的统计与分析. 首届全国教育教材语言专题学生研讨会论文集. 2006：46-51.

［9］国家语委. 现代汉语常用字频频度统计. 北京：语文出版社，1989.

［10］国家语委. 2005中国语言生活状况报告. 北京：商务印书馆，2006.

［11］国家语委. 2010中国语言生活状况报告. 北京：商务印书馆，2011.

［12］国家语委、教育部. 现代常用字独体字规范. GF0013-2009［S］. http：//www.moe.gov.cn /s78/A19/yxs_left/moe_810/.

［13］国家语委. 信息处理用GB 13000·1 字符集汉字部件规范·汉字基础部件表［S］. http：//www.moe.gov.cn /s78/A19/yxs_left/moe_810/.

［14］国家语委文字处编. 现代汉语常用字表、现代汉语通用字表. 北京：语文出版社，1989.

［15］国家标准局. 信息交换用汉字编码字符集·基本集. http：//www.moe.gov.cn/s78/A19/yxs_left/moe_810/s230/201206/t20120601_136847.html.

［16］顾维萍. 识字教学的现状与分析. 上海教育科研，2000（10）.

［17］林崇德．小学语文教学心理学．北京：北京教育出版社，2002．

［18］教育部．全日制义务教育课程标准（实验稿）［S］．北京：北京师范大学出版社，2001．

［19］教育部基础教育司．全日制义务教育课程标准（实验稿）解读［S］．武汉：湖北教育出版社，2002．

［20］教育部．全日制义务教育课程标准（2011版）［S］．http：//www.pep.com.cn/ xiaoyu/jiaoshi/tbjx/kbjd/kb2011/．

［21］饶杰腾．语文学科教育学．北京：首都师范大学出版社，2000．

［22］施良方．课程理论．北京：教育科学出版社，1996．

［23］苏新春．位序调查法与学习性字表．北华大学学报，2011（4）：9–17．

［24］陶本一等．基于语料库的小学识字教学研究．语文教学通讯，2008（9）：13–18．

［25］陶本一．小学教学基础汉字等级字表．上海：上海辞书出版社，2012．

［26］唐松明．新编常用汉字认写大全．昆明：晨光出版社，1998．

［27］王惠．汉语词汇统计研究．http：//www.docin.com/p–605670350.html．

［28］王铁昆．试论《国家通用语言文字法》颁行的意义及其特色．语文研究，2001（4）：1–4．

［29］王宁．《说文解字》与中国古代文化．沈阳：辽宁人民出版社，2000．

［30］王宁．汉字学概要．北京：北京师范大学出版社，2001．

［31］王元华．小学一年级汉字教育的字钟、字量、策略、体系研究．北京师范大学中文系，2001．

［32］夏中华．教育教材语言论集．北京：中国社会科学出版社，2011．

［33］邢红兵．小学语文教材形声字表音情况统计分析及小学生形声字命名的自组织模型．北京师范大学心理系，2002．

［34］郑宇．有关识字的一点思考．http：//www.pep.com.cn/xiaoyu/jiaoshi/ jxyj_1/ shizi /201008/ t20100817_661359.htm．

［35］周美玲、苏新春．四套基础教育语文教材用字状况调查及思考．上海教育科研，2009（4）：44–47．

［36］周有光．中国语文纵横谈．北京：人民教育出版社，1992．

参考文献

后　记

　　我是一个和语文打了一辈子交道的人，对语文教学的研究已经成为我生命的一部分。年轻时，爱语文、读中文专业；退休前，教语文、研究语文教学；退休后，我用十几年的时间探索识字教学科学化问题。

　　在这十多年的学习与研究中，我梳理了识字教育的历史，研读了教育名家的经典论著，也深入小学、幼儿园和社会教育机构进行调查研究，还研读了课程标准和几套权威出版单位出版的小学语文教材。无数事实告诉我，由于识字教育观念陈旧，教材编写模式落后，教学方法不科学，造成的识字效率低下，已经影响到整个语文教学，制约了基础教育质量的提高。

　　在对小学学前班的识字教学试验中，我对社会上流行的许多识字法进行了比较研究。我发现，人们对识字教育研究的热情，远远超过对语文教育其他方面的研究，这说明人们都意识到识字教学存在着问题，需要研究解决。同时，我也发现，无论是语文教育专家，还是一线的语文教师，都把识字效率低下的原因归咎于识字量少。于是课程标准提高了识字量，教材编写增加了识字量，各种大字量的识字方法也纷纷面世。十年过去了，识字教学存在的问题并没有得到较好解决，识字教学仍然在困境中挣扎。

　　在学习、实验和研究中，我找到了识字教学效率不高的原因和破解困境的办法。我认为，我们现在的小学识字教育从观念到内容再到方法，都存在着严重的问题。其中主要的是识字教育的观念陈旧、内容模糊、方法不科学。一句话，识字教学缺乏科学性。

　　识字，作为小学低年级语文教学的主要内容，按理说，教育主管部门、有关专家和教师应当非常清楚地知道识字课上学生应当学多少字、哪些字，以及按着什么顺序、什么方法去学习这些字。可是，非常遗憾的是，对开设一门课程必须首先搞清楚的这几个最简单又是最主要的问题，不但教材编写专家没有弄清楚，就连教育部颁发的"课程标准"都没有写明白。仅从这一点，我们就能感到识字教育的科学发展是如何艰难而迫切。

在寻找解决上述问题答案、探索识字教育科学发展的研究中，我有幸接触了几十份不同的字频统计资料。通过对字频资料的分析、比较、研究，我发现，字频统计资料所揭示的"字用规律"是破解上述难题的"金钥匙"。根据字频统计中的频序和累积频率，我们可以轻而易举地、科学地确定不同识字对象、不同学习阶段识字的字种、字量和字序。根据字频统计实际上是一个字应用次数多少排队结果的启示，我推论出，认识高频字的基本方法就是"通过高频复现的方式"进行识字。

2003年，我在国内第一个提出了自己的识字教学基本理念——字频识字。字频识字，就是根据字频高低确定字种、字量和字序，通过高频复现的方式识字。

从此开始，我一边完善字频识字理论体系的构建，一边以编写识字教材和课堂教学实验的方式进行对科学识字的教学内容、教材结构体系以及识字方法体系的科学探索。

在长达四五年的时间里，我围绕小学识字教材中的字种、字量、字序和教学方法问题，写了一百多篇反思与探索方面的文章，也在不同场合宣讲字频识字理念和内容、方法，为识字教学科学发展献计献策。同时，也完成了几个版本的"字频识字"教材的编写和教学实验工作，不断丰富字频识字的理论，不断调整教材的内容和结构，不断充实和细化高频复现的识字方法，不断积累着识字教材编写模式和教材结构优化的经验。

实践告诉我们：字频识字，可以让儿童在最有效的年龄段，用最短的时间、最简单的方法，学会使用价值最高的字，并且获得最高的巩固率，从而实现识字教育科学化。

字频识字法以其崭新的理念、独特的构思、科学的方法、很高的效益，成为越来越受到欢迎和重视的识字方法。该识字法除了在国内推广外，也引起了海外华人的关注，许多报刊等媒体都进行了报道和评论。

字频识字的研究与实验虽然取得了初步的成果，赢得了社会赞誉，但是，这项研究却遇到了我个人没有办法克服的重重困难。

第一，我在研究中发现，目前确定识字对象和数量的依据是《现代汉语常用字表》，我初期编写的字频识字教材也以该表的字频为依据。但是，随着研究的深入，我发现这个20多年前研制的字表早已脱离了当今的语言实际；更重要的是，它是个社会常用字表，也就是成人字表，与儿童用字的实际存在着很大差距。因此，需要对儿童用字进行调查、统计，研制《儿童用字字频表》，进而研制《识字教学基本字等级字表》。

这是一项牵扯面广，并且需要时间、人力、财力和权力支撑的事。我个人虽有完整的理论论证和方案设计，却没有能力进行这项研究工作；即便研制成功，也难以得到认可。而这项工作不能进行，后续的研究和实验也就不便再进行了。

第二，我虽然编写了几套教材，却始终因政策原因不能进入小学课堂进行教学实验，只能在学前班和社会培训学校进行实验。虽然字频识字取得了令人满意的效果，却没有改革小学识字教学的证明力。这使研究的目的不能落实，成果不能推广。

第三，因为研究是建立在我个人对当前识字教学，包括现行课标、教材、教法的全面反思和批判的基础上的，所以，我提出的"字用规律"理论，字种、字量和字序的确定方法，以及教材的结构和编写模式，都还难以被主流群体所接受。再加上我是个退休在家之人，没有隶属单位和团体，我的研究虽然得到业界许多专家、朋友的肯定和支持，却没有机会和能力进行广泛宣传，连科研立项、成果鉴定都找不到门路。

尽管如此，我始终没有停止探索识字教学科学化的脚步。

2012年，我撰写了一部解读课标修订稿的《论语说文——2011版小学语文新课标评介》。这部10多万字的书稿围绕着识字教学科学化这个中心，从影响识字教学质量和效益提高的原因与改进的方法、措施两个侧面进行对比论证评述。书中有理有据地对新老课程标准、课标版教材的内容和编写模式、识字教学的方法、写字教学改革的理念和策略，以及"语文"的内涵和层次性、语文课程的性质等方面存在的问题和修订的内容，进行了详细的介绍、分析、评论、建议。遗憾的是我没有能力把它出版。

2013年，在苏新春教授和郭曙纶博士的帮助下，我历时一年多研制成功了《小学识字教学基本字等级字表》。在字表研制过程中，我提出了"当代汉字"的理念，"基本字"和"识字教学基本字"的概念，对修改现有的识字教学目标、要求表述方式的建议，对识字量调整和教学顺序按等级安排的设想以及关于字表等级划分方法和补充研制等外字表的理由。我相信，这是第一个以儿童用字的语料调查统计字频为基础和学习顺序，以社会共同用字的"基本字"为核心，以儿童日常生活和学校的语言文字生活的"常用字"为补充，以认字和写字教学特别需要的"典范字"为特别关照对象，通过科学组合和严格验证而研制成功的识字教学等级字表。它给解决识字教学的字种、字量和字序的科学性问题提供了基础和参照，在识字教学科学化方面做出了独特的贡献。

遗憾的是，这样一项科研成果，来自一个早已被"边缘化"的年迈的退休教师。它能否被承认，尚且无从知晓。

鉴于此，再加上个人的身体越来越糟的无情现实，我只能遗憾地使研究中止于既有水平和过往成果。于是，我萌生了把写过的70多万字文稿整理成一套"董兆杰论科学识字系书"的念头，分成6个重点，编成6本书，个人进行出版。想以此为自己的识字教育研究工作划上一个句号，给我一生钟爱的语文教育事业做一个交代，给后人留下一份纪念。

我的想法被多年来一直支持我、帮助我、理解我的苏新春教授获悉。他建议我紧紧围绕识字教学科学化这个中心，编辑成一本理论上自成体系、内容上翔实具体、有独到见解和实用性强的学术著作。我按照他的建议写成了这本《基础教育识字教学研究》。

我非常清楚地知道，每一项科研成果，都是长时间反复研究和实践的结果，都不能出版定论。我在这本书中，不是反思过去的问题，就是探索未来的路径；不是针对教育部颁发的课程标准，就是直指学术权威的言论主张。我只是一名退休的中学语文教师，由于个人水平、视野的局限和研究环境的窘迫，我的看法难免会有浅薄、偏颇或谬误之处。在希望得到专家、学者和同行们批评指正的同时，也希望得到宽宥和理解。

我在语文教育战线摸爬滚打几十年，目睹了语文教学滑坡的种种乱象，听惯了社会各界经久不息的批评。一个语文教师的责任感和愧疚感，让我不得不向同行们倾吐所悟所感，直抒一己之见。我在谨慎地进行逻辑论述的同时，也在表达一个为语文奉献一生的语文人的忏悔与挚爱，还在述说一个古稀老人对语文未来的憧憬与祝愿。所以，我暂且忘记了自己的浅薄，在书中毫不掩饰、淋漓尽致地表达我的欣喜、满足和失望，也拿着"放大镜"贪婪地寻找并放大其中的瑕疵，还不顾自己能力的低下和学术上的纷争，直言自己的感悟与建议。

我的看法和主张，可能得到知音者的赞赏，也可能引来某些人鄙夷的目光，这都可以理解。若是由此引来万千智慧的目光，掀起新的一轮语文教学改革的激浪，即便我成了万箭穿身的靶子，也会有大有作为的坦荡和幸福。这是我，一个老语文教师的殷切期望，也是我对自己钟爱的语文教育仅能给予的一点补偿。我只希望能够为识字教学的科学发展再尽一份爱心，再献微薄之力。

一个被严重边缘化的退休老人，就像被几面无形的高墙与主流社会分隔开来，感到阴冷、孤寂，觉得艰难、无望。幸运的是，我在教育科研这个舞台上，遇到了老师和知音，体味了温暖和善良，收获了信心和力量。

在本书即将出版发行之际，我首先要衷心地感谢著名语文教育专家戴汝潜先生慨然允诺为本书作序，是他的大作为本书增添了光彩。

我特别要感谢苏新春教授、郭曙纶博士和国家语言资源监测与研究中心教育教材语言分中心那些未曾谋面的朋友们坦诚、无私的支持，是他们让我忘记了孤独与无奈，是他们给了我科研的青春和坚持的力量。

我还要感谢多年一直支持我进行教学实验单位的领导和老师，是他们的陪伴给了我力量和信心。感谢许多没有办法一一点名的专家、学者和我在小学、幼教第一线工作的学生们的鼓励、帮助与关怀。

最后，我想感谢那些帮助了我，我却不能点名道姓的朋友。我在研究和写作的过程中，参阅了一些学者的著作，也从网上下载了许多资料。由于时间久远，除了书后附录那些参考文献之外，书名和作者已经无从考据。前些年从网上下载的文件都是片段，没有作者和出处，也无法在书中注明。对此，我深表歉意，并请求宽宥！

董兆杰

2014年1月24日 于唐山锦绣苑

附　　录

小学识字教学基本字等级字表（字频排序）

一级字（500个）

的着里都花面点事白明红已更十实公写校

我到下么开让回见树经您喜方许阳本拿张

了就可家然爱如身边放欢常玩第电女门亮

一地会生她道同但吃分力望候满全名叶始

是大去出以美用气作几种外带奶片住跑似

不天心老又师色从光因吧日太文爷雪草二

在你也过样什向国才空行等记母此

有子中和爸给眼前被呢话定三怎园今问相

们时得多很发最次些情再春飞完远习轻条

来那它自像动手高啊每所觉车清西世体

上好为后成真现风之正乐却比神呀游教原

小妈学想能头当间果意叫路便位与班早

这说起只对长知快进山孩物海口直吗使落

个看还把而儿于笑听书雨变亲友主月球深

人他要没水走己做打活两别丽难绿新课其

五黑晚脚彩死认切离云忘妹米块巴
秋先音特立由哥六突台题舞者赛百
姐步干奇皮结该失乎渐房错度令视
场找火景毛工考跟包灵民旁收室惊
脸受精非静象苦林整饭件久城响试
流字服画万帮笔思各形极倒识半留
四刚界入关微脑转谁容宝功伤龙假
兴往鱼语细期忙青睡梦猫急诉狗周
少金接跳朵坐河随夜故哈歌夏品答
总终理石目王观怕钱穿停般保沙食
机平节热数级父业嘴温战尽丝掉准闪
马信命法安应紧照通福弟吹兔且永害
处朋越连衣并味讲站冬化幸哪传类湖
黄加表慢读刻强买谢双解部句叔楼鸡
东重将香晴影虽告乌阵木千根坚代任

二级字（500个）

背指队摇仿领土破纸袋决念偷
午默男钟言甜吸怀激围续举珍
蓝护量至趣环格愿境顶蛋晨造
利助冷沉滴岁及船牛淡板季颜
待乡古羊冰竟漂懂仅婆未严胜
希争姑鼠充虎反算持露调育迎
备交办布报华童请爬珠坏窗喊灰
哭暖伴角员足寒枝八仙排乱窗喊灰
呼松洗英群戏首敢努累散消
底装飘管桌醒合抱痛求独引透
拉运颗性耳或展床断阿优练
送提冲啦具娘悄病团单演士论
市乌何赶灯南唱洋历线取洁院
菜息泪层依怪迷江野鲜闹摸鼓
圆佛座近军内油改显养豆纷勇

雷料顾够娃按忍共掌农惜巨折弄骨集舍爽康武
喝烟拍朝狼左堂遍汗劲腿厚镜擦史弹伞章博
元劳器富右参银欣魔仔肯赏印店吓秀滚篇陈叹
忽达斗差七居伯街刺必支另泥荡系泡察靠捉值
北浪禁制瓜网挺需垃贵克盛健弯艳杨狐模溪药
熊伸绩翻摆壮则继烧程临洞拥式悠浓姿孙染灿
顿义肉礼烈尾桃操善哗败尔鸭术尖刘雾零弃盆
区遇村救客伟荷存圾挂图恶态晶抬犹既蜜幕隐
虫粉屋科诗绝扬换示股丰休圈妙含铃傲寻宽异
曾暗棵卷柔选段忆藏滨扑称采紫雄巧烂享招勤
龟复李即辛困致姨猴族竹止柳兰池勃映菊滋
低速鼻熟漫瞧组嫩夫舒扫除卖束扔赞射酒
敬约祖号简广闻短易份超献盖贝务肚压志疼击陪
血滑密导抓伏净初追桥牙麻产架良祝呵盘恩毫源
建田玉曲注波计顺森医九凡奔溜铁轮呆推险翼负

三级字（500个）

若标奖仍醉蹦查修
担纪拔躺暑缓骄创
盒悟杀咬普增蜂脱
匆耀尝奥杯兵庭锋
众墙德设聪摔俩棒
刀哇姥责阴湿碧朗
状悲费诚守胡探丁
躲膀励疑粗艺骑欲
弱甚蒙端迹划狂丛
翅胖逃腰笼植悦缺
糖社恐评旧卡州警
确梅软偶汉词卫洒
震碰佩挥纯幅户顽
质冒堆积投训嘛狸
鞋鬼升秘岛怒瓣旅

214

翠钻苍钢厉戴须忧毕倾规慰夹抚夕牌虚虹迟肩舅捧钓斑轰

型势篮腾耐归穷贴扎迫傻适狮枪莫棉睁昨疲灾帽奈抗夸炼

技残岸绍懒斯恨狠闲织官恋屈恼霞述庆征丹唐闷渴芦县笋

眉幽茫资互楚碗挤商肥谊芳防抖笨铺播箭拜抹途插遗瀑惑

际耍敌价暴批番握灭绕苏枯补鸦悔鸣翔尘例璃逐典配塑

浮京付统箱案尊触宇雀涌椅登跃淘缝宫唤项阔瞬墨拾

餐胆剩碎挑针余晴治薄证汪汤况末略兄盼铅搞唯刷臭迈骗

省讨属抢馆饱磨辆泼鹅危缩饼炎羽寂炮搬益据悉律赢偏减

汽圣私吐硬唉联峰豪乘毒厌夺拖摘帝敲怨艰予废犯绳愤猜

茶绵踏孔雅桂列津垂乖旋帘迅炸扭票稻皱埋沟

孤置猛拼幻扇基巾辉纹融饿壳镇党踩剧奉委慧秒隆污梁吴递

羞误专副抽燕锅酸糊撞辣郁杂鲁谷捡仰披套桶貌慈释茂媚维

吵琴喷蛙串陶退索否荣泳亚惯怜梯佳娇壁胸浅贪承燃葱免瘦

宁降介聊谈润苇亭苗撒窝借罗限聚奏输骂剪粒糕塔杰徐择撑

瓶较威幼繁丢托泉晃添脏庄封吞究营材甲闭皇娜尺祥塘惨检

四级字（500个）

攻屁慕

尚司俗

逗纱冠

齿川盈

丑额潮

玻航杆淋

施杆革

派扶厅

麦陆咱

爪浑宣

挡凤肃

局伏载

启横焦

芒朴裙

描移滩

蛇浩晕牵遭毅丧侧棋构堡肤葛杏吼尤肠恒氧赖廊牺泰殿崖匈洛籍牧乃

趴筑橡诞晒盯裂漠炒拳吁砸柜尼妮跨绘斜蕉牲凑撕驼坦倦峡拐疏乒胞

席遥涂摩诸研绪厘占仪蚊畏枫竖讶彼泣纳覆寸烫锦勒谅鹤宛旺乔协匙

概某魂疯伦虑脖避豫济刮挖戒澡罪痕搭汁暂侵糟殊抄兽捏漆瑟亏摊丫

凌沿猎瑰抛美录妇坡衬虾踪陷宋迪吉逊郭沾饺贫刹痴霸瑞嗓蝇雁焰

雕财莉疾竞井坡株陌稍锁罩职帅苞伍链恰府杜藤岗岭罚货棍著栋

烤丈捕慌曹妇坡衬虾踪陷诺帅苞伍链恰府杜藤岗岭罚货棍著栋

酷鹰碌剑挨臂株萝锁罩职帅苞伍链恰府杜藤岗岭罚货棍著栋

呈逝驶遮趁砍凝政浸欺筋卜鞭盏眠权粮砖符掏钩俊衡驾

厨昏效缘塞伐叠敏罢览庞附蜡振牢煮执咽跌延哄妖逛措扰梧庙秦歇僧

阶惹控谓岩叠匹敏罢览庞附蜡振牢煮执咽跌延哄妖逛措扰梧庙秦歇僧

培旦辈爆稀喘泛瞪矮扮悬筒昂毯坪仗昆铜赤扁页催瓷渐裁扯粘瓦邓

邻柱阅编脾绒泽亡贡赵锻霜坛阻汇宜缠梳誉洪腹祸络柴企宙荫寿谱抵饶

踢吊稳忠鹿愁固隔挣毁键弥坑饮秃液混径恢裹柏巫朱澄凯勾窜荫寿谱

舌冻浇蹈倍畅范渔愉返卧罐烛傍旷扣舟荒寞歪柿欷厂沈稚凳购乳贺均款

五级字（500个）

216

邮 筷 宾 逸 核 授 汹 愚 吻 魄 孟 筐 捞 韩 拱 粥 吾 奸 轨 讯 纠 酿 驴 杉 骤 逮 瞒 坟 秧 卸

陵 谎 损 仁 胎 衷 疗 俺 填 肆 渊 循 钉 础 萨 膝 兜 槐 瞎 赔 殷 帚 宵 玄 夷 锤 捅 旭 刃

啥 捷 骆 库 盲 艘 耕 犬 锐 淹 董 贯 畔 匠 帐 耗 租 贾 析 酱 澜 奴 仆 艾 脊 雌 昼 咏 兆 纲

躁 剥 壶 枣 矛 违 蒜 辅 赚 宗 喧 皆 蛮 磁 纤 茄 袄 遵 携 剂 忌 嫉 霍 厢 朽 祭 侍 僻 乙

宠 腐 墓 稿 燥 颈 腻 誓 恳 址 估 萧 肌 肿 坊 驻 讽 芝 兼 熄 灶 粪 淀 申 隶 舰 桨

驱 谦 码 蹬 艇 策 敞 阁 邀 昌 乏 漏 僵 窄 审 矿 丐 疆 讽 芝 兼 熄 灶 粪 淀 申 隶 舅 曙

沫 咳 慨 宿 截 哨 绣 竿 卑 昔 削 腔 咋 迁 碍 赫 娱 巡 斩 伪 炬 赌 埃 桩 卢 痰 嫁 撒 醋

寄 辨 婶 喇 辱 掠 椒 胃 搜 喉 拦 馒 聋 陋 辽 尿 凸 销 斧 框 询 膏 篷 橱 桨

肖 勺 腊 婶 喇 辱 掠 椒 胃 搜 喉 拦 馒 聋 陋 辽 尿 凸 销 斧 框 询 埃 桩 卢 痰 嫁 撒 醋

饥 攀 涨 泊 盾 茅 惟 堵 拒 斥 碑 孕 症 册 铲 裕 丘 恭 赵 屠 沃 劣 摧 徽 皂 粟 赴 宅 甫

攀 蔬 患 潘 弦 辞 拢 逆 尸 煤 衫 衰 捣 郊 颇 匀 穴 锯 轿 姜 寓 栗 慎 捆 刊 垮 韦

妆 率 唇 谋 蒸 诵 访 挽 欧 扩 绑 颠 拆 棚 赋 颂 妞 洼 惩 渗 蹄 赠 宴 岂 吕 诊 涉 吨 寡 译

储 肢 姆 谜 鼎 括 频 坎 摄 婴 涯 宏 障 碟 弓 售 垫 允 戚 黎 俭 宰 魏 搂 综 腕 勿 驯

钥 闯 郑 栽 乞 哑 贼 监 揭 俱 嫌 叉 馅 袜 冤 匾 域 挪 豹 竭 屎 惠 蠢 辰 纽 肝 氏 饲 曰 尹

伊 袖 援 婚 枚 曼 耶 霉 凰 隙 届 臣 薯 岳 勉 喻 幢 赐 扒 订 寝 辨 葬 偿 拧 炭 崩 坝 筹 榆

翁 熬 亿 肺 卯 啸 耻 辨 枕 窃 渡 版 珊 跪 煎 掀 狡 傅 荆 四 菌 卓 九 猾 爹 禾 癌 戈 鉴 墅

锣嫂碱
兹盟丙
帙恕矢
彦啤巩
旨畜税
凿禽兑
杠侨歼
楷押窑
拣禹秤
亩砚亥
贸囚卒铝
媒芹删屯
账纺仓匕
歹弗侄秉
旬酬庚炕

识字教学基本字等外字表（500字）

泵蝉粹缎冯辜蝴嘉玖莱晾螺蘑鸥蒲邱砂笙驮锡薪蜓酉榨吱
電掺崔妒氖躬葫冀鲸廓涟抡铭哦萍琼巳鸵嘻泻蚜佣闸贞
磅豺簇镀吩耿瑚辑晋葵莲滤闽钮聘沁叁嘶桐戊懈芽哟渣浙
绊岔捶睹沸蛤侯讥襟眶哩侣皿泞撇擒闰硕眺俑蟹薛颖喳蔗
拌槽矗痘吠胳嘿恍桔柯俐禄瞄狞瓢窍蕊蜀剁捂邪绚蕴耘哲
疤沧锄陡叮钙嚎煌绞坷荔咙觅缅柠劈俏茹淑涕芜哮蓄樱耖沼
笆舱瞅叼妨杭惶嚼慷鲤榴眯拟鹏翅溶拭剔嗡硝戍溢猿胀
叭惭崇习贰嘎嚷聂霄揉抒啼呜嘘寅粤昭
捌蚕橙叨饵咐悍簧礁咯漓羚萌挠彭呛蓉呻膛钳壬邵碳苇腺锈蚁狱彰
芭蔡腑撼蒋篱玲咖呐澎钳壬邵碳苇腺锈蚁狱彰
澳睐澈恬鄂腑撼潋钧蚂暮
懊嘲滇娥脯憾蝗焕涧喀擂拎蔓穆砰黔刨柴鹊梢谭妄咸嗅壹峪樟
鞍哺倡堤娥袄棺蝶践拘缆霖啰牡叛凄娶裳汰婉猩椰屿湛
蔼菠猖档踩咕沪茧疙揽琳箩拇洋栖渠昫笋惋匣腥痒俞毡
哎柄馋挫哆拂菇唬稼韭娄廖逻膜啪圄躯陕穗皖媳芯谚佑诈

匾 叨 嘟 沐 权 忑 蜻 踮
揍 叩 喔 馍 扉 蜈 跤
棕 叽 喃 馄 缭 炫 蜓 粽
籽 搋 嗒 饨 缤 朦 蛐 笠
苗 萱 喵 猾 嬉 胧 蚯 蟀
蛙 莓 唧 狩 嫦 毽 蚰 蟋
挂 茏 唠 彷 婷 檐 蚪 蟆
蛛 茉 咪 岖 娓 榕 蚣 螃
芙 咦 噼 娴 桐 蛞 螯
轴 咧 噢 遨 楂 鹭
仲 馨 唰 噢 遨 楂 鹭
挚 圳 咛 澎 漉 楠 鹦 蚪 蟒
趾 阽 咚 嘀 潇 桦 鹅 螂 鲨
殖 冽 呱 嗨 渲 柚 瞭 蜿 霆
脂 倩 呗 咔 嗯 淇 杷 恙 蜥 蹼
蜘 蛛 呗 嗓 汶 枇 忐 蜥 蹴

（左侧竖排）基础教育识字教学研究

识字教学基本字笔画顺序表（2500字）

1. 一 乙

2. 二 十 丁 厂 七 卜 匕 人 入 八 九 儿
了 力 乃 刀 又 丫

3. 三 于 干 亏 士 工 土 才 寸 下 大 与
万 上 小 口 巾 山 千 乞 川 亿 个 丈 凡
及 夕 丸 么 广 亡 门 义 之 尸 久 子
卫 也 女 飞 刃 习 叉 马 乡 弓 已

4. 丰 王 井 开 夫 天 无 元 专 韦 云 扎 艺
木 丏 五 支 厅 不 太 犬 歹 区 历 尤 友 匹
车 巨 牙 屯 比 互 切 瓦 戈 止 少 日 日 中
冈 贝 内 水 见 午 牛 手 毛 气 升 长 仁 什
片 仆 化 仇 币 仍 仅 斤 爪 反 介 父 今
仑 尹 凶 分 乏 公 火 仓 月 氏 勿 欠 风 从
乌 凤 勾 文 六 方 队 为 斗 忆 订 计 勾
心 尺 引 丑 巴 孔 办 以 允 予 劝 认
书 幻 双 邓

5. 玉 刊 示 末 未 击 打 巧 正 扑 功 扔
去 甘 世 古 节 本 术 可 丙 左 右 石
布 龙 平 灭 东 北 卡 卢 业 旧 归 弗
且 旦 目 叶 甲 申 电 号 田 囚 由 史 只 央

代印饥讨出纠
仗甩包它民矛
付用务穴尼台
丘令鸟宁司对
禾丛冬汉玄圣
失乎处头永孕
生瓜外汇记发
凸斥犯汁讯边
凹他册半议皮
四仔尔兰必召
叹白匆闪训加
另仪句立礼奴丝
叫们矢市让奶幼
兄仙乐主写辽母

巩机页至虫则
兵华会旨亦关
字尽她巡坛贡
坑芬村否里听
执朴而毕吁刚
乒伦全旬庆并
宅驯抚坝抗芹
材励县员
夷朽存迈吓岂
传份舟危亥羊
守那妇驰扶抄
坟花吾辰助串
邦芝百划吐回
伟价行杂庄闯
宇寻如纪运巫
投却杉医吴吵
老亚有轨旭岁
乔伤后朵冰问
兴访奸约违甫
抛报杜丽时困
托芒在夹吕任
似肌冲闭忙设
防纤阴诀创妆
充汤决血吸延

6.
式动扛寺吉扣考托老邦夷执巩
扩扫地扬场耳共在而朽芝亚
坂权匠此曲肉甸仰杀负刘米安导妈
过夸师团网休仿合各齐灯讲异戏
考共厌成早吗竹件向
扣耳压死当吸舌延血伞产
吉场西列光因丢自爷色产江农收阶红
寺扬协达劣吃先优伊众争衣污论阴欢
扛地再灰尖吊朱伏企多次汗许阵观
动扫夺尘同伍伪兆名交州军孙羽

7.
寿坏扰麦形进戒吞远
技攻坊苍杏还呆
坏赤抖芳极歼园
扰折护严李来旷园
麦拒抓壳芦杨连围
形找扮志劳求步呀
进批抢扭克更坚吨
戒扯孝块苏束旱足
吞址均声杆豆盯邮
远走坎把杠两呈男

乱低坐卵应弟完识迟努驴
我伯希条疗灿快社尾妖纺
告作余删库灶忧初屁妙纹
钉伸返角床判怀补尿坠纸
财何迪狂亩间沈启即阻纵
针但彻犹况闷沉评层附纷
帐体近免状闲没证灵陈纲
岗估佛龟冻忘沟军君阿纳
别兵皂肠言良泛灾译陆纱
吼每身肚系弃沃穷词际纯
吧私伴饮辛汽究诊忌驱
吻秀位邻饭序泅牢兑张鸡
吹秃住含迎这沙宏肖改劲
吟利你谷岛冷汪宋诉局忍纽

拣势抬茎枚奔非昌咋制供质爸服京盲浅波宠
拔抵择茄枕厕到国呢钓侍迫斧肥变净沫泥审
拢拧拨直述码软昆咏图佳的命股饲废炉泳宜
抹拥披昔杰矿轮味鸣购岳依金朋饱郊炎泣定
规拆坡苞构卖斩果呼耶秉舍肿饰剂炕注宗
表顶招范枪雨转具呵账委佩所肢备卒炬泡宝
现者卓英松枣顷旺忠贩季侨径肺狗底炒沿学
责拍幸苗板轰尚固败和凭彼肤忽庚单泊怪
青拖玫革析事妻郁典凯刮侧爬贫狐府卷油怜
武拦茂柜卧欧虎昂岭乖侦往念兔庞郑泪怕
环拉若杯画奈些易帜物佺征贪鱼庙闹沾性
玩抽拐若杯画奈些易帜物佺征贪鱼庙闹沾
8. 奉坦押担抽拐
坦取林丧奋肯畅岩垂例卑受周店刻泄泽
押坪苦枝或态齿明罗牧版刹乳昏夜育河治
担抱其茅枫奇叔冒岸知使欣采胁享放法泼

宛视屈姆驻
宙话弦妮驼
官诞承妞绍
空询盂始经
帘该孤驾贯
实详弥参
试建陋艰
郎肃陌线
诗录降练
肩帑限组
房隶妹细
诚居姑驶
衬届姐织
衫刷姓终
城按荣柱耐削界哗拜段鬼胆饶亲迷浇恢语屏贺统捞捆莫核夏
项挤茫柏砍竖胃哇卸复皇食怨疯逊洛津客屋娜骆盏埃耻格辱
垮拼荡柳面省贵咳姿类洒恒冠昼架绝匪捉恭校唇
封垫荒查厚趴咬钩重信逃贸送注浓窃既怒络顽埋挨桃翅
持挣厘临畏哈科狠迹姜洪浑退娇素捏壶桥贾
挂指草栋砚点昨响钢秋禹叙美洁洲突诵姥盐恐株配
型挑带枯砖战星咱钟种俗独亮养烂洋宫说娃绕秦赶热桂栗
毒拾巷标研背映骂幽香俭很狮亭炮济室诱娲起挽框逗
珊括革药歪皆哑咽骨秒促律勉哀阁炸染宣误结泰载换真速
玻挺甚勃威鸦显品贴适保待脉闻炼派觉祝险绒捅逝恶哥
珍挡某南要轻哄虽罚选盾总活举神除绑耗搗荫索
帮赵挪胡树残盼思峡牲顺俊胞弯帝逆测洗恨祖孩柔

9.春赴拱故栏牵是虾炭怎俩追胜饼彦首恼袄费勇
政挥荆柿要尝虹哪看便侵胎饺音前洞恰扁屁盈

10.耕振都获桩
捕损莉根
栽捐荷样

柴畔铅秘臭翁郭效拳消涌案冤恕
堆基械聋崩患笨售领馆商添深密随绸
致哨铃称健颂衰疲瓶涉烫宰调陪
掉职营爽聊曼移您彩馅竟清淡窑弹绵
顿蚊铁秧倦爱恋疼羞酒涨容谁陷
排掘菊戚睁唱梨偷欲猛祭兽液宿颇维
较晕钻积倍爹饿疾阅涛浸窄课陶继
据萄票晨累甜偶悉猫章剪淘寄屠绳
轿晃稚租候拿皱病畜递浪宾豹陵验捷
掩探曹副匙蛇铝偿鸽猎盗断渔惯敢骑
顾鸭贼秤俱途留症旅烟润宴祥域控
萨救常略银悠盒猪鹿粒混惨逸续
殊晓圆敌倒航逢脊旁烛流宵被剧桑
措接萧梭堂跃铲袋斜猜庸粗渐惊逮绪
烈眠峰乘倾般狼座部烧浮家袖展预
描培菲雀距铜厢船够康粘渐惧谓绩
逐晒罢造俺舰狸准竞烦瓷宽袜恳难
堵掠菜桶虚晚圈做盘象廊盖惜谐颈
套党唉牺值徐脑席站烤凌害扇能捧
掏菌梯辆啦崖敏得凰痕着渊惟谜婶
原紧啊特借徒胶高凉兼浴悦读诺逛
理教萝梳辅野啸第兜脱麻率淌情祸婚
砸监唤氧笑息脏衷资益涂悔诸通
球授黄检雪悬符假脸毫望涯渗谎隐
破虑恩缺笔般胸浆唐料海悄朗谈娘
掀勒梅盛眼啤笛偏脖减旋淹梁谋隆
础桌哭钱透射脆桨离粉浩悟请谅娱

11.
推著梦袭婴唯笼停脚凑族淋婆寂蛋

博欺棋硬晴喻黑程堡腊翔滑窝疏
摇楚碎暖罪简腾塑塞
熬颗魄竭赛

超斯朝厨赏遗赌剩傅释童温富强
搬禁碑愚置签誉缠聚需鼻辣寨

提期棒厦掌蛙赔稍牌禽阔渴窜粥
携献碍睡嗓筹腰数慎缝摔愿管瘦慢

趁握落逼敞跑帽鹅傲番痛湿寒屡
摆蒸晴蜂愁遥粮滩叠摘碱算腐漏

越搅葱惑辉跌赐毯筝舒就湖割属缘
鼓蒙酬鉴跟频滨嫉境碟稳遮演

搭裁葡棚悲喊鼎短答循装焰愉谣编
幕督嘛矮新溜嫌截酸锻膏漫

塔搂敬惠紫景赋智筋艇蛮港慨谦骗
蓬赖龄路辞微韵滚嫁誓磁舞滴

堪援董辈遇晰锐筒惩愧谢缓
墓楼概嘛矮躲新截酿赚敲漂

款煮葛雅晶策街道慌裙登
摄蓝瑰雾跳键傻痰滔殿墙摧酷裹漆

替搜葬棵暂喇喉锅筑奥猾尊愤裤媚肆
勤楷榆零跨锦催酱源群璃遭蜡熄

斑插惹椒雄喷喘锁等储腕粪滋裕媒魂
蒜榆雷照锤鼠解漠福碧
歌赫疑歉

韩凿椅裂量喂销筐傍鲁普游遍嫂
摊楷碌暗锣舅触满谨静
榜僧鲜精

12. 喜散森雁最喝链税焦腔美渡寓隙
13. 塘槐碗歇错毁腻煤寝
14. 模墅膀旗

综

巢琴

绿
揭联植确暑喧铺稀集脾善湾窗隔
搞想碰盟罩筷腿慈窦
慕雌貌端

察　蜜　寡　谱　嫩　翠　熊　凳　缩　撞　撒　增　聪　鞋
蕉　15.　慧　撕　撒　趣　趔　撑　播　瞒　题　暴　瞎　影
踢　蔬　横　橡　飘　醋　醉　震　霉　黎　稿　箱　箭　篇
僵　踏　踩　踪　嘱　墨　镇　靠　稻　毅　糊　遵　潜　潮
潘　躺　僻　德　艘　膝　熟　摩　颜　魅　融　醒　餐　嘴
蹄　澜　澄　懂　额　慰　幢　鹤　豫　整　磨　凝　辫　辩
糖　16.　操　燕　薯　薄　颠　橘　橱　雕　辫　赢　糟　燥
臂　器　赠　默　镜　赞　篮　邀　衡　篷
　　糕　燃　澡　激　霍　懒　壁　避　繁
　　17.　戴　擦　藏　霜　霞　瞧　蹈
　　翼　骤　瞬　瞪　曙　魏　癌
　　18.　鞭　覆　蹦　蹦　翻　徽　瀑
　　19.　警　攀　蹲　蹲　辨　藤　蹬
　　20.　耀　躁　籍　籍　魔　疆
　　21.　蠹　霸　露　露　灌
　　22.　囊
　　23.　罐